U0926592

# 物流工程专业应用型人才培养

主　编　李　平
副主编　刘景云

中国财富出版社

**图书在版编目（CIP）数据**

物流工程专业应用型人才培养／李平主编．—北京：中国财富出版社，2017.8
ISBN 978－7－5047－6583－3

Ⅰ.①物…　Ⅱ.①李…　Ⅲ.①物流管理—人才培养—高等学校—文集
Ⅳ.①F252.1－53

中国版本图书馆 CIP 数据核字（2017）第 216048 号

**策划编辑** 惠　婳　　**责任编辑** 邢有涛　马　铭
**责任印制** 石　雷　　**责任校对** 杨小静　　**责任发行** 敬　东

**出版发行** 中国财富出版社
**社　　址** 北京市丰台区南四环西路 188 号 5 区 20 楼　　**邮政编码** 100070
**电　　话** 010－52227588 转 2048/2028（发行部）　010－52227588 转 321（总编室）
010－68589540（读者服务部）　010－52227588 转 305（质检部）
**网　　址** http://www.cfpress.com.cn
**经　　销** 新华书店
**印　　刷** 北京九州迅驰传媒文化有限公司
**书　　号** ISBN 978－7－5047－6583－3/F・2810
**开　　本** 710mm×1000mm　1/16　　**版　　次** 2017 年 8 月第 1 版
**印　　张** 17.25　　**印　　次** 2017 年 8 月第 1 次印刷
**字　　数** 310 千字　　**定　　价** 52.00 元

# 序

国务院关于印发《物流业发展中长期规划（2014—2020 年）》的通知中明确了物流业发展的主要任务是：大力提升物流社会化、专业化水平，进一步加强物流信息化建设，推进物流技术装备现代化。保障措施中明确指出：着力完善物流学科体系和专业人才培养体系，以提高实践能力为重点，探索形成学校与有关部门、科研院所、行业协会和企业联合培养人才的新模式。

在加强物流信息化建设方面，国家提出了加快企业物流信息系统建设，发挥核心物流企业整合能力，打通物流信息链，实现物流信息全程可追踪的要求。在推进物流技术装备现代化水平方面，国家要求加强物流核心技术和装备研发，推动关键技术装备产业化，吸收引进国际先进物流技术，提高物流技术自主创新能力。

《物流业发展中长期规划（2014—2020 年）》主要任务中明确提出了要加强物流信息化建设、推进物流技术装备现代化，这与用自动化和计算机等信息技术打造成一个面向现代服务的物流工程专业的建设方向相契合。

同时，国家物流业发展中长期重点工程中指出了物流工程的发展方向，以及在各行业领域中的应用。其中农产品物流工程、制造业物流与供应链管理工程、城乡物流配送工程、电子商务物流工程、物流信息平台工程，与京津冀一体化建设发展战略相吻合，也进一步确立了物流工程人才培养的核心目标和技术应用领域。

面对就业市场日益严峻的竞争趋势，必须提升学生的就业竞争能力。竞争能力就是适应企业需要的能力，培养学生专业工作能力和适应社会的能力在应用型人才培养方面是至关重要的。

北京联合大学物流工程专业的建设是以“产学研相结合的专业建设模式”

为教育基础；以管理科学与工程技术相结合、物流学科和现代技术相结合、专业理论与实践教育相结合、专业教育与素质教育相结合作为培养应用型物流工程人才的方法；充分发挥物流信息化研究优势，在人才培养模式、教学方法研究、师资队伍建设、实践能力培养四个方面开展城市型、应用型人才培养。该校物流工程人才培养目标符合国家的发展和建设需求，并在人才培养方面取得了丰硕的成果。

在多年的应用型物流工程人才培养方面，北京联合大学物流工程专业积累了丰富的教学研究与应用实践的宝贵经验。尤其是理论教学与实践教学的融合，教师主导性学习与学生自主性学习的结合，校企合作的实践教学模式，以实际项目驱动学生能力培养、教学资源建设和教学方法研究等方面，得到了物流教育界和行业界的认同和好评。本书将北京联合大学物流工程专业建设和教学实践研究成果汇集成册并出版发行，将对物流管理与工程类专业的人才培养起到借鉴和促进作用。

周晓光

北京邮电大学物流工程专业教授

2017 年 7 月 1 日于北京邮电大学

# 前　言

北京联合大学物流工程专业是适应首都经济发展需要和国际化物流人才需求，培养具有管理科学与工程技术相结合，能够应用信息技术和自动化技术开展物流系统规划、智慧物流和供应链管理领域的应用型人才。

在北京联合大学物流工程专业应用型本科人才培养中，我们秉承以物流系统理论知识为基础，以能力为核心，做到知识、能力、素质协调发展。物流工程专业应用型人才培养模式是以学科理论体系和现代物流技术发展相结合、专业理论与实践教育相结合、专业教育与素质教育相结合，依托校企合作和物流信息化技术研究优势，开展“产学研”相结合的专业建设模式和“以实践环节为主线的应用型人才培养模式”的人才培养，培养具有较强的实践、创新能力和可持续发展的应用型物流工程技术人才。

在长期的教学实践中，物流工程专业教师主持并参与了包括全国教育科学规划课题、教育部专业综合改革项目、中国物流学会和教育部物流管理与工程教学指导委员会教改教研课题等各类教学研究项目，并将研究成果应用于专业教学中，使得物流工程学生在综合素质、专业能力、创新能力和实践能力等方面得到普遍提升。2016 年和 2017 年物流工程专业教师在物流工程应用型人才培养模式研究和工程化能力培养课程教学的教改教研项目中被教育部物流管理与工程教学指导委员会和中国物流学会评为教改教研课题一等奖。

学生在校学习期间在国家奖学金、各种学科竞赛、职业资格认证、首都大学生社会实践、“启明星”市级科研立项、企业实际项目研发、学术论文发表、社会技术服务等方面获得众多成果。多年来，大批物流工程专业毕业生投入到国家经济建设中并成为行业的中坚力量。

本书主要汇集了北京联合大学物流工程专业师生在应用型人才培养模式、

物流专业课程体系研究、本科生导师制建设、应用信息技术开展课程教学、教学资源建设、学生自主学习能力培养、学生实践创新能力培养、校企合作实践基地建设、教学管理和学生管理、学科竞赛和社会服务、教师教学方法研究等人才培养方面的研究与实践成果。

随着国家“一带一路”的建设、国际化物流人才需求增加和物流产业结构的调整，带来了应用型物流人才的知识结构、新技术综合应用与创新能力要求的提高。希望该书的出版会对从事物流教育教学的工作者和在校学习的物流学生们有所启迪和帮助。

北京联合大学物流工程专业

北京联合大学现代物流研究所

2017 年 7 月 1 日

# 目 录

## 教育教学研究

城市型、应用型物流工程人才培养模式研究与实践 ………………… 李 平 3
服务区域发展的应用型本科人才的素质与能力培养 ………………… 李 平 11
CDIO 模式下物流工程专业学生能力研究 …… 刘景云 李 平 程肖冰 21
物流工程专业大学生创新能力培养和提高的途径探讨
…………………………………………… 韩倩倩 曹丽婷 程肖冰 江 深 29
应用型大学工科第二课堂建设探索 ………………………… 孙 雪 程肖冰 38
物流工程专业计算机能力要素分析 … 于 鑫 魏志光 孙 雪 耿 钰 47
基于校企合作的物流工程应用型人才培养模式研究与实践
………………………………………………… 于 鑫 梁爱琴 孙 雪 56
大学生课外科技活动体系的构建与完善 ………………………………… 冯 玮 62
物流工程教学评价体系建设初探 ……………………………………… 金 祎 67
物流管理专业人才培养模式研究 ……………………………………… 王利荣 71
物流管理专业师资队伍建设研究 ……………………………………… 王利荣 78
用项目化管理的方式创建学习型学生党支部 …………… 孟秀霞 李九丽 83

## 教学改革与课程建设

现代物流信息技术教学研究与探讨 ………………………… 耿 钰 胡立栓 91
电子商务技术课程的教学改革探讨 ………… 胡立栓 程肖冰 王育平 98

基于信息技术课程实践教学的物流人才培养模式探究
……………………………………………… 亓呈明 程肖冰 胡立栓 103
物流系统建模与仿真课程第二课堂教学方法研究 …… 孙 雪 王育平 108
物流通信网络技术课程教学实践总结 ……… 夏明萍 曹丽婷 程肖冰 116
现代物流装备课程教学与实践 ……………… 夏明萍 曹丽婷 程肖冰 122
大数据背景下的统计学课程教学改革 ……… 赵丽华 王秀英 程肖冰 129
供应链管理课程建设研究 …………………… 程肖冰 夏明萍 李 平 134
物流工程实验室开放与管理研究 …………………………………… 宋静华 140

## 物流工程技术应用

基于销售预测的库存策略研究 …………………………… 耿 钰 邓兴华 149
基于百度地图 API 的生鲜食品冷链物流配送路径优化研究
……………………………………………… 胡立栓 程肖冰 亓呈明 154
物流企业客户关系挖掘研究与应用 ………… 亓呈明 胡立栓 于 鑫 163
物流作业成本制度在物流成本核算中的应用
……………………………………………… 赵丽华 王秀英 程肖冰 169
中国高技术产业生产率变动分析
——基于省级面板数据的实证研究 ………………… 程肖冰 刘拴西 176
浅谈国际总承包工程设备采购、出口管控要点 ………………… 冷 冰 189
基于 TransCAD 的城市交通影响分析案例设计
………………………… 王雪静 孙 迪 宋 娟 高美娟 高宗余 195

## 学生创新与实践

Cov – AHP 在难民问题中的应用 ………………… 曹碧莹 罗 军 吕恒星 205
基于共同配送的优化节能配送系统
………………………… 韩倩倩 曹丽婷 周 菲 张迪修 江 深 212
物流企业配送路径优化研究
…… 吴连月 曹丽婷 程肖冰 王雨情 鲁春雪 徐子晨 王少杰 221
基于二维码的仓储管理系统设计 …………… 赵 赫 刘景云 程肖冰 231

基于京津冀一体化的铁路托盘共用系统分析与设计
…………………………………… 赵　赫　王士荣　金思成　耿　钰　237
供应商选择方法研究 …………………………………… 李浩茹　程肖冰　248
基于 SLP 的工厂生产车间布局优化 ………………………… 张真真　孙　雪　254
高等数学学习方法与学习体会 ……………………………………… 曲　雯　261

# 教育教学研究

# 城市型、应用型物流工程人才培养模式研究与实践

李　平*

**摘　要**：北京联合大学物流工程专业人才培养模式是根据国家和首都发展战略，按照“高层次、应用型、服务型”的专业人才培养定位，坚持面向“首都现代物流”与面向“物流信息产业”的两个服务定位，以学科理论体系和现代物流技术发展相结合、专业理论与实践教育相结合、专业教育与素质教育相结合，依托校企合作和物流信息技术研究的优势，开展“产学研相结合的专业建设模式”和“以实践环节为主线的应用型人才培养模式”，培养具有较强的实践、创新能力和可持续发展的应用型物流工程技术人才。

**关键词**：物流工程　城市型　应用型　人才培养　教学体系　三位一体教学模式

## 一、引言

《国务院关于印发物流业发展中长期规划（2014—2020 年）的通知》中明确了物流业发展的主要任务是：“大力提升物流社会化、专业化水平”“进一步加强物流信息化建设”“推进物流技术装备现代化”，等。在深入物流行业进行物流人才需求调研的基础上，结合京津冀一体化建设需求，将办学思路与服务京津冀经济社会发展需求相结合，将物流人才培养模式与产教融合、

---

［基金项目］教育部高等学校物流管理与工程类专业教学指导委员会、中国物流学会 2015 年物流教改教研课题计划“物流工程专业应用型人才培养模式研究”（课题编号：JZW2015001）。

［通讯作者］李平（1964 年生），男，硕士，北京联合大学副教授，研究方向：物流工程、供应链管理。E－mail：zdhtliping@ buu. edu. cn

＊表示该作者是本篇文章的通讯作者（全书同）。

校企合作相结合，以培养高素质应用型人才、增强学生就业创业能力为培养目标，全面提高专业人才在服务京津冀经济社会发展和创新驱动发展方面的应用能力。

## 二、根据国家和首都发展需求培养物流工程专业人才

城市型、应用型物流工程人才培养是以服务所在城市需要为根本点，面向所在城市物流产业，以对接所在城市的产业行业物流发展需求和智慧物流新技术趋势，面向城市商业和居民生活服务与供给领域产业链，以培养具有工程与管理交叉学科知识融合的物流领域人才。

### （一）城市型、应用型物流工程人才培养定位

北京联合大学物流工程专业按照“城市型、应用型、服务型”的专业人才培养定位，坚持面向“首都现代物流”与面向“物流信息产业”的两个服务定位，开展基于校企合作的应用型人才培养的教学资源建设和物流工程专业应用型人才培养模式的模块化课程体系建设研究与实践。努力探索并形成通过校企合作建设校外实践教学基地，培养应用型物流人才服务首都的实践模式。该模式旨在培养具有系统的管理学、工学理论基础，具备智能物流系统优化能力、物流设备控制与集成能力以及物流信息系统设计能力等基本技能以及相关的基础知识，具有良好的计算机和外语能力，具有物流技术和信息技术综合应用实践能力的复合型应用型人才。

### （二）物流信息化工程技术人才培养背景

传统物流企业业务范围主要集中在运输和仓储领域，拥有本地化网络与用户资源，有较强的物流信息化需求，如中远海运集团采用面向服务的体系架构技术（SOA）完成了全球集装箱管理核心业务梳理、电子数据交换（EDI）应用、企业信息化管控，实现业务与信息化资产的全生命周期管理。

从制造业中分离出来的物流企业，通过信息技术整合物流业务，降低了物流成本，拓展了第三方物流服务。此类企业在物流服务上具有较大优势，有较强的物流信息化需求，同时对信息化的整合关联度要求较高。

第三方物流企业利用先进的信息技术提供运输服务、物流配送、电子商务等物流服务。物流信息技术为物流企业提供完整的物流业务流程管理和供

应链管控一体化服务。

物流业与制造业、流通业和金融业等多业联动进一步深化。“物流电商”快速发展。大型企业加大物流信息化投入，大数据、云计算、物联网、移动互联、智慧物流等新技术也在不断扩大应用。

物流行业中公共物流信息平台建设迅速发展，物流信息系统的集成度会越来越高，而且注重实现多系统之间的实时对接。物流信息系统将更好地支持电子商务、在线购买、在线服务，也将越来越重视系统的安全性与可靠性。物流信息系统中移动信息技术的发展日益成熟，快速定位、实时导航、简短通令、精密授时将逐步成为现实。除此之外，物流信息系统越来越注重费用环节，强调成本分析，增强预测、分析、决策支持功能。

### （三）基于城市发展对物流人才的需求确立物流工程应用型人才培养基本要求

深入物流行业进行物流人才需求调研，分析物流行业的发展趋势，物流企业的现状以及物流行业对人才的需求。通过与北京市顺义空港物流园区、天津港保税区、北京通州物流基地、北京平谷国际陆港建立合作关系，同时作为中国物流与采购联合会常务理事单位，本校一直与中国物流与采购联合会密切合作，与行业和企业一同分析人才能力和岗位需求、分析中国现有的物流企业的类型和技术需求特点，分析北京地区物流节点的布局、特点，并在对30多家物流企业进行调研的基础上，整理归纳出工程应用型物流人才培养的基本要求，从而确定物流工程应用技术人才能力培养的定位。

企业对应用型物流工程技术人才培养的基本要求：

（1）了解物流管理、物流工程、采购与供应链管理领域的发展历史、学科前沿和发展趋势，了解相关政策法规，认识物流业在经济社会发展中的重要地位与作用。

（2）系统地掌握物流管理与工程基础理论、基本方法。

（3）掌握必要的物流系统优化理论与工程技术方法，掌握常用的物流应用软件，掌握必要的物流信息管理理论与工程技术方法。

（4）掌握本专业所需的数学、管理学、经济学、计算机等相关学科、专业的基础知识。

（5）具备从事物流系统分析与规划设计、物流业务运营与运作管理、物流装备设计开发与自动化运作、物流信息管理与开发应用、采购与供应链管理等的基本工作能力，以及综合运用专业知识解决实际问题的实践动手能力。

（6）具备必要的外语基础，具有一定的国际视野和跨文化交流与合作能力。

（7）具备良好的学习能力、沟通能力和社会适应能力。

## 三、物流工程专业应用型人才培养的教学体系构建

构建了以专业能力为导向的产学研相结合的物流信息化人才培养教学体系，并以信息技术为主线培养基于互联网技术的智慧物流技术综合应用型人才。其中，物流工程专业应用型人才的能力培养教学体系如下图所示。

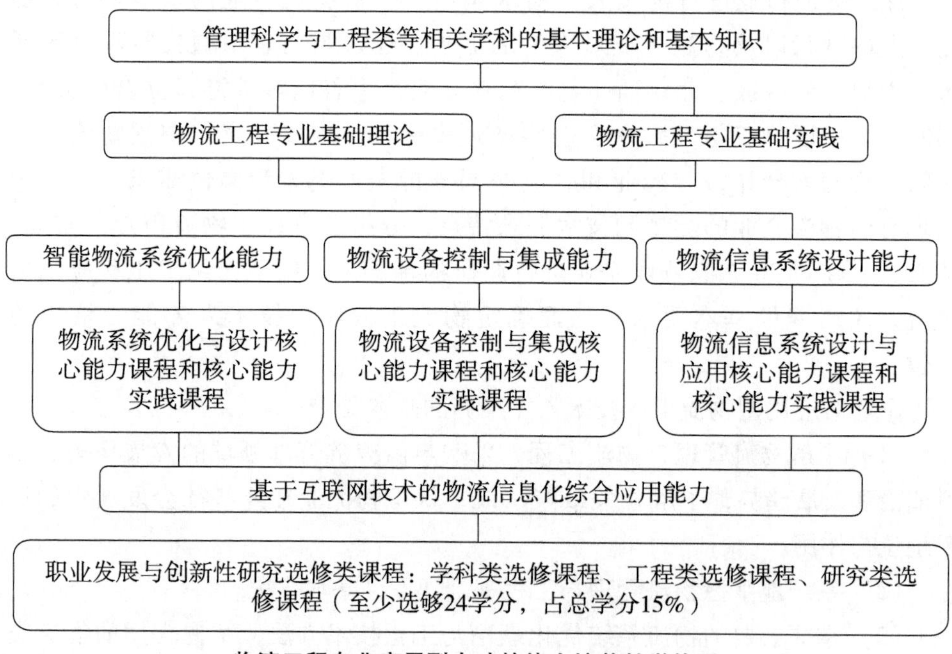


物流工程专业应用型人才的能力培养教学体系

### 1. 校企合作构建“三位一体”的物流工程人才培养教学模式

根据《国务院关于印发物流业发展中长期规划（2014—2020 年）的通知》和京津冀一体化建设，围绕应用型物流工程人才培养重点开展建设“三

位一体”的教学体系。①理论教学与实践教学相结合；②教师主导性学习与学生自主性学习相结合；③校内教学活动与校外实践活动相结合。以实际项目驱动完成主要能力课程组的教学资源建设和教学方法研究。

**2. 依托物流行业建立校外产学研人才培养实践教学基地群，构建稳定的企业实习运行机制**

基于中国物流与采购联合会、北京通州物流基地、北京奥运城市发展促进中心、北京市顺义空港物流园区、北京平谷国际陆港和天津港保税区等，开展城市物流配送、物流系统规划与控制、物流信息化服务、物流自动化仓储管理等领域的校外产学研人才培养实践教学基地。基于教育部－IBM 高校合作项目，开展以 IT 为核心的供应链物流信息化课程体系建设和学生创新研究基地建设。

在深化与 IBM（美国国际商用机器公司）、德国西门子公司、北京奥运城市发展促进中心校企合作的基础上，与北京通州物流基地签订校级“产学研基地共建合作”协议并开展人才培养和园区建设方面的合作，除此之外，本专业还与百丽集团、DHL（中外运敦豪）、中国远洋集团物流信息化有限公司等企业开展学生实践、实习生招聘和毕业生就业等方面的合作。

**3. 基于应用型物流人才培养的国际交流与合作**

为积极响应国家“一带一路”倡议，本专业开展中俄国际教育合作，与俄罗斯莫斯科国立交通大学进行联合物流人才培养和专业领域教育以及科研合作；学校教师到美国西切斯特大学进修并进行物流学术交流；与德国 BBW 教育集团进行物流教育方面的合作；与美国南加州大学和科罗拉多理工大学开展面向互联网大数据分析技术的学术交流；与我国台湾某大学开展智慧物流的联合人才培养、国际认证和学生暑期创新创业实践活动。

## 四、“三位一体”的物流工程人才培养的教学模式的建设与实践

### （一）物流工程人才培养教学模式的实施方法

物流工程专业按照“城市型、应用型、服务型”的专业人才培养定位，坚持面向“首都现代物流”与面向“物流信息产业”的两个服务定位，确立“应用型、工程型、创新型”的物流工程专业应用型人才培养模式研究目标，

并开展基于校企合作的应用型人才培养的案例教学资源建设和物流工程专业应用型人才培养模式的模块化课程体系建设的研究与实践。努力探索并形成了通过校企合作建设校外实践教学基地，培养应用型物流人才服务首都的教学方法。

（1）实际项目驱动完成主要课程组的教学资源建设和教学方法研究。

（2）教师指导与学生自主性研究相结合，校内实验与实地实践相结合。

（3）深化校企合作，建设“两个基地”，即依托国际知名企业建设校内应用型人才培养教学与学生创新基地和依托物流行业的校外产学研人才培养实践教学基地。

（4）进一步深化“导师制”，围绕教师研究方向和科研课题，结合物流行业实际问题，组织学生创新研究小组，开展技术研究和社会服务，培养学生创新与实践素质。

（5）课程案例教学方法的研究与教学应用，强调以学生为主体，教师提出实际典型问题来让学生积极地思考、分析和讨论。通过创造一个良好宽松的教学实践情景以激发学生的学习兴趣，培养学生解决问题和创新的能力。在教学过程中，案例教学方法可以深入到理论和实践教学的各个环节。

## （二）物流工程专业拓展实践途径，提升学生社会服务能力

### 1. 物流工程专业开展服务首都商业物流配送管理实践活动

为提升物流工程专业应用型人才的培养质量，全面提高物流工程应用型人才的专业素质，以更好地服务首都商业流通领域。物流工程专业分别在2013年、2014年、2015年、2016年暑期，选派40名专业教师和学生深入北京通州物流园区开展了面向首都商业流通领域的专业服务实践活动。每次服务实践活动为期两周至一个月不等，根据服务实践项目安排学生们与企业员工一同吃住在现场。在企业工程师和专业教师的带领下，学生们开展了涉及城市物流配送、物流系统规划与控制、物流信息化服务、物流自动化仓储管理等领域的工作实践。

### 2. 物流工程专业师生到北京奥运城市发展促进中心进行专业实践

2013年5月，我校自动化学院物流工程专业与北京奥运城市发展促进中心签订了校企合作协议。2013年5月至今，本专业一直坚持开展专业服务实践活动。平均每两周由1~2名教师带队，分批带领物流专业各

年级学生前往北京奥运城市发展促进中心参观学习并进行专业实践。主要实践内容为奥运物资仓储管理工作，利用物流专业知识对其管辖部门的奥运物资进行分类、整理、编码，登记物资信息，以实行科学化、信息化管理。通过专业实践活动，学生们开阔了视野，并将理论联系实际，加强了专业意识。同时在亲历实践中传承奥运精神，提升了高等院校服务社会的能力。

**3. 物流工程专业师生参与北京菜篮子集团以“城市居民农产品消费需求数据采集与分析研究”为题的相关工作**

根据国家《关于加强物流短板建设促进有效投资和居民消费的若干意见》中“顺应国民经济提质增效和居民消费升级的需要，加大政策引导支持力度，鼓励社会资本投入，大力加强物流短板领域建设，加快健全完善物流基础设施网络，提高物流运行质量和效益”的文件精神，2016 年物流工程专业师生参与北京菜篮子集团开展以“城市居民农产品消费需求数据采集与分析研究”为题的相关工作。物流工程专业师生通过深入实地社区开展问卷调查工作以及通过网络问卷调查采集北京城市居民农副产品消费实际需求以及城市居民各类农副产品消费数量的实际需求，通过统计分析软件和数据库技术分析城市居民的饮食结构和不同群体的消费需求以及城市居民饮食与健康的关系，为城市农产品供给提供决策依据。目前《城市居民农产品消费需求数据采集与分析研究报告》已提交至北京菜篮子集团，并为北京菜篮子工程项目决策提供数据支持。

由于北京联合大学物流工程专业在物流领域人才培养、企业合作和社会服务活动等方面的突出表现，学校荣获中国物流与采购联合会“2011—2016 年优秀会员”称号。由中国物流学会、教育部高等学校物流管理与工程类专业教学指导委员会和全国物流职业教育教学指导委员会专家委员会评审，北京联合大学物流工程专业教师主持完成的“物流工程专业应用型人才培养模式研究”（课题编号：JZW2015001）通过专家评审、完成结题，并获得教改教研课题一等奖。

随着京津冀一体化的发展、国家“一带一路”建设的需要，首都物流产业结构的调整和应用型物流人才的知识结构、综合与创新能力需求和新技术的应用需求也在发生变化，所以，在国际化物流工程人才培养模式、综合与创新能力培养、课程知识体系整合等方面还需要继续凝练和提升，这是今后我校物流工程专业建设的重点工作。

## 参考文献

［1］国务院．国务院关于印发物流业发展中长期规划（2014—2020 年）的通知．国发〔2014〕42 号文件．

［2］何黎明．稳中求进改革创新全面打造中国物流“升级版”——2013 年我国物流业发展回顾与 2014 年展望［J］．中国物流与采购，2014（4）：32－37.

［3］韩宪洲．城市型、应用型大学建设的理论与实践探析［J］．北京联合大学学报，2017（1）：1－5.

# 服务区域发展的应用型本科人才的素质与能力培养

李　平*

**摘　要：**应用型本科人才培养是以满足行业需求及服务区域经济为宗旨，将理论和实践相结合，从而使学生在知识、能力和素质等方面得到全面协调发展。应用型本科人才培养是以面向区域发展、服务区域产业的高级应用型人才为目标定位。应用型本科人才是知识、能力及素质相互协调发展的高素质人才，要通过专业素质和非专业素养两个方面制定应用型本科人才的培养目标，以培养具有工匠精神、创新能力、人文内涵的应用型人才。培养本科应用型创新人才是当今经济社会发展和参与国际竞争的需要，为此，不断完善具有本国特色的本科应用型人才培养模式，对优化本科院校的人才培养体系具有重要的现实意义。

**关键词：**应用型本科　人才专业素养　非专业素养　工程型人才培养目标与方法

## 一、引言

随着社会经济的发展，我国产业结构发生了重大变革，建设创新型国家，以及逐渐形成个人需要和社会需要相结合的价值取向等新形势的发展，使得企业对人才的要求也发生了质的变化，同时企业内部岗位内涵的变化也导致岗位人才需求类型发生了转换。本科高等教育作为社会人才输出的重

---

［基金项目］教育部高等学校物流管理与工程类专业教学指导委员会、中国物流学会2015年物流教改教研课题计划“物流工程专业应用型人才培养模式研究”（课题编号：JZW2015001）。

［通讯作者］李平（1964年生），男，硕士，北京联合大学副教授，研究方向：物流工程、供应链管理。E－mail：zdhtliping@ buu. edu. cn

要源泉，担负了更多的社会使命和责任。我国本科高等教育已从精英教育阶段过渡到大众化教育阶段和应用型工程技术人才培养阶段。其主要功能是为社会输送有较扎实的理论知识和专业实践能力的应用型人才，有专业技术应用能力和一定的创新创业能力的技术人才来适应社会的发展和市场需求。

## 二、应用型本科人才

科学人才观中“人才概念”是以为社会做出积极贡献作为人才的根本衡量标准；而一定的知识或技术以及创新能力是衡量一个人是否能成为人才的两个基本判断标准。人才结构既包括层次，也包括类型。社会对人才的需求总体上可分为两大类：一类是从事认识世界，研究和发现客观规律，为社会间接谋取利益的人才，称为学术型人才；另一类是应用客观规律，从事改造世界，为社会直接谋取利益的人才，称为应用型人才。

### （一）应用型本科教育的目标是培养工程型人才

科学技术分三个层次或称为三个领域，即科学、技术、工程。科学是对客观世界本质规律的探索与认识。其发展的主要形态是发现，主要手段是研究，包括理论、实验、计算。技术是科学与工程之间的桥梁。其发展的主要形态是发明，主要手段是研究与开发。工程是科学与技术的应用和归宿，是以创新思想对现实世界发展的问题进行求解。其主要的发展形态是综合集成，主要手段是设计、制造、应用与服务。

应用型人才包括工程型人才、技术型人才和技能型人才三类。其中，工程型人才是从事与为社会谋取直接利益有关的工程设计、规划、决策等工作的从业人员。美国麻省理工学院（MIT）在20世纪90年代就提出：“工程是关于科学知识的开发应用和关于技术的开发应用的，在物质、经济、人力、政治、法律和文化限制内满足社会需要的一种有创造力的专业。”

工程活动过程是包括确立正确的工程理念和一系列决策、设计、构建和运行、制造、管理等活动的过程。技术为工程提供了“可能”条件与前提，在工程活动中又要根据工程的目的和目标要求对各种可能使用的技术进行合理选择或权衡。工程是某种形式的对基础科学、技术科学的应用。但由于工程是特定形式的基本要素集合、技术集成过程和技术集成体，在这种集合、集成过程中也存在科学问题——工程科学。

工程教育不能把自身教育计划中的科学内容、人文内容、工程技术内容看成是各自独立的科学教育、人文教育、工程技术教育，而应将这些内容作为自身的一部分；同时强调这些知识性内容必须与工程的实践紧密结合，工程教育中的工程实践主要包括工程实验、工程设计、工程现场实习、工程研究等。

## （二）应用型本科人才具有的素质

高等教育培养的高级应用型人才是指获得工程师初步训练的高等工程技术人才。本科应用型人才是知识、能力及素质相互协调发展的高素质人才。在知识方面，要有一定的知识广度和深度。在能力结构方面包括操作能力、学习能力、组织管理能力、表达能力和创新能力。在具有某种职业岗位的职业技能和技术运用能力的同时，具有构建应用知识进行技术创新和技术二次开发的能力以及科学研究能力。在素质方面，应具有很好的专业素质和良好的非专业素养。

### 1. 应用型本科人才具有的专业素质

应用型本科人才作为一种高等应用型专门人才，其专业培养应具有以下 4 个特点。

（1）人才层次的高级性。应用型本科人才应以较强的实践动手能力和分析、解决生产实际问题的能力区别于普通本科教育；以较宽的知识面和较高的技术水平区别于高职教育。

（2）知识、能力的职业性。应用型本科教育是以提高应用技术、技能水平为目的。依据职业岗位群的需要，在对职业岗位群进行职业能力分析的基础上，确定具体的人才培养目标。

（3）人才的技术性、技能性。应用型本科人才不仅需要懂得某一专业的基础理论与基本知识，更重要的是他们应具有某一岗位群所需要的实际操作和组织能力。应用型本科人才是一种基础知识扎实、专业理论够用、技术应用熟练和组织能力强的复合型的人才。

（4）人才的创新意识。应用型本科人才是一种高等技术应用型人才，其应用不仅是继承性应用，而且还是创造性应用。不仅是对现有知识、技术、方法的应用，而且还是通过不断地学习新知识、新技术、新方法，具有创造性地分析新情况、解决新问题的能力的应用。

### 2. 应用型本科人才具有的非专业素养

应用型本科人才在非专业素养方面培养应主要包括以下 4 个方面。

（1）思想品德：应热爱事业，对社会有一个正确的认识，有良好的道德品质，能正确处理个人与社会、个人与他人的关系，树立高度的社会责任感，具有明确的职业理想和良好的职业道德。

（2）敬业精神与责任心：具有踏实肯干、任劳任怨的工作态度，在工作中能吃苦耐劳；对工作敢于负责，勇于承担责任，具有较强的工作责任心。对工作投入，能积极钻研技术，研究工作办法，具有对事业孜孜以求，对从事职业尽力尽责的敬业精神。

（3）与人共处与合作：当代企业是以项目作为任务驱动，应用型人才工作是以项目协同工作方式进行，应用型人才在企业项目中既是任务工作中的一员，也可能是其中的领导者，他们应能很好地组织、协调业务活动中个人与生产、个人与他人、个人与群组之间的关系。很多情况下，他们起着承上启下的桥梁作用。能较好地与人共处与合作，建立良好的人际关系，对于应用型人才将自己的专业知识和技能有效地应用到项目实施中是非常重要的。

（4）体格与心理：包括健康的体魄和良好的心理品质，它体现了人才培养的物质基础和心理素质，是从事一切工作的前提。具有良好的身体体能，才能胜任本专业岗位工作；具有较好的心理素质，才能在工作中讲求协作，对在竞争中遭遇挫折具有足够的心理承受能力，才能在艰苦的工作中不怕困难，奋力进取，不断激发创造热情。培养良好的个性，建立有效的心理调控机制和防御机制，可使人才的整体素质得以提高并能充分发挥其效能。

## 三、应用型本科人才的培养目标

人才培养目标是教育理念在办学实践中的体现，是沟通教育理念与课程设置、教学方法的桥梁，培养目标反映出学校对自身所培养学生的理解与定位。随着我国经济结构的调整转型和产业优化，国家不仅需要高级的技术型应用人才，还需要大批能主动钻研革新、善于运用新思路、新办法解决实际问题的应用型创新人才。

应用型本科人才培养的核心是对素质能力、职业能力、专业能力和创新能力的综合专业素质的培养。要通过专业素质和非专业素养两个方面制定应用型本科人才的培养目标，以培养具有工匠精神、创新能力、团队能力、人文内涵的高素质应用型人才。

### （一）应用型本科人才应具有的专业素质与培养目标的对应关系

应用型本科人才在专业素质培养方面要按照相关专业领域应用型人才的专业能力要求，系统性地构建专业知识结构与知识体系。应用型人才的专业能力要求主要体现在专业实践应用与职业能力的培养，在应用型本科人才培养方案中，通过企业实践和专业综合实践类课程来实现培养学生职业技能的目的。专业实践应用与职业能力培养的前提是应用型本科人才需要有较完善的专业知识与创新能力。专业知识与创新能力培养需要在应用型本科人才培养方案中，根据专业人才在企业中的技术需求制定一组合理的专业核心课程和有针对性的创新能力培养的专业课程，并通过专业竞赛、实际项目研究、技术调研和研讨、创新性实验等实践环节培养学生对专业知识的掌握和应用创新能力。

专业理论知识是应用型本科人才学习专业知识的理论基础，在应用型本科人才培养方案中凝练符合实际需求的专业学科基础知识，是提高学生专业能力和职业发展的重点，也是实践创新能力培养的专业理论基础。将专业理论结合实际应用并将知识点融合于专业知识课程体系中是确定应用型本科人才培养目标和培养方案课程体系的关键，是应用型本科授课教师应具有的核心能力，也是应用型人才理论联系实际能力的具体体现。

现代技术的发展要求本科应用型人才具有完备合理的知识结构，既要有比较系统的专业理论和技术知识，又要有较为扎实的相关基础学科知识。在应用型本科人才培养中，基础理论学习是培养应用型人才具备实际实践中工程设计、实验建模和计算应用能力以及知识应用表达的基本方法。掌握基础理论是应用型人才职业素质能力的体现，也是应用型人才今后职业发展的核心动力。在应用型本科人才培养方案中基础理论课程的知识应用分析和合理适度的课程设置，以及基础理论在实践中的应用是贯穿培养体系的关键。

应用型人才的培养大都在不同程度上突破了学科本位课程体系，根据社会实践需求，倾向于对应用基本理论解决实际问题能力的训练，侧重于实践能力的培养。教学内容的选择应突出“应用能力”培养的特征。具体体现在，基础理论教学中突出大学科平台的特点，构建终身学习和可持续发展的特性；专业理论教学中加强针对性和实用性的倾向，凸显应用型的现实需要。实践教学中强调专业技术的训练，保证训练的基本规格，同时进行多样化和个性化的发展。

总之，在应用型本科人才专业素质的培养方案中，教学内容强调本科基础性以外，更要突出“应用”目标的灵活性、针对性，并与职业发展适应性相统一。同时，根据国家和地方经济发展的整体趋势、就业市场的现实要求、用人单位的岗位配置，以及学生个性发展、职业规划等进行合理的课程体系配置并为学生提供宽泛的知识自主选择空间。其中应用型本科人才应具有的专业素质与培养目标的对应关系，如图 1 所示。

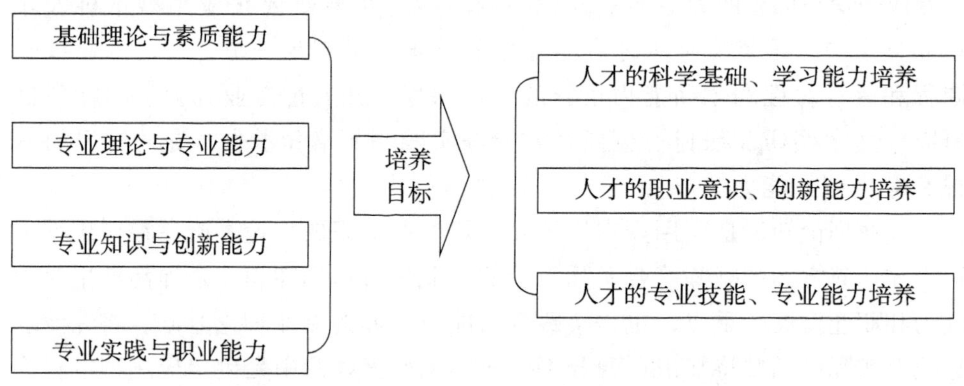


**图 1　应用型本科人才应具有的专业素质与培养目标的对应关系**

## （二）应用型本科人才应具有的非专业素质与培养目标的对应关系

应用型本科教育的宗旨是根据行业和地方区域经济发展需要，培养面向工程实际，从事应用和实践工作的本科层次人才，以满足时代发展和技术应用发展的需要。应用型本科教育所培养人才应该具备区别于其他类型人才的独特素质。应用型人才的素质要求决定了应用型本科人才既要具有专业基本知识与实践技能素质和工程能力素质，同时也要具有服务社会客观要求的人文素质、政治素质、职业道德素质和身心健康素质。所以培养具有正确思想品德、爱岗敬业精神、团队合作能力、良好的心理素质和个人品质等非专业素质是应用型本科人才培养中非常重要的环节。其中，应用型本科人才应具有的非专业素质与培养目标的对应关系，如图 2 所示。

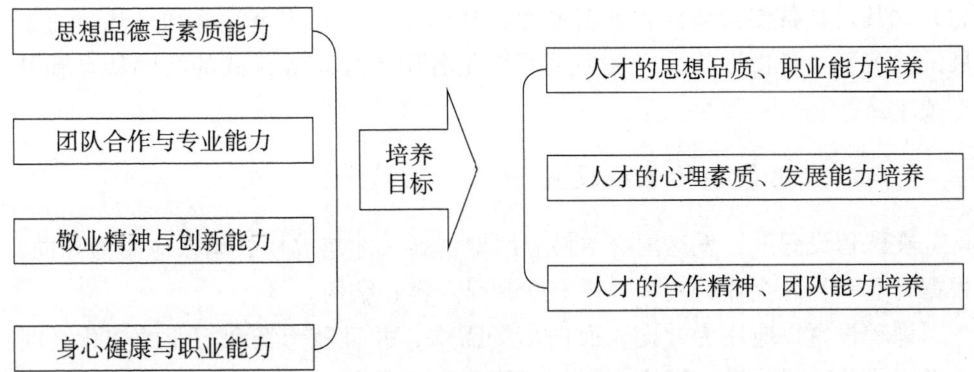


**图 2 应用型本科人才应具有的非专业素质与培养目标的对应关系**

应用型本科人才在非专业素质的培养方案中，要把人文素养和科学精神结合起来，实现人文教育与科学教育的有机融合，实现人文素养与科学精神的互动，使大学生在高水平的人文教育中，形成符合社会需要的文化素养、敬业品格和合作能力。通过德育课程、人文社会课程、社会实践课程、文学艺术课程和各种社团活动培养应用型人才，从而使其逐步具有人文精神、社会责任感和服务精神。

## 四、应用型本科人才的培养方法

培养本科应用型创新人才是当今经济社会发展和参与国际竞争的需要，我国高等教育目前处于转型期，借鉴并引进国外应用型大学成功的人才培养经验，完善具有本国特色的本科应用型人才培养模式，对优化本科院校的人才培养体系具有重要的现实意义。

### （一）能力为本的培养目标

人才培养目标是指根据一定的教育目的和约束条件，对教育活动的预期结果，即学生的预期发展状态所做的规定。培养目标贯穿人才培养过程的始终，是人才培养具体要求的集中体现。各发达国家本科应用型创新人才培养模式在培养目标的设置上都呈现出了一个共同的特点，即非常强调能力的培养，包括职业综合能力和创新能力。在各人才培养模式中，尤为强调对创新能力的培养。

在培养目标的设置上，通过教育教学使学生获得未来职业所需的综合能力，尤其是具备创新精神和创新能力，从而使学生在当今社会和经济飞速发展的情况下具备良好的适应性和灵活性是各国人才培养模式的共同特点和基本要求。

### （二）应用导向的课程设置

在课程设置上，发达国家本科应用型创新人才培养模式均以应用为导向，根据行业和当地企业的实际需要安排课程内容和结构。

课程设置以应用为导向，面向市场需求，并且随市场和行业的变化及时调整和优化，成为发达国家本科应用型创新人才培养模式的共同特点。这不仅有利于学生在有限的时间内学习到必需、实用的知识，培养专业综合能力和创新能力，也有利于学生及时了解市场需要，毕业后尽快适应工作节奏。而对于高校而言，应用导向的课程设置缩小了高校教学与企业需求之间的差距，有助于本科应用型创新人才培养质量和针对性的提高。

### （三）实践中心的教学模式

培养高质量本科应用型创新人才，能力培养至关重要，实践教学更是其中的关键一环。本科应用型创新人才培养模式更应重视实践教学环节。

在整个教学过程中各模式都强调以学生为中心进行因材施教，将理论学习与实践教学有机结合、相互渗透。学生可自主选择课程模块进行学习，学习内容、计划、时间等均可由学生自行安排。学生在全面学习专业理论知识的基础上进行大量实践锻炼，将理论知识真正运用于实践并从中发现和解决问题，这对培养自身的专业综合能力和创新能力大有益处。而学生提出的问题解决方案和应用型科研成果很可能真正应用于企业中，这也大大提高了学生的积极性和创新意识，培养了学生的创造性思维和能力。

### （四）全方位的校企合作

校企合作贯穿于人才培养的全过程并涉及方方面面，可以说紧密深入的全方位校企合作是各模式的共同特点，且这一特点在人才培养过程中发挥着重要作用。在专业设置和课程内容选择上，各模式都表现出了鲜明的面向企业的特点。

根据企业实际情况灵活设置专业和课程内容，并随企业发展趋势及时调整课程体系以避免教学内容与企业需求相脱离。企业可参与学校教学目标和教学计划的规划工作，从而提高人才培养的针对性。企业还为学校实践教学提供各方面支持，很多企业专门设有处理学生实习事宜的部门，为学校教学提供场地，派专业技术人员对学生进行指导并与学校共同对学生的学习成果进行评价。

### （五）注重能力培养，强调团队合作

面对就业市场竞争日益严峻的趋势，必须提升学生的就业竞争能力。竞争能力就是适应企业需要的能力。很多学生把自己的思维都局限在课堂上和书本上，对于行业的需求和职业能力的需求并不了解。在校期间培养学生专业工作能力和适应社会的能力在应用型人才培养方面是至关重要的。

在课堂上，教师除了讲解大纲要求的课程内容外，还应要求学生通过阅读参考书目自学部分内容。通常，部分考试内容也会涉及参考书目。通过这种方式，不仅很好地提高了学生的学习积极性，而且增强了学生独立学习的能力。在实践性课程中，重视团队合作。学生分组独立完成项目的设计和制作并出具分析报告，安排学生以小组合作的方式学习并对其进行考核。

### （六）服务地方教育与社会合作紧密

服务地方已经成为德国应用型大学的重要职责之一。应用型大学应当承担起面向本地中小学学生和社会大众的学习科学的科普工作。大学定期举行开放日，邀请当地的中、小学生来校参观，并进行讲座；为即将高中毕业的学生进行专业介绍，帮助他们了解相关专业和学校，为之后选择专业和学校做好铺垫工作。这些公益性的工作一方面为学生和社会大众普及科学知识；另一方面能够培养年青一代的兴趣，使其对学科专业从小便有所了解，长大后就会选择相关方面的专业就读。这样能够更有利地保障优秀生源，而且学生毕业后基本从事相关行业的工作，避免了教育资源的浪费。

全方位的校企合作创造了学校和企业发展的双赢局面。对学校来讲，地方企业为学校教学提供各种支持不仅有利于开展教学活动，培养高质量应用型人才，也在一定程度上解决了学生就业问题；对企业而言，学生在企业实习的成本低、质量高，且能将科研成果直接快速地运用于企业中从而促进其发展。

总之，随着科技进步，高新技术及其产业已成为经济增长最重要的源泉，企业技术创新能力的提高已成为国家经济发展和综合国力竞争的重要因素。

在激烈的市场竞争中，企业技术创新，尤其是渐进性创新，急需各类德才兼备、创新能力强的应用型人才，他们在企业技术创新中的重要性已日益为社会所重视。加强应用型创新人才的培养，进一步完善我国人才结构，是实现现代化的重要保证。

应用型本科人才培养是以满足行业需求并以服务区域经济为宗旨，将理论和实践相结合，从而使学生在知识、能力和素质等方面得到全面协调发展。应用型本科人才培养以面向区域发展、服务区域产业的高级应用型人才为目标定位。

## 参考文献

［1］金保华，刘禹含．发达国家本科应用型创新人才培养模式及启示［J］．教学研究，2015（1）：87－92.

［2］张庆久．德国应用科技大学与我国应用型本科的比较研究［J］．黑龙江高教研究，2004（8）：31－33.

［3］胡学知，彭振宇．德国应用科技大学人才培养模式特点及启示［J］．职教通讯，2015（13）：47－51.

# CDIO 模式下物流工程专业学生能力研究

刘景云* 李 平 程肖冰

**摘 要**：CDIO（构思—设计—实现—运行）模式为应用型物流人才培养提供了有效可行的方法，但在专业课程建设中仍缺乏系统实践。本文基于先进的 CDIO 理念，进行物流工程专业学生能力调研与统计学分析，确定物流工程专业学生 14 项能力等级。本文研究能够为物流相关专业建设及课程体系构建提供借鉴。

**关键词**：CDIO 14 项能力 方差分析 能力等级

## 一、引言

现代物流被认为是“第三利润源”、是支撑国民经济增长的重要支柱，也是近年来发展最为迅猛的行业之一。与物流业发展相适应的是日益增长的物流人才需求。据中国物流与采购联合会估算，未来 5 年内我国物流市场具有千亿元以上的市场发展空间。物流市场的发展扩大了物流应用型人才需求空间。

现代物流融合了工程学科与管理学科，在“互联网 +”与智能化技术发展的背景下，呈现出了较强的信息化与工程实践特性。新形势下物流人才需求涉及面广，层次性强，复合化、专业化程度高，需求空间巨大，应用性强。因而，应用型物流工程化人才的培养对满足多样化物流人才需求具有重要意义。

“应用型”物流人才培养是应用型高校相关专业建设与教学改革的重

［基金项目］北京联合大学 2017 年度校级教育教学研究与改革项目（项目编号：JJ2017Q015）；2017 年北京联合大学校派国外访问学者项目。

［通讯作者］刘景云（1983 年生），女，博士，北京联合大学物流系讲师，研究方向：物流系统信息化与自动化。E－mail：ljy@ buu. edu. cn

点研究内容。MIT 运用“工程问题解决范式”提出了先进的 CDIO（构思—设计—实现—运行）教学理念。我国在国家层面启动了“卓越工程师教育培养计划”“中国 CDIO 工程教育模式研究与实践”等一系列重大教学改革项目。多所应用型高校逐步开展了 CDIO 模式的研究与实践，涵盖了人才培养模式、专业建设、课程体系建设等内容。CDIO 模式为应用型物流人才培养提供了有效可行的方法。对于物流工程专业而言，学生能力的培养是进行后续课程设置与建设的基础，也是培养目标的细化。

本文基于先进的 CDIO 理念，以“1 个愿景”“1 个教学大纲”“12 个标准”为指导，展开基于 CDIO 的物流工程专业学生能力调研与统计学分析，提出基于 CDIO 的物流工程专业学生能力等级。

## 二、能力调研

为进一步明确物流人才培养目标、细化能力大纲，为北京联合大学物流工程专业建设提供合理科学的现实依据，我系基于 CDIO 大纲模板设计调查问卷，借鉴 CDIO 模式，针对专业教师、企业人士、年轻校友与物流工程专业在校生展开能力调研与分析。MIT 为工程师培养提出了 CDIO 能力大纲，该大纲内容如图 1 所示。

能力大纲要反映社会与企业的需求，同时要包含相关教育人员观点。因此，此次调查对象包括物流专业相关的企业人员、专业教师、毕业校友与在校生。考虑到大四学生大学教育经历丰富，更能明白自身需求，因此，此次调研在校生为大四学生。调研共计收到有效问卷 103 份，涉及 15 名物流企业人士、13 名来自不同高校的物流专业教师、33 名我校物流工程专业毕业年轻校友、42 名我校物流工程专业大四学生。

根据调查结果，各职业背景人员对物流工程专业学生对应 CDIO 大纲中 14 项能力评分如图 2 所示。

同时针对第三层能力评分采用选择一至两项被调查对象认为在第二层级下更为重要的能力。

以“2. 1 工程推理和问题解决”为例，教师、企业、校友、学生的评分如图 3 所示。

1 技术知识与推理
  1.1 基础科学的知识
  1.2 核心的工程基础知识
  1.3 高级的工程基础知识
2 个人的和职业的技能和特质
  2.1 工程推理和问题解决
    2.1.1 问题识别与表述
    2.1.2 建模
    2.1.3 近似与定性分析
    2.1.4 不确定性分析
    2.1.5 解决方案与建议
  2.2 实验与知识发现
    2.2.1 前提假设的形成
    2.2.2 纸档和电子档文献的调研
    2.2.3 实验调查
    2.2.4 前提假设的测试与辩护
  2.3 系统思维
    2.3.1 整体性思维
    2.3.2 系统的涌现和交互
    2.3.3 优先级排序
    2.3.4 解决方案的权衡、决断和平衡
  2.4 个人技能与态度
    2.4.1 冒险的积极性和意愿
    2.4.2 毅力和灵活性
    2.4.3 创造性思维
    2.4.4 批判性思维
    2.4.5 对个人知识、技能和态度的认识
  2.5 职业的技能与态度
    2.5.1 职业道德、诚信、责任感
    2.5.2 职业行为
    2.5.3 主动规划自己的职业
    2.5.4 跟上世界工程的最前沿
3 人际技能、团队协作和沟通
  3.1 团队协作
    3.1.1 形成高效的团队
    3.1.2 团队运作
    3.1.3 团队成长与进步
    3.1.4 领导
    3.1.5 技术协作
  3.2 沟通
    3.2.1 沟通策略
    3.2.2 沟通结构
    3.2.3 书面沟通
    3.2.4 电子/多媒体沟通
    3.2.5 图形沟通
    3.2.6 口头描述与人际沟通
  3.3 用外语进行沟通
    3.3.1 英语
    3.3.2 区域性工业国家的语言
    3.3.3 其他语言
4 在企业与社会的环境下构思、设计、实施、运作
  4.1 外部与社会环境
    4.1.1 工程师的角色与职责
    4.1.2 工程对社会的影响
    4.1.3 工程的社会规划
    4.1.4 历史与文化的环境
    4.1.5 时代性问题和价值
  4.2 企业与商业环境
    4.2.1 欣赏不同的企业文化
    4.2.2 企业策略、目标与规划
    4.2.3 技术企业家
    4.2.4 成功地在组织中工作
  4.3 构思与工程化系统
    4.3.1 设定系统目标与需求
    4.3.2 定义功能、概念与构架
    4.3.3 为系统建模并确保满足目标
    4.3.4 开发项目管理
  4.4 设计
    4.4.1 设计过程
    4.4.2 设计过程阶段与方法
    4.4.3 在设计中应用知识
    4.4.4 学科性设计
    4.4.5 多学科设计
    4.4.6 多目标设计
  4.5 实施
    4.5.1 设计实现过程
    4.5.2 硬件制造过程
    4.5.3 软件实现过程
    4.5.4 硬件与软件的集成
    4.5.5 测试、核实、验证与证明
    4.5.6 实现管理
  4.6 运作
    4.6.1 设计与优化设计
    4.6.2 培训与设计
    4.6.3 支持系统的生命周期
    4.6.4 系统改进与进化
    4.6.5 处置与生命终结的问题
    4.6.6 运作管理

**图 1　CDIO 能力大纲**

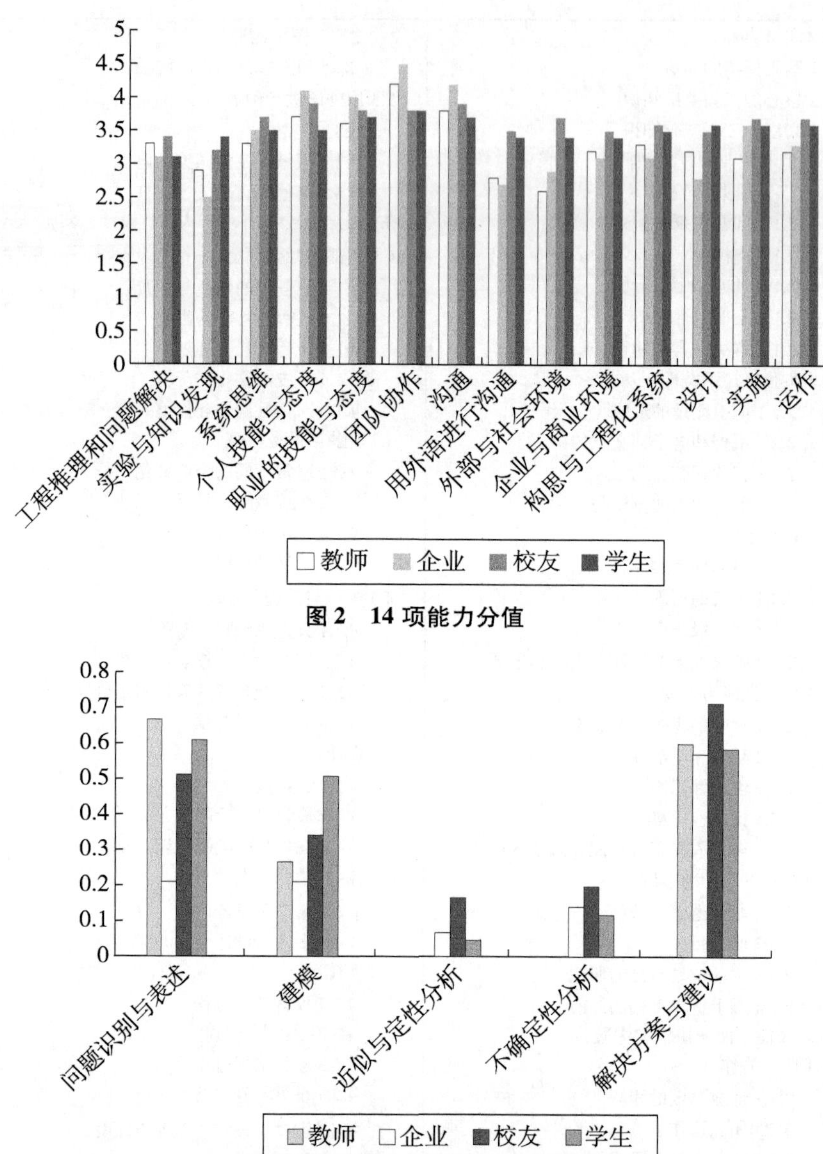


图 2　14 项能力分值



图 3　“2. 1 工程推理和问题解决能力”第三层面能力调查结果

## 三、统计分析

对 CDIO 大纲中第二层面数据进行分析，得到不同职业背景人员对学生 14 项能力打分的均值。同时，采用单因素方差分析对不同职业背景人员对能力评价的一致性进行检验，对不同相关群体平均值进行比较得出达成共识的程度。其中 $F$ 分布中显著水平取 $\alpha=0.05$。

以 CDIO 大纲 14 项能力中“2.1 工程推理和问题解决”为例，得到的方差分析如表 1 所示。根据分析结果，可以得知，来自 4 种不同职业背景的物流专业人员，对于“工程推理和问题解决”能力评分是一致的。按照此种方法，分别得到 14 项能力的单因素方差分析，并计算各项能力平均分数。

**表 1　“2.1 工程推理和问题解决”方差分析**

| 误差来源 | 平方和(*SS*) | 自由度(*df*) | 均方(*MS*) | *F* 值 | *P* 值 | *F* 临界值 |
|---|---|---|---|---|---|---|
| 组间（因素影响） | 1.59178 | 3 | 0.530593 | 0.577982 | 0.630822 | 2.7 |
| 组内（误差） | 90.88294 | 99 | 0.91801 | | | |
| 总和 | 0.931128 | 102 | | | | |

其他 13 项能力分析方法相同，分析结果如表 2 至表 14 所示。根据分析结果可知，除“实验与知识发现”“外部与社会环境”“设计”项能力之外，其余 11 项能力，4 个调研对象给出的分值没有显著性差异，较为一致。因此，可以认为各项能力评分取平均值是可取的。

**表 2　“2.2 实验与知识发现”方差分析**

| 误差来源 | 平方和(*SS*) | 自由度(*df*) | 均方(*MS*) | *F* 值 | *P* 值 | *F* 临界值 |
|---|---|---|---|---|---|---|
| 组间（因素影响） | 10.41254 | 3 | 3.470846 | 3.165976 | 0.027803 | 2.7 |
| 组内（误差） | 108.5333 | 99 | 1.096296 | | | |
| 总和 | 3.135922 | 102 | | | | |

**表 3　“2.3 系统思维”方差分析**

| 误差来源 | 平方和(*SS*) | 自由度(*df*) | 均方(*MS*) | *F* 值 | *P* 值 | *F* 临界值 |
|---|---|---|---|---|---|---|
| 组间（因素影响） | 1.604947 | 3 | 0.534982 | 0.520976 | 0.668834 | 2.7 |
| 组内（误差） | 101.6615 | 99 | 1.026884 | | | |
| 总和 | 0.973201 | 102 | | | | |

表 4　“2.4 个人技能与态度”方差分析

| 误差来源 | 平方和(*SS*) | 自由度(*df*) | 均方(*MS*) | *F* 值 | *P* 值 | *F* 临界值 |
|---|---|---|---|---|---|---|
| 组间（因素影响） | 5.077964 | 3 | 1.692655 | 1.369445 | 0.256587 | 2.7 |
| 组内（误差） | 122.3655 | 99 | 1.236015 | | | |
| 总和 | 0.97475 | 102 | | | | |

表 5　“2.5 职业的技能与态度”方差分析

| 误差来源 | 平方和(*SS*) | 自由度(*df*) | 均方(*MS*) | *F* 值 | *P* 值 | *F* 临界值 |
|---|---|---|---|---|---|---|
| 组间（因素影响） | 1.363774 | 3 | 0.454591 | 0.355996 | 0.784899 | 2.7 |
| 组内（误差） | 126.4186 | 99 | 1.276956 | | | |
| 总和 | 1.009335 | 102 | | | | |

表 6　“3.1 团队协作”方差分析

| 误差来源 | 平方和(*SS*) | 自由度(*df*) | 均方(*MS*) | *F* 值 | *P* 值 | *F* 临界值 |
|---|---|---|---|---|---|---|
| 组间（因素影响） | 58.55883 | 3 | 19.51961 | 12.15109 | 7.76E-07 | 2.7 |
| 组内（误差） | 159.0345 | 99 | 1.606409 | | | |
| 总和 | 0.931128 | 102 | | | | |

表 7　“3.2 沟通”方差分析

| 误差来源 | 平方和(*SS*) | 自由度(*df*) | 均方(*MS*) | *F* 值 | *P* 值 | *F* 临界值 |
|---|---|---|---|---|---|---|
| 组间（因素影响） | 2.511799 | 3 | 0.837266 | 0.530728 | 0.662239 | 2.7 |
| 组内（误差） | 156.1804 | 99 | 1.57758 | | | |
| 总和 | 1.082078 | 102 | | | | |

表 8　“3.3 用外语进行沟通”方差分析

| 误差来源 | 平方和(*SS*) | 自由度(*df*) | 均方(*MS*) | *F* 值 | *P* 值 | *F* 临界值 |
|---|---|---|---|---|---|---|
| 组间（因素影响） | 7.957451 | 3 | 2.652484 | 1.820306 | 0.148385 | 2.7 |
| 组内（误差） | 144.2592 | 99 | 1.457163 | | | |
| 总和 | 3.23301 | 102 | | | | |

表 9 "4.1 外部与社会环境"方差分析

| 误差来源 | 平方和(*SS*) | 自由度(*df*) | 均方(*MS*) | *F* 值 | *P* 值 | *F* 临界值 |
|---|---|---|---|---|---|---|
| 组间（因素影响） | 14.68352 | 3 | 4.894508 | 4.414282 | 0.005878 | 2.7 |
| 组内（误差） | 109.7701 | 99 | 1.108789 | | | |
| 总和 | 1.041418 | 102 | | | | |

表 10 "4.2 企业与商业环境"方差分析

| 误差来源 | 平方和(*SS*) | 自由度(*df*) | 均方(*MS*) | *F* 值 | *P* 值 | *F* 临界值 |
|---|---|---|---|---|---|---|
| 组间（因素影响） | 1.896855 | 3 | 0.632285 | 0.701898 | 0.553112 | 2.7 |
| 组内（误差） | 89.18131 | 99 | 0.900821 | | | |
| 总和 | 3.38835 | 102 | | | | |

表 11 "4.3 构思与工程化系统"方差分析

| 误差来源 | 平方和(*SS*) | 自由度(*df*) | 均方(*MS*) | *F* 值 | *P* 值 | *F* 临界值 |
|---|---|---|---|---|---|---|
| 组间（因素影响） | 2.912621 | 3 | 0.970874 | 0.991564 | 0.400092 | 2.7 |
| 组内（误差） | 96.93422 | 99 | 0.979134 | | | |
| 总和 | 0.972717 | 102 | | | | |

表 12 "4.4 设计"方差分析

| 误差来源 | 平方和(*SS*) | 自由度(*df*) | 均方(*MS*) | *F* 值 | *P* 值 | *F* 临界值 |
|---|---|---|---|---|---|---|
| 组间（因素影响） | 12.22491 | 3 | 0 | 3.508034 | 0.018135 | 2.7 |
| 组内（误差） | 114.9995 | 99 | 1.161611 | | | |
| 总和 | 0.931128 | 102 | | | | |

表 13 "4.5 实施"方差分析

| 误差来源 | 平方和(*SS*) | 自由度(*df*) | 均方(*MS*) | *F* 值 | *P* 值 | *F* 临界值 |
|---|---|---|---|---|---|---|
| 组间（因素影响） | 4.162398 | 3 | 1.387466 | 1.022596 | 0.386051 | 2.7 |
| 组内（误差） | 134.324 | 99 | 1.356808 | | | |
| 总和 | 1.118571 | 102 | | | | |

表 14　　“4.6 运作”方差分析

| 误差来源 | 平方和(*SS*) | 自由度(*df*) | 均方(*MS*) | *F* 值 | *P* 值 | *F* 临界值 |
|---|---|---|---|---|---|---|
| 组间（因素影响） | 3.64787 | 3 | 1.215957 | 0.804582 | 0.494238 | 2.7 |
| 组内（误差） | 149.6177 | 99 | 1.51129 | | | |
| 总和 | 1.196895 | 102 | | | | |

## 四、结论

本文基于 CDIO 模式，进行物流工程专业学生能力研究，设计问卷对四种职业背景人员展开调研，得到物流工程专业学生 14 项能力评分，并进行统计学分析，最终得到学生能力得分。本文研究能够为物流相关专业建设及课程体系构建提供依据与参考。

## 参考文献


[1] 齐二石，方庆琯．物流工程［M］.2 版．北京：机械工业出版社，2010.

[2] 霍伟伟．我国物流人才的市场需求分析［J］．物流工程与管理，2012，34（8）：7－8.

[3] 顾佩华，陆小华．CDIO 工作坊手册［M］．汕头：汕头大学出版社，2008.

[4] 顾佩华，陆小华，沈民奋．CDIO 大纲与标准［M］．汕头：汕头大学出版社，2008.

[5] 刘联辉．物流管理专业 KAQ－CDIO 人才培养模式的构建［J］．中国市场，2013（18）：5－8.

[6] 鲁艳霞，陈廷斌，吴赜书，等．基于 TOPCARES－CDIO 的物流工程专业人才培养创新机制探究［J］．物流技术，2013，33（7）：478－480.

# 物流工程专业大学生创新能力培养和提高的途径探讨

韩倩倩　曹丽婷*　程肖冰　江　深

**摘　要：** 着力培养大学生的创新能力，造就一支能应对不断变化的时代所带来的全新挑战的高素质人才队伍，是高等教育的首要任务。高校在对大学生进行教育的过程中，应该不断探索行之有效的方法和途径。本文首先结合北京联合大学物流工程专业大学生的实际情况，分析了学生在创新能力方面存在的问题和原因；其次在参考借鉴台湾某大学创新能力培养方面的经验以及总结北京联合大学物流工程专业多年来的实际工作基础上，就如何培养大学生的创新意识和创新能力提出了建议。

**关键词：** 物流工程专业　人才培养　创新能力

## 一、引言

我国高等教育法明确规定：高等教育的任务是培养具有创新精神和实践能力的高级专门人才，发展科学技术文化，促进社会主义现代化建设。因此，着力培养大学生的创新能力，造就一支能应对不断变化的时代所带来的全新挑战的高素质人才队伍，是高等教育的首要任务。高校在对大学生进行教育的过程中，应该不断探索行之有效的方法和途径，从而更好地完成这一重大任务。

---

［基金项目］2017 年物流教改教研课题计划（课题编号：JZW2017121）。

［第一作者］韩倩倩，北京联合大学物流工程专业 2014 级本科生。

［通讯作者］曹丽婷（1972 年生），女，博士，北京联合大学物流系讲师，研究方向：物流系统信息化与自动化。E－mail：caoliting0618@163.com

## 二、培养和提高大学生创新能力的必要性和重要性

创新是一个民族进步的灵魂，是一个国家兴旺发达的不竭动力，是信息时代对人才的普遍要求，也是当代大学生必备的素质和能力。大学生的创新意识和创新能力如何，不仅关系到我国高等教育改革和发展的成果，也关系到我国在未来国际社会中的地位。随着第三次科技革命的不断推进，知识经济的高速发展成为了时代的主题。知识经济作为国家软实力，在国与国之间的竞争中所起的作用日益重要。而知识经济的发展关键在于创新，一个国家创新能力的强弱取决于其国民创新能力的强弱。正如胡锦涛同志曾指出的："培养大批具有创新精神的优秀人才，造就有利于人才辈出的良好环境，充分发挥科技人才的积极性、主动性、创造性，是建设创新型国家的战略举措。"面对新的机遇与挑战，作为未来建设祖国的中坚力量的当代大学生肩负着时代赋予的重任。因此，提倡和培养当代大学生创新能力，是建设创新型国家的重要举措，是中华民族自立自强于世界民族之林的决定因素。

## 三、大学生创新能力的现状分析

全球化经济的到来，使物流企业面临来自国内国际的竞争压力。要想在竞争中取得优势，必须要不断创新、发挥创新型人才的作用。物流企业需要的创新型人才必须具备实用性和综合性，具备特定的知识结构、创新能力和创新人格。我国物流教育起步较晚，基于本科教育的物流人才培养体系尚不完善，无论是培养目标、课程设置，还是在培养质量上都存在与企业需求脱节的现象，导致物流人才的创新能力较低，无法满足物流企业需求。

据调查，大学生在创新意识和创新能力上普遍存在以下问题：具备一定的创新意识但缺乏创新的信心和勇气；具备良好的创新知识素养，但存在知识结构不合理的状况；理论知识较强而动手能力很弱；创新实践较多，但创新成果很少。

具体表现如下。

（1）教学内容陈旧与教学方法单一，忽视对学生学习能力的培养，我国的创新教育还处在萌芽期，还需要对其进行大力地倡导和扶持。在目前的高校教学中，普遍存在着专业设置滞后于社会人才需求的变化、教学中专业设

置不合理等现象，学校课堂教学还完全停留在传授知识上，仍以对原有知识学习为主要内容，教学形式单一、方法呆板、缺少新意，缺乏对学生创新能力进行挖掘的手段。

（2）部分高校教师的责任心以及专业素养的缺乏，影响了学生创新能力的培养。教师在完成必需的教学任务之余，一心扑在自己的科研任务中，无暇指导学生参与创新活动；部分高校教师虽然参与了指导学生进行创新活动，如学生科技竞赛，却收效甚微，心有余而力不足。

（3）部分大学生缺乏创新动机，不愿参与创新活动。这部分学生或者沉溺于网络游戏，或者无所事事、毫无目标，在大学期间“做一天和尚撞一天钟”，得过且过。

（4）高校培养学生创新能力的工作力度仍然不够。虽然目前高校已逐步意识到提升学生创新能力的重要性，并做了一些工作，但部分高校领导对此项工作的重视程度与对教师的科研活动考查的力度比较而言，明显不够。高校领导对教师的科研活动有硬性指标要求，而对学生科研活动没有硬性指标要求，造成教师轻视了此项工作。

## 四、参加“创新与现代物流运作”实践活动的收获和体会

2016 年暑期，北京联合大学物流工程专业师生代表前往台湾某大学参加以“创意创新创业与现代物流运作”为主题的暑期交流实践活动。在实践过程中，我校师生代表了解了创新的方法及创新带来的巨大效益、3D 物流商业模拟经营、现实物流公司运作等创新与现代物流的知识。学习内容大量引用生活实例，涵盖最新物流发展技术，紧扣物流人才培养主题。在实践过程中，台湾先进的商业模式、完备的物流实验设备以及更成熟的绿色物流都给笔者留下了深刻的印象。

### （一）创新的商业模式

现代企业通过不断地提高效率、降低成本来创造最大的价值与利润。当成本降低到最低时，就要通过创新技术来提高效率，突破常规思维的创意才能创造更大的价值。例如，星巴克打破了台湾人喝咖啡的习惯和形象，而晚 5 年才在台湾上市的 85 度通过一系列创新的商业模式打破了星巴克在咖啡行业的“垄断”，并以逆袭之势在世界各地发起了一场咖啡加面包的革命！从物流

与企业经营角度分析，85 度有很多成熟的经验值得借鉴。首先，85 度能快速摸清客源地，85 度将店铺直接开在星巴克的附近，所以它不需要任何宣传与投入就可以准确找到目标顾客。其次，在空间布局上，85 度店铺客流动线设计合理、精确，并体现客流快速高效流转的特点。店铺具有开放式工作空间，少部分店铺有少量客席座位，并常利用店铺门前公共空间扩增临时座位区。在供应链管理上，85 度直接联系原材料上游厂商，跳过中间环节，以规模经济降低采购成本与运营成本，并取得采购优先权。标准化的产品制作流程与运营流程，保证产品可以大规模批量制作。在成本与利润关系上，85 度采用与星巴克同等品质的咖啡，价格却是 1/3 的策略。这些创新的商业模式使得 85 度“笼络”了大部分消费群体的芳心。

### （二）物流仿真软件的应用

3D 物流商业模拟经营（VBR）是商业模拟软件的应用之一，它有别于传统授课或案例教学，不需直接面对风险便可取得真实营运状态下的实务经验。在学习 VBR 的应用时，我们首先了解了该软件的适应性：VBR 可以对模拟零售、商店运营模式来进行决策与行销管理，通过控制价格、采购订单、订货提前期及市场调查获得盈利，并且还可以通过控制管理和企业行销在同行中进行竞争。从初期的市场调查来选择目标客群与产品定位，然后制定订货策略，根据销售业绩情况推广促销活动或 SP（互联网服务内容应用服务的直接提供者）销售。在正式营业之前还需要计划好人员配置、商品陈设、进销存策略。在营业中还需要分析供给需求、财务报表等，综合考量这些因素才能使商店的经营渐渐走上盈利。笔者在亲自经营了两次商店模拟运行后，深刻地体会到了商店的辐射范围、服务水平以及商品定价对效益产生的巨大影响。正是通过这样一个模拟软件，让我在真正去经营一个商店时，理解到学校开设的课程对实际问题分析的重要意义。

### （三）创新智慧物流营运模式

在日常教学中，校方还邀请了“全台物流”企业经理人来讲授课程。众所周知，台湾便利商店数目非常多，几乎每隔五十米就有一家便利商店。“全台物流”主要负责全家便利商店的配送工作。企业经理人依托物流公司为便利店配送商品的过程，讲解了物流中心的作业流程、物流机能、电子拣货系统、商品履历系统以及创新智慧物流营运模式，重点学习了商品履历系统以及创新智慧物流营运模式在物流作业中发挥的重要作用。

首先商品履历管理可以实现如下功能。

（1）期效管理：使日库里鲜度最低的商品先行出货，保证了商品的最佳期效管理。

（2）商品追踪：实现对商品进销存全过程的有效记录，强化商品检验管理，提高了商品的安全性，使顾客对商品放心。

（3）降低失误率，提升效率：商品履历系统的应用可以减少大量的人为判断，从而降低失误率，使库内作业更加流畅高效。

（4）库存管理辅助功能：优化商品库存数量，便利期效查询。

对于应用了射频识别（RFID）标签的商品履历系统有了更大的发挥空间。首先商品在进出厂上，利用手持式 RFID 读取器即可快速准确获得商品信息和检验标识。其次在检验工作上，检验人员可迅速检验商品的信息和质量。最后在事故商品问题上，即时读取 RFID 标签获得商品批号等资讯，且通知各商场使其即时下架回收，并于事后做商品追踪追溯。

再看创新智慧物流营运模式。近年来，物流行业的蓬勃发展离不开创新技术的助攻：物联网、大数据、云计算和智慧商务等科技的应用使得工作效率和服务水平大大提高。放眼当下，无人机、分拣机器人和搬运机器人越来越多地被应用于物流自动化立体仓库的分拣和配送。仓储共配、“最后一公里”、农村电商和跨境物流等是当下物流行业里的几大热点。通过这些先进的技术支持，传统的供应链会走向整合，作业流程得到改善使得营运效率提高，管理制度的变革也让顾客得到了更优质的服务。

### （四）促进生态和谐的绿色物流

21 世纪创新企划的新趋势不仅包括商业模式、产品、服务和技术的创新，还包括价值体系和生态系统中的对抗和创新。

台湾的物流较大陆来说起步较早，发展较成熟，而且台湾绿色物流的蓬勃发展体现出当地居民与生态系统间的和谐相处。在台湾，消费者将使用过的废电池或 CD 拿到便利商店换茶叶蛋，通过物流公司的配送车统一回收，再将之分类交予专业回收处理厂，因此绿色物流也称“逆向物流”。

台湾的街边几乎没有垃圾桶，但台湾的街道却非常干净。这是他们重视绿色物流的结果。台湾从 20 世纪 90 年代开始实行“垃圾不落地”政策，小区内不设垃圾桶、垃圾箱、密闭式清洁站等生活垃圾暂存和中转设施，居民必须在家里对垃圾进行粗分类，不分类则会被拒收或处罚。台湾的垃圾回收分类非常细致，主要分为普通垃圾、可回收垃圾和厨余垃圾三大类。盛放垃圾的垃圾袋也不同于大陆所使用的普通垃圾袋，该垃圾袋由可降解塑料制成，按个收费。普通垃圾必须用这种垃圾袋来装，而可回收垃圾则没有这项要求。若想少花钱买专用垃圾袋，居民就要尽可能地在垃圾中找出可回收垃圾，减少普通垃圾的数量。垃圾分类还有重要的一步，那就是整理好垃圾，如饮料或牛奶盒这类可回收的物品，需要将剩余饮料或牛奶倒掉并将盒子清理干净，且牛奶盒要压扁成片状才行，塑料饮料瓶则需挤成一团。每天都会有专门的垃圾车在固定时间来收垃圾，待清洁人员检查完确认垃圾分类无误后才可扔上垃圾车。

回看大陆城市生活垃圾增长速度越来越快，约有2/3的城市处在垃圾的包围之中。垃圾混合弃置处理，不仅不能使可再生资源得到充分回收利用，且占用大量土地，造成环境污染。所以我们应尽快重视绿色物流的发展，促进垃圾分类、资源回收活动的进行。

通过在台湾某大学的创新实践交流活动，最大体会就是老师在讲授课程的时候会运用大量实例对正在讲授的知识进行说明，也会依托风趣易懂的视频或动画来充实课程内容，这样的授课方式能够让同学们很深刻地掌握知识，同时又能将知识运用到实际情况中。由此使得同学们的知识面变得更为丰富，也能够从多角度去考虑问题。与此同时我们还学习到了实用性非常强的重要知识。比如行销企划书的书写，TRIZ（发明问题解决理念）系统化创新方法与应用，行销调研方法与问卷设计，电话访问方法和SPSS（统计产品与服务解决方案）统计软件的应用等内容。此次创新实践之行加强了我们对创新与物流的认识，寓教于乐的课堂气氛也令我们难以忘怀。学校用仿真软件模拟商业物流经营，采用竞争机制激励学生们迅速掌握学科知识并对之有深刻的理解，并且邀请企业代表通过真实的案例来和同学们进行交流学习。在课上老师们通常不会将所有知识都罗列在教学内容中，而是会提出几个延伸性问题让同学们分组讨论并依次上台交流，从而让学生在交流中思考，在思考中学习，这些教学方法和理念都非常值得学习。

## 五、培养和提高物流工程专业大学生创新能力的途径

通过调研分析，并结合北京联合大学物流工程专业多年来的实践经验，笔

者认为以下方法可以有效培养和提升物流工程专业学生的创新意识和创新能力。

### （一）优化课程体系设置

研究表明，人的创新能力来源于创新思维，而创新思维是建立在合理的知识结构之上的。因此，培养大学生创新能力，必须通过优化课程体系，使大学生具有合理的知识结构。目前，优化课程体系的核心是实行课程综合化。一是加强基础课程的授课，基础课程又称核心课程，主要是根据受过高等教育的人所必须具备的素质标准，制定旨在使学生获得合理的知识结构和能力的课程。二是注重文理渗透，要求理工科学生在人文科学领域有一定的基础知识，文科类学生也应对计算机应用等自然科学领域有一定的了解，以提高大学生的文化品位、审美情趣、人文素质和创新素质。另外，高校培养大学生创新能力还应该通过多种渠道优化课程体系，如缩减课内总学时，增加选修课程比例，为学生自主学习创造宽松的环境；实行弹性学分制、主辅修制，跨系、校选课等，促进学生专业知识由单一型向交叉型转变；积极进行教材改革，更新课程内容，尽可能地吸收现代科学技术的新内容、新成果、新思想和新信息。

### （二）改革课堂教学方法

课堂教学仍是目前我国高等教学的主要形式，而课堂教学质量的高低直接影响大学生的创新能力培养。因此，培养大学生的创新能力必须从改革教学方法切入。要改革课堂讲授方法，积极提倡启发式、讨论式、问题式和研究式教育教学方法，让教师在课堂上给学生留出足够的时间去思考、去提问，并通过教师的引导、启发、点拨以及师生、学生之间的互动，提高大学生认识、分析和解决问题的能力，促进创新能力的发展。优化课堂教学，可采用以下做法：在教学内容上强调一个“用”字，在教学方法上体现一个“活”字，在教学手段上追求一个“新”字；运用启发式教学法培养学生的创新意识，运用讨论式教学法拓展学生的知识面并提高其综合素质，运用自学式教学法延伸学生的智力和能力。所有这些措施，会潜移默化地引导学生在学习内容上主动深入下去，培养他们运用所学知识解决实际问题的兴趣，以达到培养创新能力的目的。

### （三）改革实践教学方法

针对当前高校实践教学时间和空间不足且多强调理论性、结构化的现状，实验教学应减少验证性、演示性实验，增加设计性、综合性实验，紧密结合实际，组织学生进行“真刀真枪”的毕业设计和毕业实习。同时，还应鼓励学生通过参观访问、社会考察、咨询服务、科技开发、勤工助学等多种形式把所学理论知识应用于实践，从而提高自身动手能力和创新能力。

### （四）建立科技导师制，把大学生科技创新纳入规范化管理的轨道

为了使学生的创新活动能常年开展下去，可以制定鼓励学生创新的若干规定，实行学生科研项目立项，选拔理论基础扎实、动手能力强的学生组织课题小组，并配备指导教师。课题组在教师的指导下做好选题和立项申请工作，对正式批准立项的课题，拨发一定课题启动经费，为学生科研活动的开展提供资金保证。同时规定每位教师每年必须指导一定数量的学生参加各种创新活动，给予教师一定的指导津贴，同时将其与教师的职称晋升等挂钩。这样，一方面会调动大学生在校期间参与科研的积极性，鼓励他们参加各种科技创新大赛，让他们体会其中的挑战性和成就感；另一方面还可以督促专业教师广泛参与指导学生创新活动，这对于加强学生创新能力的培养，将是一个行之有效的办法。

### （五）建设创新实践实验室，为大学生开辟技术创新平台

科研能力来自科研实践，通过专门性的科研实践活动，有助于学生理解、巩固理论知识，提高学生的知识运用能力和动手实践能力，激发学生内在的科研创新能力。科研实践是科研工作的基础，是科研工作的基本手段。要培养和提高学生的科研能力，必须加强科研实践环节。因此，学校应该在科研基地上做文章。通过开发现有实验室，为申请科研课题的学生提供专门的实验室，并帮助学生学会如何借鉴教师课题研究等方法，这些都有助于培养学生的科研能力。除此之外，还可以充分利用各类课程实习、设计等机会，进行课题研究；还可通过举办科技创新大赛等活动激发学生参加科研的兴趣，培养学生的创新能力。

### （六）建立和完善创新能力评价体系，将其纳入学生综合测评

创新精神与实践能力是指大学生在学习、工作中表现出来的创造、发明素养，完成实践教学环节学习任务，从参加社会实践、社会活动和运用所学知识解决生活、生产、技术等方面实际问题的能力。探索并建立一整套评价

学生创新能力的体系，也是一种有效的激励方法，主要包括学生社会实践能力评价方法和学生创新能力测评方法，该方法将学生社会实践和科研创新成绩计入学生总学分，这些措施的实施将有利于激发学生的创新兴趣，培养其创新精神。

总之，要培养和提高大学生的创新能力，关键要培育大学生的创新思想，要给他们提供和营造良好的创新条件与环境，并建立和完善相关机制。

## 参考文献

［1］汪显华．物流企业中创新型人才的需求分析［J］．职业教育，2015（35）：17－18.

［2］赵瑞芳，盛国军，李彦．大学生创新意识和创新能力的调查与思考［J］．职业圈，2007（6）：44－45.

［3］余俊德，范振智．消费商品源头管理及履历制度之 RFID 应用概念验证［R］．台湾经济部，2009.

［4］李雪姣．看台湾如何有效实现垃圾分类回收［EB/OL］．［2017－03－10］http：//news. xinhuanet. com/tw/2017－03/10/c_ 129506408. htm，2017－03－10.

# 应用型大学工科第二课堂建设探索

孙　雪* 程肖冰

**摘　要**：第二课堂在应用型大学高等教育实践中逐渐被视为培养大学生创新素质和实践能力的主要平台。在应用型大学工科教育中，第二课堂是不可或缺的环节，也是培养富有创新精神和实践能力的高素质应用型工科人才的重要途径。本文主要对应用型大学工科第二课堂建设的现状、国内外先进的培养模式和目前存在的问题进行了探索和分析，提出了应用型大学第二课堂建设的几点建议，为工科专业课程建设提供了良好的思路。

**关键词**：第二课堂　应用型大学　工科　创新　高等教育

## 一、引言

积极展开第二课堂活动，对于提升应用型大学大学生素质、促进大学生全面发展具有很大的促进作用。第二课堂作为第一课堂教学的重要补充和延伸，在应用型大学工科教育中也是不可或缺的重要环节，是培养富有创新精神和实践能力的高素质应用型工科人才的重要途径。通过将中国高等教育与国外高等教育培养模式进行比较，可以发现我国高等教育在基础教育方面强于西方发达国家的高等教育，但是在对大学生创新和实践动手等能力方面，却存在着较大的差距。近年来，第二课堂在应用型高等教育实践中逐渐被视为培养大学生创新素质和实践能力的主要平台。本文主要就应用型大学工科第二课堂建设的现状、国内外先进的培养模式和目前存在的一些问题进

［基金项目］北京联合大学2016年校级教育科学研究课题“应用型大学工科第二课堂教学方法研究”（课题编号：Sk110201611）；2017年中国物流学会、中国物流与采购联合会研究课题计划“制造企业生产物流系统分析与优化研究”（课题编号：2017CSLKT3－163）。

［通讯作者］孙雪（1980年生），女，在读博士，北京联合大学物流系讲师，研究方向：物流系统信息系统规划与仿真。E－mail：zdhtsunxue@ buu. edu. cn

行了探索，对应用型大学工科专业第二课堂建设提出了几点建议，为工科专业课程建设提供了良好的思路。

## 二、第二课堂建设的必要性

第二课堂是一种综合性的概念，也是一种理念，即实现思想政治教育和职业教育、专业教育相结合的理念，国家与社会的教育目标和个体的理想相融合的理念。第二课堂模式是一种全新的沟通方式或工作模式，它能够进一步推动教与学的互动交流，通过教与学共同参与、共同设计来推进学生工作；第二课堂是一种学生成长成才标准和人才培养导向，旨在培养符合社会需要的全面发展的综合人才；第二课堂是一个健康、科学、文明、结构开放的个人成长空间以及与之相关联的有利于服务的综合制度结合体。

第二课堂是相对第一课堂而言的。如果第一课堂指的是依据教材及教学大纲，在规定的教学时间里进行的课堂教学活动，那么第二课堂就是指在课堂授课外的时间，开展的有益于学生成长成才的活动。从活动内容上看，它不限于教材，无须考试，但又是素质教育不可缺少的部分。从形式上看，它可以是文艺活动，也可以是学科竞赛等，内容生动活泼、丰富多彩。它的活动空间范围广大：可以在室内或室外，也可以在教室在操场；可以在学校，也可以在校外。

高校的第二课堂，主要是指社会调查、公众参与、校园文化、科技活动、校企合作、学术报告、专题讲座、各类竞赛、演讲辩论等学生活动，它是相对于课堂教学之外的另一种教育模式。在学校的积极引导下，内容丰富、形式多样的第二课堂可以激发学生的创造力、想象力，培养学生的自主意识与团队精神，塑造学生的创新人格，强化学生的成就动机和追求成功的意识，是高等院校特别是理工科院校亟须加强的补缺工程。

第二课堂之所以需要系统建设，是因为第一课堂教学存在许多不足，主要有以下几点：其一，学生仅学习第一课堂课程的知识，导致学生知识面太窄；其二，第一课堂课程教学内容是相对固定的，学生自主发挥的空间很少；其三，第一课堂教学内容以课程为单元展开，学生学习的知识具有块状性，当学生面对工程问题时，缺乏系统性的知识组合；其四，第一课堂教学内容一般要求学生独立完成，而学生组成团体协作完成的任务内容很少；其五，第一课堂教学内容偏重于理论传授，而学生实践机会很少。上述第一课堂教学面临的问题和不足正是第二课堂建设的有益补充。因此，大力开展第二课堂建设是工科应用型高校发展的必然选择。作为大学生学习生活的重要组成部分，第二课堂具有趣味性、知识复合性、自主性、团队协作性、实践性、创造性等特点，将有效促进大学生素质的全面发展。

## 三、国内外先进的培养模式

以美国高等教育为例，自 20 世纪 90 年代以来，美国高等教育着重进行改革创新，逐步形成了以学生为中心，课内、课外相结合，科学与人文相结合，教学与研究相结合的人才培养创新模式。

### 1. 以学生为中心

美国大学坚持以学生为中心，美国高校给学生充分的学习自由，开设的课程面广、量多，学生不必按某一固定模式塑造自己，可以选择的余地很大。学生可以自主安排学习，自主选择学习科目和研究内容，主动、灵活地获得学分，在“学”上享有较大的自主权、主动权，可以充分发挥特长和潜力。这种自由的学分制的设立，集中体现了“以学生为中心”的办学理念。

### 2. 课内与课外相结合

在美国，大学生除了必须自主安排课堂的学习外，还必须积极参与各种社团活动，在活动中不断激发创新精神，提高实践能力。如我们在参照美国部分名牌大学的教学校历中发现，在本科生教育方面，美国高等教育在教学设置上，课堂教学总时数约为我国部分名牌大学的 60%，美国的大学生必须用很多的课外学习时间来完成相当多的课外作业，参加大量的课外实践活动。在课外，学生不仅要写文章，不断地大量读书，坚持开展科学研究，还要参加种类繁多的课外实践活动。

### 3. 科学与人文相结合

加强学生的科学教育固然是十分重要的，但人文教育同样不能忽视。美国高校无论在课堂内外都相当重视科学教育和人文教育两者的统一。以斯坦福大学为例，该校要求本科生都必须学习一年的“人文学科导论”。该课程的具体内容有各自不同的侧重点，每一门课程都要求提出问题和进行问题的讨论，要求学生利用文、史、哲知识，并将其综合在一起来解决课程中的问题。早在 1996 年，该校就创建了一组三学期系列课程，尝试激发学生对科学的兴趣。课程包括：技术（掌握基本问题和科学知识）；概率以及统计；解决问题（完成论文），强调清晰的思路和解决的方法与技巧；计算机（数字与绘图工作）文字；实验工作。这组课程由各学科的教师组成一个小组开展教学，这课程完成过程中，教师会择机带学生去野外考察。在小组里，有生物学家、统计学家、心理学家和遗传学家，这些不同学科的教授向学生进行演示、讲解，参与学生的讨论，用不同方法和学生共同探讨一个主题，真正做到了相互学习，教学相长。从这组课程的教学结果发现，学生们可以很好地掌握需要学习和了解的教学内容和科学知识，甚至一些原本不喜欢某些学科的学生在参加了这组课程的学习后都转而喜欢上了这些学科。可以看出，斯坦福大学的这些教学设计在丰富学生视野和拓展学生素质方面发挥了很大的作用，非常值得我们借鉴和学习。

**4. 教学与研究相结合**

在教学与研究相结合这方面，同样以斯坦福大学为例来进行说明。斯坦福大学十分重视本科生的教育教学研究工作。校长卡斯佩说过："学生不仅可以从老师那里得到学习，老师也不断地从学生那里获得学习。在研究型大学里，研究与教学具有无可争辩的辩证关系。"1994 年，斯坦福大学建立了专门针对本科生教育的研究项目办公室，用以促进学生创造性地参与对新知识的探究工作。学生可通过万维网随意地浏览办公室所设立的促进师生研究与合作的数据库。"办公室"将那些能够让学生参与研究的项目和相关信息放在互联网上，用以帮助本科生找到可以参与的相关研究项目。该办公室还可向参加研究项目的学生提供奖学金和为教师提供支持研究项目的研究助手资金。鼓励本科生参与研究，既有益于教师，也有利于学生。学生只要有机会参与学校的科研工作，就可能处于知识最前沿，这都是美国一流高等教育在本科阶段教育中最为明显和突出的竞争优势。

近年来，随着我国高校教育教学改革的进一步深化，高校第二课堂作为学生创新能力培养和素质拓展的重要载体，在培养创新意识、激发潜能、人格塑造等方面的作用越来越突出。第二课堂教育以其灵活、广泛、新颖的特质和第一课堂无法替代的育人作用，成为实施素质教育的重要载体，越来越受到高校的重视，逐步发展成高校人才培养的重要教育教学环节。一些高校经过不断地探索和总结，在培养大学生的创新、实践、动手能力，全面建设第二课堂和校园文化等方面尝试和建设了很多先进模式。例如，北京大学在开展第二课堂和校园文化建设时，就明确了北京大学共青团是指导和组织北大学生开展课外科技、文化等活动和做好第二课堂设计与管理工作的主体。2006年年初，北大成立了“北京大学学生课外活动指导中心”，机构就设在校团委。北大共青团将此中心作为发挥高校育人功能和培养高级技术人才的重要平台，努力探索符合北大实际和北大学生综合素质教育规律的一整套工作机制。北大共青团立足实际，坚持按照团中央、教育部、全国学联的工作要求，深入实施大学生素质拓展计划，不断地在全校广泛地实施该计划。将工作重心放在培养高级专业人才这一任务上。近年来，一直以活动为中心的第二课堂建设模式逐步显现出一些弊端，随着北大共青团对该模式不断地研究、探索与发展，以课程化项目建设为特点的素质拓展计划因其系统性、有序性和持续性而被广泛使用。作为高校工作者，应该以培养学生综合素质和提高学生就业创业能力为工作目标，宏观指导、因材施教、分流培养、统筹协调、整合资源，积极探索全面培养大学生综合素质的工作方法，科学有效地建立第二课堂工作的长效机制。

## 四、工科大学生第二课堂的主要形式

实践出真知，实践长才干。培养和训练大学生创新能力必须依靠实践。因此，根据马克思的科学实践观理论，工科大学生第二课堂建设的主要形式如下。

### 1. 学术社团

学术性社团是指结合大学生的学习、研究实际以及学术背景，以满足成员对知识的需求为基础，以提高学术水平和实践能力为目标，与专业学习、学术研究相结合，带有专业实践性质的社团。学术性社团的实质就是培养大学生的实践创新能力。

### 2. 校园科技活动

大学生课外科技创新活动在提高大学生创新能力方面的作用正在逐渐凸显，作为大学生课外科技创新活动的主要动力，各级、各类大学生课外科技作品竞赛在培养复合型、创新型人才，促进高校产学研结合，推动高校创新型人才培养体系建立等方面发挥着越来越积极的作用。

### 3. 学科竞赛

大学生通过参加各种比赛，并经过所在学校的赛前培训，其自学能力、发现能力、审美能力特别是实践能力等创新能力的组成要素都得到了提高。因此，创新竞赛对工科大学生创新能力的培养具有重要作用。

4. 校企合作

通过校企合作，学生可以参观企业，体验企业文化并进行暑期社会实践，把所学的专业知识应用于实践中。除此之外，学生还可到企业进行毕业实习，为毕业设计积累素材，通过理论联系实际，提高自身的实践动手能力和创新能力。

## 五、工科第二课堂建设存在的问题

目前，应用型工科第二课堂建设存在的主要问题有以下几方面。

1. 第二课堂建设思想亟待统一

当前，各高校过分强调教师课堂授课和实验课程，忽视第二课堂活动的影响，工科专业现有创新能力培养观念亟待加强。一直以来，由于各部门思想认识不统一，第二课堂建设对大学生创新能力培养的作用和意义没有形成统一的认识，使得第二课堂活动常常与教学活动产生课程脱节甚至冲突等问题。同时，第二课堂存有一些缺点，如较为主观、盲目、随意，且计划性、稳定性弱、连续性差等，导致学生不能合理安排学习与活动的时间，与第一课堂产生矛盾，从而使得第二课堂活动受到第一课堂的影响与冲击。

2. 第二课堂活动的内容缺乏针对性

在高校，尽管有很多第二课堂的活动，如社团活动、暑期社会实践等受到学生的热烈欢迎，学生参与热情也很高。但总的来说，学生在第二课堂活动的参与程度上，还是比较少的，很多学生除了认真上好专业课以外，对于第二课堂活动热情不高。第二课堂活动由于传统观念的束缚，许多活动仅仅流于形式，只是为了开展活动而搞活动，没有将第二课堂活动与第一课堂作为统一的整体进行统筹规划与设计，忽略了学生的个人兴趣爱好、个性和个体发展。这与实施前是否深入了解学生实际需要，充分地论证分析学生对开展的活动有没有兴趣，是否有利于学生综合素质的提高，是否有利于学生个性发展等有关。

3. 第二课堂与第一课堂联系不紧密

对于工科专业，如果没有充分重视第一课堂教学的基础地位，没有在第一课堂基础上去扩展延伸第二课堂活动，那将是无本之木，无源之水。

4. 第二课堂的硬件条件比较薄弱

相对于其他学科而言，工科生的第二课堂活动的硬件要求更高，工科专业在举办第二课堂活动中，应以科技类、实践类为主，而这些活动往往对场地、设备、耗材的要求更高，需要投入的也更多。因此第二课堂的硬件条件相对来说还比较薄弱。

**5. 专业老师指导不够并缺乏积极性**

由于不同学校对第二课堂重视程度不同，第二课堂的指导教师不多，且层次不一，在开展的活动中，不能很好地对学生进行指导。尤其是工科的第二课堂活动，往往因为与专业联系紧密，更需要专业老师的指导，专业老师的指导是工科第二课堂活动质量的保障，所以专业老师指导对工科生第二课堂活动影响更大。

**6. 社团建设力度不够**

在第二课堂活动中，大学生社团活动是开展活动的主要阵地和载体，高校社团建设的力度和深度直接影响到第二课堂活动的开展成效。但对于工科生来说，高校组建的社团仍然是以兴趣爱好类、文艺体育类等非科技学术类社团为主，有利于工科生创新能力培养的科技学术类社团或是不多，或是得到的重视和指导不够。

## 六、工科第二课堂建设的几点建议

针对工科第二课堂建设存在的问题，提出了如下几点建议。

**1. 规范第二课堂建设，为加强学生创新能力培养提供先决条件**

规范第二课堂建设，为加强学生创新能力培养提供先决条件，各工科院（系）要从创新人才培养的高度进一步转变观念，牢固树立第二课堂建设不仅仅是学工、团委系统的事，更是全体教职员工的事的理念。要把第二课堂提高到与第一课堂并重的地位，像重视第一课堂一样重视第二课堂。同时，高校应制定相应的政策和办法，用以激励全校教师担任学生活动导师，指导学生第二课堂活动的开展。如在报酬上，教师指导第二课堂活动的补贴要参照第一课堂的课酬，甚至略有倾斜；在培训上，要定期组织第二课堂活动指导教师参加相关培训、外出学习；在奖励上，教师指导学生第二课堂活动要计入其工作量，指导第二课堂活动获得市级、省级及以上奖项的，要作为教师重要个人成绩，参与评奖评优和职称评定等，以充分调动广大教师主动参与第二课堂活动指导的积极性。

**2. 以专业社团等作为第二课堂载体，创造浓厚的学术氛围**

大学生社团是指由拥有共同爱好和志向的大学生自愿结合，并经学校有关部门批准或认可而建立的非正式群体。学术性社团是指结合大学生的学习、研究实际以及学术背景，以满足成员对知识的需求为基础，以提高学术水平和实践能力为目标，与专业学习、学术研究相结合，带有专业实践性质的社团。学术性社团的实质就是培养大学生的实践创新能力。高等学校在深化教育改革的基础上，应积极构建学术性社团，以此作为工科大学生创新能力培养的新载体。

**3. 以课外科技活动等作为第二课堂重要渠道**

工科大学生参与课外科技活动，能够锻炼其动手实践能力，培养其创新能力，对我国的经济和社会发展产生了明显的积极作用。学校应成立学生研究小组，将教学、教研相结合并开展相关活动，这类活动的特点是将第一课堂中的某些环节（如毕业设计、课程设计、科学研究）与课外科技活动结合起来，融为一体，其优点是容易出成果。搞好这类活动需要注意以下问题：一是课题的大小和难度要适当；二是要积极为学生创造自学条件；三是教师要言传身教。除此之外还可进行科技游园与成果展示、积极开展学术报告会、鼓励学生申请大学生创新性实验项目以及创办学生学术刊物等。

**4. 加强学科竞赛体系构建**

学科竞赛具有培养工科学生创新思维和实践动手能力的作用。在学科竞赛中，竞赛题目或方案都具有很强的综合性，代表着该学科的学术前沿，因此对参赛学生具有较高的要求。工科生通过参加丰富多彩的学科竞赛活动，不仅逐渐培养了其运用所学知识分析和解决问题的能力，同时对其创新能力、实践动手能力以及科研能力的提高也起到了积极作用。大学生学科竞赛作为第二课堂活动的重要方式，有着常规教学不可企及的、特殊的创新教育功能，对学生团队精神的培养与实践动手能力的提高具有重要意义，是大学生展现自我的一个良好平台。同时，学科竞赛工作又是一项系统工程，需要时间和经验的积累，学校必须以培养创新型人才目标为导向，努力营造浓郁的学科竞赛氛围，推动学生竞赛的常规化和制度化，力争探索出一条培养学生创新能力的可持续发展道路。

**5. 以企业实践基地作为第二课堂重要延伸**

加强校企合作，强化实践育人环节，积极探索社会实践。工科院校培养学生创新能力应充分利用企业实践优势，立足学校科研优势来探索社会实践与专业学习、服务社会和创新创业相结合的新机制。除此以外，还应不断增强企业实践的科技含量，鼓励学生面向企业开展形式多样的科技服务活动，努力引导他们将课堂、实验室所学的知识延伸到课外。在教师的带领下与企业联合开发新课题、新项目，有助于大学生在实践中不断探索，提高科研能力，用知识为地方经济的发展出谋划策。

## 七、结论

第二课堂为大学生提供了良好的创新实践平台。在高等教育大众化形势下，高校既要重视传统知识的讲授，同时也应加强对第二课堂的指导和支持。学校应利用第二课堂的开展，充分锻炼和加强学生自我学习和创新的能力，将学生培养成为真正适应社会需要的高素质综合型人才。

## 参考文献

［1］李凝，陈卫增，徐洪．基于第二课堂建设的工科应用型人才素质教育探索与实践［J］．中国电力教育，2011（27）：9－10.

［2］许爱德．行动导向型教学模式在本科第二课堂中的实践应用［J］．航海教育研究，2015（1）：81－83.

［3］张海川，杨森．开展第二课堂活动培养应用型人才——以山西大学商务学院信息学院为例［J］．中共山西省委党校学报，2010，33（5）：124－125.

［4］张天波，褚少尉，张德刚．应用型人才培养模式下大学第二课堂建设的思考与实践［J］．时代教育，2010（11）：4－5.

［5］许志山．第二课堂建设与工科大学创新能力培养研究［D］．福州：福建师范大学，2012.

［6］成瑶．高校第二课堂人才培养模式研究［D］．西安：西北农林科技大学，2010.

［7］过军，田鸿发．电类应用型本科第二课堂科技活动模式的创新与实践的研究［J］．常州工学院学报，2005，18（4）：84－87.

［8］陈卓武，邓俊，秦卫民，等．工科大学第二课堂教学体系与高素质人才培养的探索与实践——以广东工业大学为例［J］．广东工业大学学报，2009，9（6）：10－13.

# 物流工程专业计算机能力要素分析

于 鑫 魏志光* 孙 雪 耿 钰

**摘 要：** 随着信息技术的迅速发展，计算机能力已经成为大学生专业核心能力的一部分，培养具有信息技术的高素质综合型人才，是高校各专业进行专业改革的一个重要目标。本文以物流工程专业为例，对基于计算机能力的模块化教学进行设计。经过教学实践证明，模块化层次化的教学模式是对现有教学模式的完善和补充，为提高学生计算机能力、满足学生个性化发展需求提供了良好的环境。

**关键词：** 计算机能力 物流工程 模块化课程

## 一、引言

信息技术的快速发展，使其即将成为第一大产业。计算机技术是信息技术的一个核心内容，它正改变人们的生产、生活和学习方式。近年来，计算机人才的需求一直保持增长势头，为社会培养具有计算机技能的复合型人才是社会各行业对大学教育的期待。

现代物流学作为一门综合性科学，是以物流系统为研究对象，主要研究物流系统的资源配置、物流运作过程控制、经营和管理的科学。物流工程专业是管理工程与技术工程的结合，旨在培养能够利用先进信息技术，将交通、运输、管理科学、系统工程、环境工程、机械工程等领域有机地结合在一起的综合型高素质人才。但我们也应注意到，物流工程专业能力培养的侧重点有比较大的差异，

---

［基金项目］2016 年教育部产学合作协同育人项目“大学计算机课程模块化教学研究”（项目编号：JJ2015Y043）。

［第一作者］于鑫（1972 年生），男，硕士，北京联合大学物流系副教授，研究方向：物流系统仿真与优化。E－mail：zdhtyuxin@ buu. edu. cn

［通讯作者］魏志光（1958 年生），男，本科，北京联合大学工科中心高级实验师，研究方向：教育管理。E－mail：zhiguang@ buu. edu. cn

这给教学培养方案的制订提出了新问题。如何设置教学课程，并在规定的学分内满足不同学生个性化的发展，是目前急需解决的问题。本文以我校物流工程专业为例，围绕物流服务运作、供应链信息系统设计与开发、物流设备控制与应用、物流系统规划与设计四个方向，在对大学生计算机能力及其岗位分析基础上，完成物流工程专业计算机应用能力分析与模块化课程设计，为学生个性化发展提供条件。

## 二、计算机能力及其岗位分析

"十二五"期间，教育部组织了各本科专业教学指导委员会制定了相应专业的教学质量国家标准，教育部高等学校计算机类专业教学指导委员会制定了《计算机类专业教学质量国家标准》，规范计算机人才能力的培养。目前，我国高校计算机专业人才培养主要分为三大类：计算机基础专业、与理工科交叉的计算机专业、与文科艺术类交叉的计算机专业。表 1、表 2、表 3 分别为三个专业能力要求与课程设置。

**表 1　　计算机基础专业及相关专业课程及能力分析**

| 专业名称 | 能力要求 | 主修课程 |
|---|---|---|
| 计算机应用 | 具备扎实的计算机基础知识，较强的计算机办公自动化、数据库等常用软件应用能力，计算机网络基本应用能力，计算机软硬件安装、调试、维护与修理，以及网络系统安装与维护能力 | C 程序设计、微机原理与接口技术、数据结构、操作系统、JAVA 语言程序设计、计算机网络技术、计算机组装与维护、数据库原理与应用、多媒体技术、计算机软硬件技术基础、图形图像应用处理等 |
| 计算机网络技术 | 具备计算机网络安装、管理和维护，计算机管理与软、硬件安装、使用及维护，网络安全与管理，Internet 信息管理，网络互联与设备调试，综合布线，网络一般性故障的诊断与排除能力 | VB. NET 程序设计、计算机网络技术、C/C++语言程序设计、数据库、电子商务、网络操作系统、局域网技术与组建、计算机组装与维护、网络安全技术、JAVA 程序设计、网络操作系统等 |
| 软件工程 | 具备软件需求分析、软件设计、软件测试、软件维护和软件项目管理等工作所必需的基础知识、基本方法和基本技能，能够从事软件开发、测试、维护和软件项目管理的能力 | 软件工程概论、数据结构、数据库、JAVA 程序设计、软件开发过程和项目管理、VC. NET 程序设计、J2EE、WEB 数控库开发、操作系统、编译技术、统一建模语言、软件体系结构、软件需求、软件项目管理等 |

续　表

| 专业名称 | 能力要求 | 主修课程 |
| --- | --- | --- |
| 信息安全技术 | 了解集成信息安全系统，熟练应用信息安全产品，具有信息安全系统规划、维护和管理能力 | 数据库原理、操作系统、计算机通信与网络技术、信息安全概论、信息安全法律法规、网络安全工程、计算机反病毒技术、防火墙技术、应用密码技术、信息安全法律法规、密码学、计算机反病毒技术等 |

与理工科交叉而衍生的计算机专业很多，如数学与应用数学专业、自动化专业、信息与计算科学专业、通信工程专业、电子信息工程专业等，表2为与理工科交叉的计算机专业课程及能力分析。

**表2　　与理工科交叉的计算机专业课程及能力分析**

| 专业名称 | 能力要求 | 主修课程 |
| --- | --- | --- |
| 数学与应用数学 | 掌握数学科学的基本理论与基本方法，具备运用数学知识、使用计算机解决实际问题的能力，能在科技、教育和经济部门从事研究、教学工作或在生产经营及管理部门从事实际应用、开发研究和管理工作的能力 | 主要研究方向有工业与应用数学、应用概率统计、生物数学、数学地质、城市交通与通信网规划等 |
| 自动化 | 掌握自动控制的基本理论，并立足于信息系统和信息网络的控制系统设计与实施的能力 | 电路、数学电子、模拟电子、控制系统、经典控制理论、现代控制理论、微机控制理论、电机拖动、PLC（可编程逻辑控制器）、单片机等 |
| 通信工程 | 掌握通信基础理论，掌握微波技术、无线电技术、信号的产生、信息的传输、交换和处理等通信技术，以及在计算机通信、光纤通信、无线通信、交换与通信网等方面的理论和工程应用能力 | 有电路分析、信号与系统、模拟电子技术、数字电子技术、数字信号处理、微机原理与接口技术、电磁场与电磁波、通信原理、光通信技术基础、传输技术、交换技术等 |

续 表

| 专业名称 | 能力要求 | 主修课程 |
| --- | --- | --- |
| 电子信息工程 | 掌握电子技术和信息系统的基础知识，具有各类电子设备和信息系统的研究、设计、制造、应用和开发的能力 | 电路理论系列课程、计算机技术系列课程、信息理论与编码、信号与系统、数字信号处理、电磁场理论、自动控制原理、感测技术等 |
| 信息管理与信息系统 | 具备良好的数理基础、管理学和经济学理论知识、信息技术知识及应用能力；具有信息系统的规划、分析、设计、实施和管理以及信息系统和信息资源开发利用的实践和研究能力 | 管理信息系统、信息资源管理、经济学原理、运筹学、信息系统开发与管理、生产运作与管理、ERP（企业资源计划）、计算机网络等 |

**表3　与文科艺术类交叉的计算机专业课程及能力分析**

| 专业名称 | 能力要求 | 主修课程 |
| --- | --- | --- |
| 动漫设计与制作 | 掌握美术基本知识、基本技能及动画制作知识，具有较高的审美素养和审美能力，能熟练掌握动漫的基本知识和运用计算机辅助设计的基本技能，具有电脑美术、影视动画、合成特技的能力，具有较强的创新能力和动手能力 | 素描、色彩、影视动画速写、动画概论、文学脚本创编、角色与场景设定、动画运动规律、Photoshop 图像处理、视听语言、二维动画制作、3DMAX 基础、后期处理 |
| 电脑艺术设计 | 培养能熟练运用计算机进行艺术设计与创作，能在艺术设计部门、城市环境规划部门、广告公司、新闻媒体、学校等单位从事视觉传达设计、数字艺术设计、室内外展览展示设计、网页设计、环境艺术设计、建筑艺术设计、网络媒体艺术设计等能力 | 素描、色彩、室内设计制图、装饰材料、3DMAX 效果图、AutoCAD 施工图绘制、Photoshop、平面构成、色彩构成、立体构成、标志设计、包装装潢设计、居室设计、字体设计、数码影像制作 |
| 环境艺术设计 | 培养具有室内外设计能力，能创造性设计装饰施工图及效果图，并进行装饰施工与管理、室内装潢设计、公共空间设计和景观园林设计等能力 | 素描、设计色彩、设计构成、计算机辅助设计、人机工程学、室内制图、居室空间设计、商业空间设计、装饰施工图、装饰材料与预算、公共空间设计、设计管理与商务 |

续 表

| 专业名称 | 能力要求 | 主修课程 |
| --- | --- | --- |
| 数字媒体技术 | 兼具技术素质和艺术素质的现代艺术设计能力，具有较高的技术素质的培养，能够利用新媒体艺术、网络多媒体制作广告、影视动画、大众传媒等 | 视听语言、影视剪辑、动漫创作、计算机图形学、游戏创作、艺术设计基础、数字媒体技术概论、数字信号处理、计算机图形图像处理、人机交互技术、多媒体数据库 |

物流工程专业涉及的学科和专业面较广，主要涉及的计算机类专业包括计算机应用、计算机网络、软件工程、信息安全技术、数学与应用数学、自动化、电子信息工程、信息管理与信息系统以及环境艺术设计等。但教学计划不可能将所有相关课程纳入到教学，利用模块化思想无疑是解决矛盾的有效方法。

## 三、物流工程计算机模块化课程设计与实践

### 1. 物流工程计算机模块化课程设计原则

物流工程专业人才培养对计算机能力要求越来越高，然而由于计算机能力涉及的课程较为广泛，很难将涉及的知识点系统地安排在教学过程中，而模块化教学能够让学生灵活地选择自己涉及和喜欢的计算机能力。基于计算机能力模块化课程体系的构建，首先需要确定具体的岗位对于计算机能力的要求，即根据职业岗位需要的知识、技能来确定课程内容，使“能力本位”的思想得到体现。首先从物流工程总体的计算机能力需求进行分析，将其分成若干较为独立的能力单元，其次对该专业不同研究方向的各能力单元进行需求分析，最终将专业基本技能模块和计算机技能模块组合成一个基于计算机能力的课程体系。

### 2. 物流工程计算机模块化课程实践

我系物流工程专业近年来开展了基于模块化教学的实践工作，依据学生计算机基础和发展需求不同，对教学内容进行模块划分，并对物流信息技术及计算机能力不同的学生分别采用针对性的项目教学，这一方案取得了较好的教学效果。在教学过程中，主要分为三个阶段。

阶段一：我们结合校外人才培养基地对物流工程专业学生应具备的知识、能力和素质要求进行调研。调研方式有学生实践反馈、调查问卷等，涉及零售业、物流园区、物流信息技术开发、第三方物流、港口贸易等。通过企业行业调研并结合我校培养计划，逐步确立了以物流服务运作模块、物流系统规划与设计能力模块、供应链信息系统设计与开发能力模块、物流设备控制与应用能力模块为主线的四大能力模块。

阶段二：在调研的基础上构建基于计算机能力的模块化课程体系。将相关课程进行整合，强调素质、技能和就业能力的培养，构建由职业素质模块、专业基础模块和计算机能力模块组合而成的模块化课程体系。

表 4 为物流工程专业专业能力与计算机能力对照要素。

**表 4　　物流工程专业专业能力与计算机能力对照要素**

| 方向 | 专业能力 | 专业能力要素 | 计算机能力要素 | 相关计算机专业 | 计算机模块课程 |
|---|---|---|---|---|---|
| 物流服务运作 | 物流运营管理能力 | 企业物流和物流企业运营管理的物流服务战略分析与制定；物流工程经济分析能力；物流计划制订、物流作业流程控制的能力；采购管理与库存控制、运输管理、仓储与配送管理能力；物流项目和物流战略管理能力；物流服务人员管理能力；物流风险控制能力 | 数据库等常用软件应用能力、计算机网络基本应用能力、办公自动化、应用数学、流程管理能力 | 计算机应用技术专业、计算机应用数学专业 | 数据库技术、计算机网络、流程管理、计算机仿真 |
| | 国际物流管理能力 | 国际物流基本技能与国际货运代理的操作实务能力；国际物流的运输方式，国际物流通关的知识运用能力；报关、报检、办理保险，按计划安排货物出港的能力 | 数据库等常用软件应用能力、计算机网络基本应用、办公自动化能力 | 计算机应用技术专业 | 计算机基础 |

续 表

| 方向 | 专业能力 | 专业能力要素 | 计算机能力要素 | 相关计算机专业 | 计算机模块课程 |
|---|---|---|---|---|---|
| 物流系统规划与设计 | 物流系统规划能力 | 客户服务目标分析、物流网络、物流节点的内部布局；仓储管理；运输管理；运营管理；管理组织等规划能力；物流需求调研和需求分析能力；物流系统优化能力；物流系统规划设计方案的撰写能力 | 计算机算法 | 计算机应用数学专业 | 计算机算法 |
| | 物流系统仿真能力 | 物流系统建模能力；物流系统仿真常用工具使用能力；物流系统仿真与数据分析能力；常见系统建模与仿真能力 | 计算机应用统计能力；计算机数学建模能力；计算机绘图能力 | 计算机应用数学专业 | 计算机应用统计、AutoCAD |
| 供应链信息系统设计与开发 | 物流信息管理能力 | 具备收集、跟踪、处理以及管理物流信息的能力；物流管理信息系统架构能力；物流通信网络运用能力；物流信息系统的设计与实施能力；利用信息系统决策信息 | 计算机网络规划与应用能力；信息系统的规划、分析、设计、实施和管理能力，电子设备、控制系统集成能力、维护信息系统安全的能力 | 计算机网络专业、通信工程专业、电子信息专业、自动化专业、信息管理专业、信息安全专业 | GPS（全球定位系统）、移动技术、无线通信网络、人工智能、数据挖掘技术、信息安全、数据库技术、Web 技术、大数据技术 |
| | 物流成本管理能力 | 物流成本的管理能力，有效降低物流成本的能力；物流项目成本核算和管理能力；现代物流金融运作模式和现代物流金融服务创新模式；物流项目风险防范与控制能力 | 计算机应用统计能力、利用计算机进行数据分析与挖掘的能力 | 计算机应用数学专业 | 计算机统计学 |

续 表

| 方向 | 专业能力 | 专业能力要素 | 计算机能力要素 | 相关计算机专业 | 计算机模块课程 |
|---|---|---|---|---|---|
| 物流设备控制与应用 | 物流设备控制与应用 | 仓储设备、设施和器具的使用能力；解决物流设备运营中出现的中小实际问题能力；半导体器件、放大电路、数字组合电路和时序电路设计能力；物流设备设计能力 | 信息系统和信息网络的控制能力、嵌入式系统开发的能力 | 自动化专业 | 无线通信网络、移动技术、嵌入式系统、电子技术 |

阶段三：根据模块化课程体系，编写出专业教学大纲和教学计划，在教学过程中进行实施及效果反馈。

## 四、成果及展望

近两年，通过加强对计算机能力的分析与培养，物流工程专业学生在人才培养上取得了一定的效果，最主要的指标体现在学生的就业率和专业符合度逐年提高，尤其是近年来发展迅速的物流信息技术开发及应用产业，受到越来越多的学生的青睐，就业人数也逐年增多。

我们也可以看到，以计算机技术为代表的现代信息技术发展迅速、新技术新方法更新较快，我们对学生的能力培养和计算机模块化课程也应及时更新，以移动技术和大数据技术为代表的新兴技术在物流技术中的应用越来越广泛。下一步的研究工作，是将这些代表当今移动开发、大数据技术、人工智能的最前沿技术引入物流工程专业教学体系中。这些技术可广泛应用在物流工程领域中的物流信息系统、物流设备控制、智能物流等上游产业链，对于培养物流行业高端技术人才起到积极作用。

## 五、结论

本文以物流工程专业为例，完成基于计算机能力的模块化教学设计与实践。这种模块化、层次化的教学模式是对现有教学模式的补充和完善，对于满足学生个性化发展需求提供了良好的环境。通过模块化教学，学生的动手能力明显增强，学习兴趣日益浓厚，教学效果显著提高，为地区培养了一批物流上游产业链的急需人才，适应了北京疏解首都非核心功能产业发展需要，体现了我校应用型、城市型大学的发展理念。

## 参考文献

邵一江，刘红．基于能力导向的模块化教学体系构建——合肥学院模块化教学改革的理论与实践［J］．合肥学院学报（自然科学版），2013（4）：58－63.

# 基于校企合作的物流工程应用型人才培养模式研究与实践

于　鑫[*]　梁爱琴　孙　雪

**摘　要：**应用型人才培养的关键是强调对学生专业核心能力的培养并将其应用到实际的生产中，培养的过程应是理论与实践逐步融合、相互渗透的过程，校企合作为培养应用型人才提供了良好平台。本文以物流工程专业为例，通过搭建多层次的校外实践教学基地，探讨能力输出的产学研校企合作机制，逐步形成基于产学研合作的应用型人才培养模式。

**关键词：**校企合作　应用型人才　物流工程

## 一、引言

物流市场的发展使得物流应用型人才需求空间巨大。据中国物流与采购联合会预测，未来5年内我国物流市场将具有千亿以上的市场发展空间。围绕应用型物流人才能力培养进行教学研究与改革是国内外开设物流管理、物流工程及相关专业的高校的重点研究内容，目前已取得了一定的研究成果。研究表明，校企合作在高校应用型人才培养中起到了重要作用。但是由于校企双方存在信息不对称，人才需求与人才培养对接不顺畅的问题，导致校企合作在应用型人才培养过程中没有发挥最大效应。

---

［基金项目］2015年北京联合大学校教改课题“模块化教学模式下的产学研合作长效性机制研究与实践——以物流工程专业为例”（课题编号：JJ2015Y043）；北京联合大学2016年校级教育科学研究课题“应用型大学工科第二课堂教学方法研究”（课题编号：Sk110201611）。

［通讯作者］于鑫（1972年生），男，硕士，北京联合大学物流系副教授，研究方向：物流系统仿真与优化。E－mail：zdhtyuxin@ buu. edu. cn

## 二、基于校企合作的物流工程应用型人才培养模式研究方法

为解决上述问题，我系首先深入物流行业调研物流人才能力需求。在了解物流人才能力需求基础上，通过校企合作完成专业岗位能力分析、物流工程专业能力模块划分，并纳入教学培养计划，逐步形成以专业能力为导向的产学研相结合的物流人才培养的“教学体系”和多层次的产学研合作模式，进而实现学校、企业、行业的深度融合，确保校企合作长效运行，发挥对应用型人才培养的作用。

（1）深入物流行业调研物流人才能力需求。

了解物流行业人才能力需求是开展实践教学的基础。学校应遵循“能力输出”的基本设计思想，同相关企业共建“对接性”的模块化人才培养方案，确定应用型人才标准。通过企业调研、访谈和调查问卷的形式，分析物流行业的发展趋势，企业对人才类型的需求以及能力需求等。调研涉及零售业、物流园区、物流信息技术开发、第三方物流、港口贸易等。

通过企业行业调研，并结合我校培养计划，逐步确立了以供应链信息系统设计与开发能力模块、物流设备控制与应用能力模块、物流系统规划与设计能力模块、物流系统运作管理基本能力模块为主线的四大能力模块。结合问卷调查中企业与社会重视的基本素质，确定出着重培养的四大基本素质：职业素养、沟通交流、身心健康和职业规范。专业知识、能力、素质导图划分主要依赖企业调研，该调研很好地解决了教学内容与企业需求脱节的问题。

（2）在了解物流人才能力需求的基础上，通过校企合作完成专业岗位能力分析、物流工程专业能力模块划分，并纳入教学培养计划，确保发挥合作企业的技术优势。

通过企业行业调研，并结合我校培养计划，我校逐步确立了以供应链信息系统设计与开发能力模块、物流设备控制与应用能力模块、物流系统规划与设计能力模块、物流系统运作管理基本能力模块为主线的四大能力模块。对于每个能力模块具体的培养，将结合教育部高等学校物流管理与工程类专业教学指导委员会（简称物流教指委）给出的核心课程，对四大能力模块进一步具体化，并与相关的课程对应，把能力的培养落实到具体的实现环节上。

（3）建立以专业能力为导向的产学研相结合的物流人才培养教学实施方案，引入 CDIO 工程化思想，保证教学过程的有效实施。

为保证教学过程的有效实施，我校建立了以专业能力为导向的产学研相结合的物流人才培养教学体系。在这个教学体系中，我校建立了由学校、企业、行业协会组成的教学专家组，制订了体现岗位能力的专业培养方案。专业建设采用产学研相结合的模式，实践过程利用工程化思想，将 CDIO 引入到教学过程。产学研相结合的专业建设模式又包括培养方案的修订、课程与教材建设和教学改革研究。实践为主的应用型人才培养模式又细分为教师实践和学生实践两大部分，结构如图 1 所示。

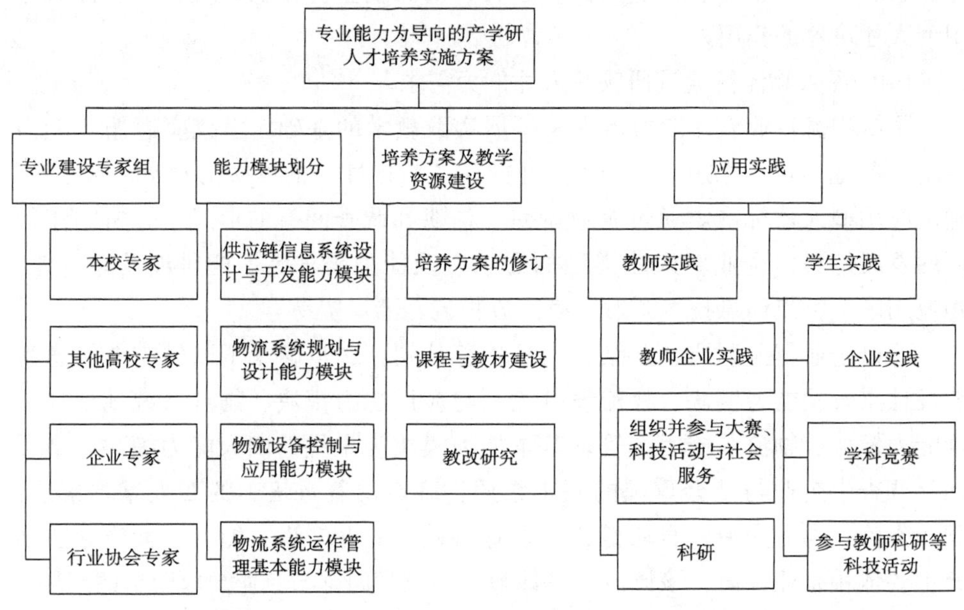


**图 1　能力输出为导向的产学研合作教学实施方案**

（4）通过建立多层次的产学研合作模式，构建稳定、高效、双赢的企业实习运行机制，进而实现学校、企业、行业的深度融合，确保合作长久运行。

每个企业都有自己的特点和优势，为了充分发挥企业的特点和优势，促进校企合作的力度，实现学校、企业、行业的深度融合，构建稳定、高效、双赢的企业实习运行机制，我校建立了多层次的产学研合作模式，以确保合作的长久运行。在校企合作过程中，充分发挥企业实践各自的特点和优势，把实践分为感知、感悟、创新、应用四个阶段，并根据企业性质将合作企业划分到各个阶段，形成稳定的校企合作教育人才培养实践运行机制，有利于发挥企业各自的优势和特点。

在校企合作过程中，实现了几个结合，即物流学科理论体系与现代物流技术发展相结合、专业理论与实践教育相结合、学校与行业相结合，基础理论教育与创新性教育相结合、专业教育与素质教育相结合。

## 三、基于校企合作的物流工程应用型人才培养模式实践与成果

（1）逐步形成了基于能力输出教学的产学研校企合作机制，使合作各方充分利用自身资源和优势在生产、教学、研究、应用等方面达到效益最大化，解决以往合作过程中的资源利用率低、合作时间短、形式单一化、内容重复化等问题。

物流工程是交叉学科，涉及信息、管理、计算机、物流管理、自动化及技术等知识，面向模块化的产学研校企合作模式能够使教师深入自身研究领域的企业进行研究与实践，使学生结合自己的兴趣和能力特长选择实践实习企业和内容，达到教师和学生的兴趣、精力以及企业资源的有机结合，形成了多维度的产学研合作机制，使学校教学科研、学生学习与就业、企业生产都达到最大效益，实现长久共赢。为了解决以往合作过程中的资源利用率低、合作时间短、形式单一化、内容重复化等问题，我校建立了基于模块化的产学研校企合作机制，具体如图2所示。

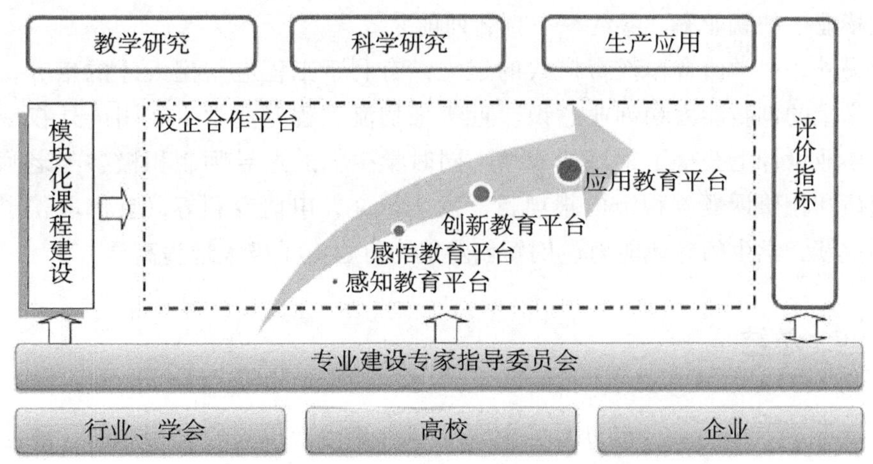


**图2　基于能力输出的产学研校企合作机制**

通过建立多层次的产学研合作模式，我校构建了稳定、高效、双赢的企业实习运行机制，以确保学校、企业、行业的深度融合，从而使合作能够长久运行，保证合作过程中资源利用最大化，形式多样化，内容多样化。

（2）在校企共同开发教学资源建设的同时，为教师及学生提供了一个全方位、多层次的实践平台，提高了教师的科研能力以及学生的专业能力、创新创业能力。

在教师与相关企业的专家共同开发教学案例、共建教学资源的过程中，提高了教师的科研和教学水平。同时教师与中国物流学会和中国物流与采购联合会紧密联系，与物流教指委积极互动，积极参与物流教指委、中国物流学会和中国物流与采购联合会举办的各项活动，积极申报相关项目，并取得了良好的效果。与此同时，教师们也收获了许多行业证书，如高级物流师、高级物流网应用工程师等。近几年老师们在带领学生参加国内外权威比赛、指导学生申报科研项目、发表论文、申请专利等方面也取得了许多突破性的进展。

对学生而言，学生可根据自身条件和发展目标选择实践企业。学生的专业实习、毕业设计课题、毕业实践环节等，大部分都是在企业的实际研究或工程项目中完成的。这种实践方式加强了学生对行业企业工作岗位的认知，同时缩短了在校学生毕业步入社会的适应期，使他们能更快地进入角色，融入实际的生产实践中。近年来，无论是毕业生还是在外实习的学生都获得了企业的好评，与企业的紧密合作也提高了毕业生的就业情况，使得物流工程专业毕业生的就业率、签约率一直名列前茅。

另外，产学研合作教育模式的建立，有利于工程应用型人才的培养，提高了学生的创新能力和创业意识。近年来物流工程专业学生在国内外权威竞赛、毕业设计上获得了很好的成绩。同时学生们通过导师制积极参与老师们的教研和科研课题，积极申报项目，发表论文，申请专利等，且都取得了良好的成绩，学生的专业能力、创新创业能力等也有了极大地提高。

## 四、总结

通过基于校企合作的物流工程应用型人才培养模式研究与实践，逐步形成了基于能力模块化、过程层次化的校外实践教学平台，从而构建了稳定、高效的企业实践运行机制。这种基于能力导向的实践模式使学生能结合自己将要从事的工作来选择实践内容，学习兴趣和实践效果显著提高，同时在合作过程中也为企业培养了急需的人才，企业也逐渐热衷于校企合作项目。企业实践奖学金、企业赞助大赛、企业工程师进课堂等合作内容的出现，是企业对学生在实践过程中表现出来的专业能力的认可，也是对这种基于校企合作的物流工程应用型人才培养模式的检验，为学校和企业的长期合作提供了有效保障。

## 参考文献

吴中江，黄成亮．应用型人才内涵及应用型本科人才培养［J］．高等工程教育研究，2014（2）：66－70.

# 大学生课外科技活动体系的构建与完善

冯　玮*

**摘　要**：大学生课外科技活动是高校适应时代要求的全新人才培养模式，提高科技活动的规模和质量对大学人才培养起到至关重要的作用。本文分析了目前大学生科技活动中存在的一些实际问题，并在此基础上提出了几点建议，以推动学生课外科技活动有序开展。

**关键词**：科技活动　体系　创新

大学生课外科技活动对于人才培养具有重要的作用，它是学校教学工作的组成部分；是学校德育工作的有效载体；是校园文化建设的重要内容。学生参加科技活动，不仅能使他们看到自身的价值，而且有利于创新意识和创新能力的培养。

所谓大学生科技活动，是指以学生个体学习兴趣为导向，以创新型科技课题为载体，以学生自主学习和教师指导相结合的方式，以解决实际困难和社会问题为切入点的科研实践活动。卓有成效地开展大学生科技创造活动和科技创业活动，能够调动大学生科技创新的积极性，激发大学生崇尚科学、勤于思考的主动性，同时对于大学生获得一定的科研能力和创新能力的训练，增强大学生的综合素质，具有十分重要的意义。

## 一、大学生科技活动中存在的问题

### 1. 大学生参与科技活动的积极性不够，意识比较淡薄

许多学生还把学习定格在“接受”型学习上，还没有意识到“创造”型学习的重要性，导致现在的很多大学生缺乏实践能力。大部分学生还仅限于

［通讯作者］冯玮（1980年生），女，硕士，北京联合大学自动化学院讲师，研究方向：思想政治教育。E-mail：zdhtfengwei@ buu. edu. cn

把课余的学习时间用在复习功课上，满足于取得学业上的高分，只有极少数学生阅读课外书籍、进入开放实训室参与动手实践和参加学校组织开展的各种课外科技类活动。

学生表现出主体意识不强、作用发挥不够、投身实践的勇气和能力欠缺等消极状态。当前不少同学的功利性过强，只追求个人利益最大化而对其他的活动漠不关心，致使目前举办科技类竞赛活动需要临时找人，仓促上阵，影响了参与效果。

2. 课外学术科技活动的影响力不够

通过调查发现，参加课外学术科技活动的总是集中在部分大学生身上，尽管这部分学生参加各种竞赛取得了优异的成绩，也为学校争得了荣誉，但仔细看这部分学生在大学生中所占的比例微乎其微，影响面很小。此外，目前组织参加科技活动一定程度上还存在“重竞赛、轻普及”的倾向，没有给学生提供相对优越的科技活动场所和空间。

3. 专业指导教师配备和激励不足

大学生在组织以及参与科技活动方面经验不足，需要专业人员在活动的开展及研究方面给予指导。目前主要依靠专业教师利用课余时间进行指导，但专业教师在授课及科研等方面的压力下，很难保证对学生课外科技活动的指导时间。造成这个局面的主要原因之一是资金缺乏。活动的成功开展需要大量的经费支持，国外一些著名高校大学生的课外科技文化活动通常会从多个渠道去获取资金。没有经费的保障，设备等无法跟上，本身工作繁重的老师们也就不愿意加入到科技活动的队伍中去，从而也就无法保证科技活动顺利进行。

学生在进行知识探索时，要解决各方面的困难，需要得到专业人员的帮助。在指导教师配备不足的情况下，学生们参加科技活动的热情逐渐减退，最终放弃。另外，部分学生没有真正认识到科技活动在个人与社会发展中的重要地位，本身缺乏参加的兴趣，致使高校在师资配备上也松懈下来，这样一来就导致恶性循环，创新精神也逐渐淡化。

4. 科技活动的组织管理机制不完善

目前大多数科技活动都是以竞赛等形式开展的，而这种比赛形式的活动持续的时间一般都比较短，组织者和参与的学生赛前准备都比较仓促，尤其是参加活动的学生，他们中的大多数在专业知识和能力上都有待加强，这也阻碍了他们进一步的研究。很多学生是抱着获奖或者是一时兴起的心态去的，功利性较强，真正想从科技活动中去锻炼自己的实践能力、培养自己创新思维的学生相对比较少，这就导致了参加活动的学生无法长期坚持下去，也就难以形成长期机制。

学校组织的竞赛数量很多但没有统一的归口部门进行管理，也没有相应的保障机制，这便造成了有比赛就临时突击的现象，这种运行机制不通畅，限制了科技活动的开展。

#### 5. 缺乏相应的配套硬件设施

大学生科技活动的开展需要相应的硬件支持，也需要相对应的资金投入。目前许多高校的实验室和设备主要用作教学使用，因此大学生参加科技活动的硬件条件较差，有的学生参加科技活动的场地都无法保证，更谈不上实验设备的投入。这样的结果使得许多非常有创意的科技活动项目不了了之，在很大程度上打击了大学生参与科技活动的积极性，给大学生科技活动带来了许多负面的影响。

## 二、完善课外科技实践活动体系的措施

#### 1. 加强领导，健全组织机构

领导机构的健全是开展学生科技活动的保障，高校应建立大学生课外科技活动领导小组和指导中心。领导小组由主管领导挂帅，职能部门共同参与，形成统一领导、各部门积极配合的工作格局。在这种管理模式下，基层院系开展科技活动才能有保障。

#### 2. 增强科技活动影响力，营造创新学习氛围

目前，大部分学生对科技活动的开展情况并不了解，这就限制了科技活动的推广和学生的参与。因此，在校园中要积极营造学术氛围，提升学生们的参与热情。

通过获奖宣传典型，借此形成学生参与科技活动的良好风气。对于获奖学生而言，通过展示和交流可以促进他们继续努力，争取更多荣誉。获奖者之间可以通过交流活动相互学习，也可以向其他学生介绍自己的成功经验，用自己的成绩带动大家进步。同时，其他学生也可以给获奖者提出新的建议，有利于他们产生出更多的新成绩。

通过组织各种学术报告营造相对轻松的学术氛围。目前举办的学术讲座专业性强，学生一般不易接受，造成了学生对学术讲座的抵触，主动接受科

技知识的意识逐渐减弱。因此可将专业性较强的知识实际化，使学生更容易接受，更好地主动参与，从而使学生真正从中受益。

通过科技成果展览会，推广学生科技活动新成果。激励学生积极投身科技活动，同时也吸引教师加入指导学生的行列中，为下一次科技活动得以成功开展提供了有力的保障。

此外，还要充分发挥学生学术社团的作用，使学术性社团成为开展课外科技创新活动的重要载体。通过社团开展的创新活动，使不同专业的学生走在一起，达到知识上互补、思维上互相影响的效果。通过参加各种活动，学生不断完善自己独立的个性和思想，培养自己创造的激情、灵气和想象力，这一切无疑是使他们一生受益的财富。

**3. 健全激励机制，激发师生参与热情**

制度的完善是开展科技活动的有效保障，在良好的激励制度下，提高学生和教师的参与热情。

在奖励办法上坚持物质奖励和精神奖励相结合，对学生除了给予一定的物质奖励外，更要注重树立科技先进典型，同时为优秀学生创造进一步发展的机会。对于关心学生科技活动并给予大力支持的教师也应给予相应的表彰和奖励，具体为给予教学科研工作量的认定且其研时要高于一般论文发表，将指导学生参加科技活动作为职称评定、评优、工作业绩考核等方面的考核指标。

**4. 建立完善的指导体系，促进科技活动有序开展**

学生课外科技活动要长期健康地开展下去，就必须有一系列相应的可行管理制度、运行机制和专门的组织机构来负责该项工作的组织与协调。根据不同的大学生课外科技活动，可以系或专业为单位，组建由所有相关教师加入的竞赛指导委员会，并由学院根据相关文件确定指导委员会的考核管理方法，从制度和人力两个方面推动教师在学生课外科技活动中的作用。

组建以教师团队为单位的竞赛指导力量，充分发挥系科专业教师的团队作用。教师个人的指导力量是有限的，而一个团队的指导力量则会产生累加效应。指导教师队伍的任务主要是对学生进行系统的科研方法训练、科研思想熏陶、科研能力锻炼和科学精神培养，并最终指导学生完成课题研究工作，取得科技成果。

根据专业、年级的特点设计科技活动：一、二年级打基础，三、四年级出成果。对于低年级学生可以定期开展针对性的小型科研自主项目，并给予经费、实验场地和设备的支持。对于有一定专业知识的高年级学生，可以通过参与科研立项、校级以上的科技实践竞赛等形式发挥学生主观能动性，让学生根据自己的兴趣、爱好选题，学生应自己动手收集资料、查阅科技文献、写报告、做实验、搞制作。学校应充分发挥学科、科研、师资与实验室的优势，开发大学生智力潜能，构建高层次、全方位的活动体系。

**5. 投入到位，给予经费和场地的支持**

资金的投入为大学生课外科技活动的开展提供了必要条件。大学生课外科技活动是具有一定学术性的实践活动，也是一项需要投入的活动。因此，学校需在活动经费和场地方面为学生科技创新活动提供必要的条件，图书馆、实验室以及第二课堂活动中心要在课余时间向学生开放。

## 三、结语

大学生课外科技活动旨在推进学生的创新能力和专业能力，采用一种有效的课外科技活动创新体系，将学生课外科技活动规范化、制度化、长期化、学生化。大学生创新能力的培养任重而道远，不仅需要从观念上转变，更重要的是需要各部门及大学生共同的努力！

## 参考文献

[1] 田军，钟贞山．大学生创新精神培养的实践平台建设刍议［J］．江西教育科研，2007（11）：91－92

[2] 饶晓露．学生社团在学生学术科技活动中的作用探索——以西南科技大学为例［J］．科技信息，2010（21）：731－725

[3] 吴旭东．大学生课外科技活动创新体系研究与应用［J］．技术监督教育学刊，2009（1）：42－45.

# 物流工程教学评价体系建设初探

金　祎*

**摘　要：** 本文以物流体系的高速发展和物流工程专业人才的需求激增为切入点，分析了物流工程的发展和定位。本文将物流工程的发展划分为前10年和后10年，剖析了知识和技术对物流工程发展的促进作用，定量地分析了物流工程专业对人才的需求，研究了物流工程的发展方向，探讨了物流工程教学评价体系建设的切入点和关键点，给出了一般性的建设方法。

**关键词：** 物流工程　教学评价　体系建设

## 一、引言

物流工程是以物流系统为研究对象，研究物流系统的资源配置、物流运作过程的控制、经营和管理的工程领域。物流工程在引入人工智能（AI）的概念后，将会有重大发展。目前，国内物流专业就像一串断开的珍珠，撒落在管理学学科门类和工科学科门类，有的叫作物流管理，有的叫作物流工程。目前，关于物流工程教学评价体系建设的论文难以找寻，本文就北京联合大学物流工程教学领域评价体系建设进行初探。

## 二、物流体系的高速发展和物流工程专业人才的需求激增

据2017年最新数据统计，全国各高校以“物流工程”名义开设的专业超过110家，此外还有超过100个专业名称里有“物流”字样。据不完全统计，全国高校中开设物流相关专业的超过210所，与2006年全国高校中开设物流专

［通讯作者］金祎（1962年生），男，硕士，北京联合大学城市轨道交通与物流学院高级工程师，研究方向：信息物理系统。E－mail：jinyi@ buu. edu. cn

业的仅22所形成了巨大反差，这也说明了社会对物流专业的认可度以及对物流人才的需求度在不断提升，“双提升”从一个侧面反映了物流行业发展、扩张的速度与广度。物流不再专属于企业，它已从10年前高冷的从属于交通运输企业的物流“飞入寻常百姓家”，成为和千家万户相关的物流。今天，物流已经走进了百姓的生活，影响着百姓日常生活的方方面面，物流从来没有像今天这样和人民的生活如此休戚与共，人们已经离不开物流，物流也离不开千家万户。

随着社会的发展，社会对物流人才的需求也越来越大。物流不是快递，快递离不开物流。据每日财经网2016年10月25日报道，2016年“双十一”快递量或超10亿件，快递人员数量较2015年增长超过50%，面对大量包裹，中国的物流体系将迎接极限峰值挑战。

过去10年来，物流体系经历了从量变到质变的过程，需求促进了发展，发展带动了技术进步。以2017年为界，如果说物流体系前10年是粗犷式发展的话，那么后10年就一定要进入精细化发展。目前，物流体系的发展借助了数据化、信息化、自动化、管理学和人员密集化的发展，一旦人员出现问题，物流体系就会停摆。比如春节期间，当快递员回家时，春节期间居民的购物物流就会完全停摆7～10天。

虽然人是物流体系的关键，但是过分依赖于人就会出现各种问题。因此，人工智能在后10年将广泛应用于物流体系，物流技术面临升级换代的需求，物流体系将会进入大数据、云计算、人工智能集成化的时代，人的行为将会大幅弱化，取而代之的是人工智能计算和人对精细化设备的掌控。

目前，宽领域的物流从业人员超过700万人，其中快递员占260万人以上，物流运输司机200万人，相关的物流企业超过10万家，而物流技术人员和技术管理人员则不到200万人，高校每年相关专业毕业的大学生约2万人，缺口是相当大的。

由此可以得出，物流工程专业人才的需求将成为物流体系发展的关键因素，人才的需求制约着物流体系的发展。未来10年，物流工程人才将会升级换代，以知识的更新、技能的提高来满足物流体系建设发展提升的需要，高校的物流工程专业也将迎来高速发展的黄金时期。

前10年，高校的物流工程专业发展走出了一条需求牵引、技术推动的道路，这是一条成功之路，北京联合大学自动化学院物流专业抓住了机遇，得到了较大发展。今后物流人才的发展更要跟上时代的脚步，走需求牵引、技术推动、知识更新的新路。

## 三、物流工程教学评价体系建设初探

分析物流体系的高速发展和物流工程专业人才的急剧需求，就可进一步明确物流工程发展方向。物流工程教学评价体系建设应当遵循教学评价的五大原则，即方向性原则、科学性原则、客观性原则、发展性原则和民主性原则。

物流工程教学评价体系建设是北京联合大学教学评价体系建设的一部分，首先该体系必须和学校的教学评价体系相通和兼容，符合学校教学评价体系的建设总目标。目前北京联合大学已经建设了一套完善的、行之有效的教学评价体系，并已运行了多年。经过反复修改和时间的检验，该体系能够对相关教学给出客观公正科学的评价，并得到教师、学生和管理人员的认可。

物流工程教学评价体系建设主要在方向性和教学指导性上下功夫，应做到物流工程教学评价体系建设符合物流工程的发展方向和目标，紧紧扣住物流工程实践的发展，把握物流工程的技术发展方向，对教学内容和难点进行完整阐述，做到评价时有法可依，有据可查。

物流工程教学评价体系建设致力于促进教师的知识更新和技能水平的发展，促进教师与企业的交流与互动，促进教师终身学习能力的提高。

物流工程教学评价体系建设应致力于促进学生课内外对专业学习和专业建设的参与程度，及时反馈各种信息；应致力于调动学生的学习兴趣和主观能动性的发挥。

物流工程教学评价体系建设应促进评价的规范化和常规化。这里规范化特指定性评价和定量评价相结合，以量变促成质变，以积累促进发展。常规化就是将定期评价和经常性评价相结合，以经常性的督促促进教学质量的提升。

物流工程教学评价体系建设更应促进学生创造性思维的发展，践行培养创新型人才的宗旨。

这将是物流工程教学评价体系区别于一般教学评价体系的关键点，如果在“十三五”期间踏踏实实地做到这几点，尤其是在最后一点有所突破，将是对北京联合大学教学评价体系建设的巨大贡献，是教学评价体系的重大发展，也是物流工程教学评价体系建设对人才培养的突出贡献，将会有效有力地提升学校整体的教学水平和形象。

## 四、结论

物流工程教学评价体系建设离不开物流体系的建设和发展，并且应该随着技术的发展和进步不断调整，以使上层建筑适应经济基础的发展需求，否则就会变成评价体系拖教学后腿的局面。

“十三五”已经开局，发展基点就是创新，以科技创新为核心，以人才发展为支撑，这也是国家对高等教育的要求，更是高校教师肩负的使命与职责。

“十三五”时期是全面建成小康社会的决胜阶段，我们必须认真贯彻中央战略决策和部署，全面推进创新发展、协调发展、绿色发展、开放发展、共享发展，力争在学校发展上有所贡献。

## 参考文献

朱洪前，桂卫华，邓旻涯．物流工程课程体系探讨［J］．物流科技，2006，29（125）：38－39.

# 物流管理专业人才培养模式研究

王利荣*

**摘　要**：本文分析了发展物流业的意义、物流管理专业人才培养模式的构成，对物流管理专业人才培养模式构建做了详细的阐述。

**关键词**：物流管理　人才培养　研究

伴随着经济全球化和信息化的发展，物流业在国民经济中的主体地位凸显。物流业已从为社会提供传统服务扩展到以现代科技、管理和信息化为支撑的综合物流服务。如今，物流业已经系统化，涉及生产、流通和消费等过程，成为适应当今世界经济最新发展趋势的重要产业。物流是人才和技术密集型行业，物流企业的经营和管理要求拥有一批具备熟悉服务对象的生产、经营和销售，熟悉物流服务组织、运输组织管理相关业务，熟悉市场营销和计算机网络技术以及物流信息开发维护等多方面知识和技能的应用型专业人才。

## 一、发展物流业的重要意义

### （一）物流在国民经济发展中具有重要的作用

物流是伴随着人类社会的商品交换而出现的，随着社会分工的进一步细化以及商品、生产及交换的发展，物流作为重要枢纽连接了国民经济活动中的各行业、各部门、各环节，发挥着不可替代的重要作用。物流产业的发展可以从整体上改善国民经济的运行效率，从而直接提高全社会的经济效益。物流改变市场经济中企业传统的管理模式，并在其中发挥重要作用。其重要

---

［通讯作者］王利荣，女，硕士，北京联合大学城市轨道交通与物流学院综合办助理研究员，研究方向：教育管理。E－mail：13683574461@163.com

作用主要体现在三个方面：一是物流产业的发展可以促进国民经济各产业部门的健康发展。二是物流产业能够促进运输服务方式的创新和传统运输企业管理手段和技术水平的提高。三是物流产业发展还会带动和促进许多相关领域的发展。

### （二）物流提高企业的核心竞争力

现代物流业通过其专业化服务，一方面，从整体上改变了经济运行的方式，优化了资源配置，调整了产业结构，从而提高了经济运作效率，减少了企业库存，降低了库存占压资金，加速了资本周转。另一方面，从微观上来看，现代物流的多式联运等方式，减少了物资损耗，物流过程中的物耗至少可以减少几倍，实现了流通成本的降低，促进了企业增长方式转变，提高了企业核心竞争力。如今世界经济进入新时代，一是大批量及高效率的生产，使得一般产品的市场竞争力下降，新功能产品及高附加值产品市场份额扩大。二是第三产业比重增加。运输、金融、旅游等行业服务比重上升。三是经济全球化。跨国经济、资本流动、采购、生产、销售全球化，使商品在数量和品种上丰富多样，经济社会的矛盾焦点由扩大生产数量转为如何让产品以最快的速度和最低的费用进入消费领域。

### （三）物流管理人才在物流行业中的作用

物流人才是制约物流业发展的关键因素。在产业调整的背景下，传统的运输人才已经不符合行业的新要求。物流已成为一个跨行业、跨部门的复合行业，是人才和技术密集型行业。信息、技术和知识，是构成交通物流企业核心竞争能力的关键因素。物流企业的经营和管理要求拥有一批具备熟悉服务对象的生产、经营和销售，熟悉物流服务组织、运输组织管理相关业务，熟悉市场营销和计算机网络技术以及物流信息开发维护等多方面知识的复合型专业人才。物流业所需的不仅是学习物流专业的人才，还要有更多相关专业的人才，如国际经济与贸易、市场营销、交通运输、计算机专业的人才等。

## 二、物流管理专业人才培养模式的构成

对于“人才培养模式”这一概念的界定非常多，学者周远清认为

“人才培养模式，实际上就是人才的培养目标和培养规格以及实现这些培养目标的方法或手段”。由于建立人才培养模式的准则不同，其人才培养模式也不一样。例如，有的人才培养模式是由培养目标、专业设置、课程模式、教学设计、师资队伍等要素构成。但无论哪种人才培养模式，都由三部分内容构成：培养目标和规格；为实现这一培养目标和规格的系统地科学地组织实施的过程，以及教学方法和手段；评价教育过程成功与否的制度。

### （一）物流人才培养目标和规格

人才培养目标是指培养社会发展需要的、具有某些素质的全面发展的人才。培养目标则是人才培养的标准和要求，是人才培养模式构建的核心，对人才培养活动具有规范、指引导向作用。一般包括人才基本特征、培养方向、培养规格、业务培养要求等内容。目前，物流人才的培养在学校教育方面推进得较好，已经初步形成了博士、硕士、本科、大专、中专层次的教育体系。

### （二）物流专业设置、课程设置

我国物流高等教育在专业设置上主要采取两种做法：一是设立独立的专业，这一做法主要集中在本科或专科层次，基本上存在两种独立的专业，即物流管理和物流工程；二是在某一专业下面设立物流管理，或物流工程方面的培养方向或者研究方向，这在博士、硕士和本科层次都存在，在专科层次较少。在博士和硕士培养阶段主要在管理学门类中的两个一级学科“管理科学与工程”和“工商管理”下面设立物流管理，或者物流工程方面的培养方向或者研究方向，或者在工学门类的一级学科“交通运输”下面设立物流管理，或者物流工程方面的培养方向或者研究方向。高等院校物流管理专业的课程设置主要侧重培养具备物流管理、规划、设计等较强实务运作能力的高级交通高职物流管理人才。教学计划中设置必修课、选修课、实验和实践环节。

### （三）物流人才培养的方法与手段

培养实施过程是培养目标得以贯彻的中间环节，是培养目标得以实现的过程。培养实施过程是为实现一定的人才培养目标而进行的一系列人才培养活动的过程。培养实施过程决定着人才培养目标与培养活动的实现与成功。具体来讲，培养实施过程主要包括培养方案、培养措施两个方面。培养方案是为实现人才培养目标而制订的系统的、静态的培养措施和培养计划，主要内容包括教学计划、课程设置、教学大纲的设计等。其中，教学计划是围绕培养目标制订的，具体地规定着某一学校的学科设置、学科教学顺序、教学时数和各种实践活动，是培养方案的实体内容。物流管理专业所培养的人才应具有以下知识、技能与素质。

**1. 物流相关知识**

具有经济学、企业管理、会计学、统计学、经济法、计算机信息管理、国际贸易等基本经济管理知识；具有先进的物流理念，能有效进行物流业务的人际沟通、商务谈判、物流营销和市场开拓；具有物流专业新技术、新设备、新材料、新工艺、新方法等方面的知识；具有与国际物流业务相关的报关、报检、国际货运代理、集装箱运输管理等的知识；具有运输、仓储、配送、采购、营销、信息、成本等物流管理专业知识。

**2. 物流职业技能**

能正确填写客户订单、入库单、出库单、发货单等仓储管理过程中的各种单据，能对入库商品进行正确的分拣，减少入库货品残损。能按要求及时、准确地对产品进行包装等加工处理；能根据客户要求进行理货、拣选产品，按客户订单要求进行产品归集，将同一送货路线上的不同客户、不同商品进行组配；按送货先后顺序及装车原则正确装车，按客户要求时间、路线，为客户提供送货服务。能按照不同客户的要求，对运力、运输路线及多种运输方式联运进行合理地组织。能驾驶汽车或操作叉车，具有对现代物流设备的操作能力。要求至少取得助理物流师、理货员、货代员、报关员、叉车特种车辆操作证等资格证书中的一项。

**3. 能够熟悉现代物流运作流程**

能处理现代物流管理的基本业务，具有对物流作业进行现场组织管理的能力，根据企业业务发展需求，设计市场调研表并进行市场调研工作；能对物流市场信息进行收集、分析及整理，根据市场调研结果完成物流市场调研报告；能制订营销策略组合，从而为公司经营提供决策依据；能够熟悉企业物流信息系统设计的基本流程和原理，具有运用计算机进行物流操作和信息处理的能力；能提供国际物流过程中的报关、报检等货代服务，具有识读并填制与国际物流有关的各类单据的能力等。

## 三、物流管理人才培养模式的构建

### （一）人才培养模式的变化

在计划经济条件下，完成职业技术教育“粗坯型”人才的培养任务，基本是能实现的。尤其在培养学术型人才上，“学科本位”模式是具有其特殊优势的。但在市场经济下，企业作为经营实体需要“成品型”毕业生“零距离”进入企业工作。“学科本位”培养的毕业生在质量规格、岗位职业能力等方面很难满足企业的现实需求，这就成为毕业后失去了统招统分保护伞的大学毕业生难以就业的重要原因。美国芝加哥大学福斯特教授就人力资源开发理论提出了著名的“需求论”学说，得到了许多专家的普遍认可。福斯特指出，就业需求是职业技术教育的出发点，职业技术教育必须以就业需求为重要依据来确定自己的培养目标，以适应社会需求和社会发展。

坚持“以就业为导向”不仅大大提高了毕业生的就业率，更深远的意义还在于在这样一个正确导向之下，加速了高等职业教育领域方方面面的改革，加速了高等职业教育由“学科本位”向“能力本位”的改革步伐，使“能力本位”教学理论在我国高职教育迅猛发展的同时逐步确立起来，并由此促使我国的高等职业教育事业加速走上健康发展的良性轨道。

### （二）物流管理人才培养模式存在的问题

根据社会需求，物流管理专业应是集知识，能力、素质于一体的专业化知识应用型教育模式。物流管理人才是讲究技能操作的应用型人才，在培养过程中更要注意对技能的培养，但也不能脱离知识和素质教育。目前，我国物流专业教育培养在平衡知识、能力、素质三者关系中仍存在以下问题。

第一，强调“厚基础、宽口径”的培养方案，这种方案难以在教学计划中得以体现，这和物流专业教育的特征有所偏失。

第二，对物流高职教育的理解不充分，过分的强调动手能力，忽略知识是能力的基础支撑，将专业教育培养目标和教育的技能和能力概念混淆。

第三，在工作过程中，事实上职业岗位所需的各种能力不可能在学校教育中一次性完备，因为岗位能力在实践中处在不断变化的动态中。但是有的院校过分强调在教学过程中培养物流相关职业岗位所需的各种能力，广泛性太大。物流管理专业应该是以培养掌握现代物流运输、配送、流通加工、仓储管理、货运代理、信息处理等方面的专业知识，具有较强的实践技能和较高的职业能力与综合素质，能胜任物流运输调度、配送规划与管理、物资采购、仓储管理、流通加工组织、信息管理、物流营销与策划及企业生产物流管理的高素质高技能型人才为目标。

### （三）物流管理专业科学人才培养模式构建

在物流专业中应构建知识、能力、素质为一体的专业化知识应用型教育模式。这种具有较为广博的知识面和具备较高综合素质的复合型人才日益受到企业的青睐。在知识经济和全球经济时代下，一个合格的应用操作型高职物流人才应具备运输、仓储管理知识，外语口语与物流专业英语知识，国际贸易相关知识，法律、保险、财务成本知识，物流能力的培养等。所以，必须培养学生以下几种能力。

**1. 信息技术的学习能力**

提高现代物流企业核心竞争力将在很大程度上取决于信息技术的开发和应用。物流过程同时也是信息流的过程，及时了解货物状态，时时监控物流作业执行，需要有这种准确及时地处理各种信息和提供各种信息服务的能力。仓库管理、订单处理、货物跟踪等各个环节的信息追踪已是合格的物流从业人员必须熟悉的现代信息技术。

**2. 社会交际能力**

社会交际能力，是指从业者所需要的行为能力，是从业者的必备能力。包含人际交往能力、语言文字表达能力、择业能力等方面，是从业者日后发展的重要能力。例如，作为生产、服务、管理人才必须具备做人、办事、生活的基础能力，学生应具备选择适合自己性格与特长的职业的能力。

**3. 不断发现问题的持续改进能力**

随着经济的发展与需要，市场对物流服务水平的期望将会越来越高，这就要求物流一线从业人员具有不断发现潜在问题、持续改进作业方式、提高作业效率和服务水平的能力。企业需要的物流人才，不是仅仅会仓库管理或者运输调度的知识结构能力单一的人才，而是能够对所执行作业进行全程全方位监控、优化和提升的，并能够伴随企业的发展而快速成长的复合型物流技术和管理人才。

### 4. 组织管理和协调能力

在目前物流行业没有形成统一标准的情况下，物流服务使消费者参与到服务产品的生产中。物流从业人员在工作中，需要时时与客户沟通协商，与上下游环节协调合作，需要运用不同的工具进行各种信息的传递和反馈。这就要求物流从业人员应具有较强的沟通、协调能力。物流的关键在于系统化方案设计，系统化资源整合和系统化组织管理。客户资源、信息资源的整合和管理需要物流从业人员具备较强的组织管理能力。在系统整合客户资源的前提下，应充分利用企业内部资源来满足外部客户的需求。

总之，物流从业人员应具备一种强烈的团队合作和奉献精神，在做好本职工作的同时为周边相关岗位多想一点、多做一点，使系统协调一致，将整个物流作业的网状结构上的作业点有机地结合在一起，实现物流目标系统化和业务操作无缝化较高的物流服务。

## 参考文献


[1] 邓寿丽．技工院校物流人才培养战略［J］．职业与教育，2009(11)：62-63.

[2] 曲丽娜．上海现代物流人才需求预测及人才战略的研究［D］．上海：上海海事大学，2005.

[3] 马树超．关于我国高等职业教育“十二五”规划的若干重点思考［J］．泰州职业技术学院学报，2011（4）：1-6.

[4] 何柳．高职高专物流管理培养模式研究——辽宁商贸职业学院物流管理专业建设的启示［J］．辽宁行政学院学报，2007，9（8）：185-186.

[5] 赵志群．职业教育工学结合一体化课程开发指南［M］．北京：清华大学出版社，2009.

# 物流管理专业师资队伍建设研究

王利荣*

**摘　要：**本文阐述了加强物流管理专业师资队伍建设的意义，分析了物流管理专业师资队伍目前的现状，并提出了加强师资队伍建设的措施。

**关键词：**物流管理　师资队伍　研究

国家“十三五”规划中明确提到：在提高教育质量方面，要全面落实立德树人的根本任务，全面实施素质教育，着力提升学生思想道德水平、社会责任感和法治意识，培养创新创业精神与能力，强化实践动手能力。创新育人方式，深化课程教学改革和考试招生制度改革。着力加强教师队伍建设，优化教师资源配置，完善教师管理制度。完善教育投入机制，改善各级各类学校办学条件。完善教育质量标准、评价体系和质量监测制度，构筑质量保障体系。建设高素质专业化教师队伍。完善教师管理制度，建立中国特色教师教育体系，提高师德水平和教师专业能力，形成一支师德高尚、业务精湛、结构合理、充满活力的高素质专业化教师队伍，造就一批教学名师和学科领军人才。

## 一、加强物流管理专业师资队伍建设的意义

物流人才是全国紧缺人才之一，而物流一线操作的技术应用型物流人才更是重中之缺。作为培养职业型技能人才的高职院校的主体，则承担着培养的重担。百年大计、教育为本，教育大计、教师为本。师资建设关系到高校的生存和发展，是学校的一项根本性任务。没有一支高素质的队伍，任何改革必将大打折扣，很多宏伟的目标也只能可望而不可即。加强师资队伍建设

［通讯作者］王利荣，女，硕士，北京联合大学城市轨道交通与物流学院综合办助理研究员，研究方向：教育管理。E-mail：13683574461@163.com

已成为各高校竞争实力的焦点和高校改革发展实践及探索的重点。

物流是市场经济发展到一定阶段的产物。在世界经济快速发展的当代，在经济全球化的推动下，交通物流业已从为社会提供传统单项服务（如运输、分类、配送、仓储等），延伸到以信息化与现代科技相结合的综合物流服务，成为适应当今世界经济最新发展趋势的重要产业，对于物流专业教师的要求是十分高的。因此加强师资队伍建设是重中之重。师资是立教之基、兴教之本、强教之源，是学校核心竞争力的综合体现。教学、科研固然是一所高校竞争力的体现，但随着我国高等教育的迅速发展，以人才培养、科研创新和队伍建设为整体的学科建设更是一所大学核心竞争力的集中体现。对高校而言，教师资源是第一资源，教师资本是第一资本，开发教师资源是第一动力。因此，对于物流教师素质特别强调“双语、双师、双背景”的特有的素质。要根据学校的办学定位和办学特色来建设教师队伍，深化人事制度改革，帮助教师提高自身素质和能力，特别是要提高教师应用型教学和科研的能力。

## 二、物流管理专业师资队伍目前状况

教师的专业技术素质是保证高职专业实践教学质量的关键因素。只有教师全面掌握了当今时代新的专业知识和技术，才能进行高质量的专业实践教学，才能使这种教学达到技术同步性的要求；只有“双师型”教师，才能培养出技能型人才。加强师资队伍建设，提高教师的“双师型”素质，是办好高职教育、办出高职特色的重要保证。为此，必须采取多种措施加快“双师型”师资队伍建设。

虽然师资队伍建设取得了很大成绩，但总体上看，师资队伍建设仍然是职业教育工作的薄弱环节，主要体现在数量不足、整体素质不高、条件保障不力三个方面。一是师资数量不足，由于我国高校物流管理专业出现较晚，专业性强的物流专业学历人才较少，而许多拥有物流管理专业的高职学校迫切需要得到专业的、高学历的物流师资，这一矛盾很难得到满足，导致部分院校在教学，出现上百个学生挤在一个教室里进行学习的现象，其教学效果可想而知。二是师资专业技能缺乏，整体素质不高。同样由于我国高校物流管理专业出现较晚，而物流人才需求数量庞大，这就使得许多没有经过职业教育教学能力培训，缺乏实际操作经验的本科生、研究生直接进入到高职物流管理教学中去，或者由其他专业教师转型至物流教育师资队伍中，缺乏系统的物流专业知识，甚至是边学边教，边教边学。由于师资力量薄弱，使得物流管理专业的学生毕业后进入工作岗位，需要重新学习操作技能，不能体现专业的办学特色。三是条件保障不力，青年教师在实践锻炼，行业先进知识的了解与进修上没有形成机制，缺乏实践及时代性。

## 三、物流管理专业师资队伍建设的措施

物流管理专业主要是培养面向生产第一线的技能型人才，要求教师既要有较高的理论水平，同时又要具有实际操作能力。完善职业教育要坚持事业发展人才先行，充分发挥人才资源是第一资源的重要作用，把教师队伍建设作为推动职业教育科学发展的战略突破口，做到优先部署、优先投入、优先推进。因此物流师资队伍的建设情况是决定物流管理专业培养目标能否实现的关键。而师资队伍建设不是一蹴而就的事情，是一个长期、可持续的过程。

首先，完善高职物流管理专业师资队伍建设，应当注重教师培养培训、企业实践、基地建设、教师管理、投入保障等方面的制度和政策。在国内物流师资匮乏的背景下，完全可以在全球范围内采取“请进来、走出去”的方针。坚持培养与引进相结合，邀请国际知名专家讲学，参与国际网络课程等，引进国外在物流教育方面先进的教学方法和管理经验，培养物流师资队伍。

其次，进一步完善职业教育师资培养培训体系，每年相关院校应派出专业教师赴国内高等院校或相应的高职兄弟院校学习、交流，提高专职教师的教学水平，提高学术研究水平。建立专业教师定期轮训制度，支持教师到企业和其他用人单位进行见习和工作实践，以丰富他们的实践知识，提高理论联系实际的能力，掌握学科前沿知识。积极鼓励专业教师参加专业学术研讨会、承担本地物流企业和企业物流所面临的各种实际问题及相关课题的研究以提高科研水平。老教师带新教师，开展“一帮一、一助一”活动。老教师是指教学经验丰富，且有很强的一体化授课能力的“双师型”教师。他们可以通过帮扶、传授、督导等形式对新教师进行有效指导，使新教师迅速地适应新环境，少走弯路，圆满地完成教学任务。

再次，提高教师待遇，以吸引高学历的、具有物流从业经验的优秀人才

从教，并确保现有教师队伍的稳定性。例如按照“内培外引，专兼结合，重点培养”的建设思路，每年选派入选“学术带头人培养计划”“教学科研骨干培养计划”的教师，到国内外重点大学和研究机构的重点学科领域访学深造，学习本学科的学术前沿动态，提高学术水平。积极创造条件，力争学科带头人在培养周期内都能获得一次国内或国外学习深造的机会。在专业教师中，选拔“基础扎实、实践能力强、理念先进、组织能力强”的教师进行培养，通过集中培训、学术交流、国内研修、出国培训、参与企业生产、科技服务等途径，培养“具备丰富的教学经验和突出的面向工作过程的教学能力，掌握国际先进的教育理念和理论，熟悉行业、企业最新技术动态，把握专业技术方向，具有教学团队领导能力”的专业带头人，带领教学团队进行专业建设和为行（企）业提供技术服务。选派教师到国内外著名大学或企业进行为期 3 个月的进修，学习物流管理最新技术和先进的职业教育理念。到国内大型物流公司进行为期 3 个月的顶岗实践，提高教师的实际操作技能和综合职业能力；通过深度参与专业建设，培养教师基于工作过程的教学设计能力、实践能力和课程开发能力。依托职教集团行业优势，通过工作与教学相结合的“工教结合”模式，增强专职教师的实践教学能力，培养“双师”素质教师。

最后，建立“教师实践锻炼制度”，要求专职教师每年有 3 个月的工作实践，两年内累计不少于半年，培养熟悉仓储管理、配送管理、运输管理、连锁管理的“双师”素质教师。切实做好企业实践环节的设计和管理，认真遴选合作企业，与企业签订合作协议，明确双方的任务，加强对教师企业实践的指导，确保教学任务和企业实践的有机结合。引导专业教师结合专业教学需要考取各类职业资格、执业资格证书。进一步深化校企融合，完善校企合作与交流机制，从相关物流企业中聘请综合素质较高，物流专业实践教学水平较高、高技能的专业技术骨干担任兼职教师，全面参与专业建设、实践教学、教学指导、课程建设和教学改革，形成一支高素质的专兼结合的“双师”素质教学团队，满足专业建设和教学改革的需要，带动教师整体实践教学水平的提高，逐步形成一支相对稳定、生产教学能力强、适应工学结合教学要求的高水平兼职教师队伍。

总之，应通过加强物流管理专业师资队伍建设，最终建设一支素质优良、结构合理、专兼结合的“双师”素质教师队伍，为专业建设持续快速发展提供坚实保证。

## 参考文献

[1] 周加仙．美国中等职业教育的最新改革及对我国的启示［J］．职业技术教育，2000（1）：54－56.

[2] 卢常源．德国“双元制”职业教育模式探微［J］．成人高教学刊，2007（6）：57－61.

[3] 刘生华，吴梅．高职物流专业工学结合人才培养模式的研究［J］．中国市场，2008（19）：40－41.

[4] 钟静．德国物流职业教育解析与启示［J］．职业技术教育，2008（6）：92－93.

[5] 王义军．构建多层次物流人才培养体系［J］．中国物流与采购，2008（3）：72－73.

[6] 滕玉梅．高等教育应用型人才的培养规格与模式［J］．理工高教研究，2003（3）：82－83.

# 用项目化管理的方式创建学习型学生党支部

孟秀霞* 李九丽

**摘 要：** 作为党在高等院校的基层组织，高校学生党支部发挥着极其重要的政治核心和战斗堡垒作用。如何在“大众创业，万众创新”的新形势下，有效构建学习型学生党支部已日渐成为党建实践和理论研究的热点。本文将探讨如何运用项目化管理的方式加强学习型学生党支部建设。

**关键词：** 学习型学生党支部 项目化管理 创建

## 一、学习型学生党支部项目化管理的意义

在“大众创业，万众创新”的新形势下，建设学习型学生党支部具有重大而深远的意义，以及很强的现实针对性和紧迫性。高校学生党支部是党在高校基层工作的基础和保障，是党在高校党建工作的重要组成部分。大学生党员是高校基层党支部开展创新工作的源泉和力量，创新学习方法以项目化的管理方式建设学习型学生党支部成为摆在面前的一个重大而紧迫的任务。本文着重探讨如何运用项目化管理的方式进行学习型学生党支部的创建。

学生党支部的项目化管理就是模仿科研项目一般的管理办法，把学习性、创新性学生党支部创建视为项目，对学生党支部学习的内容进行项目的设计，并制定相应的规章制度及具体的考核评估体系，以此作为加强学习型学生党支部建设的方法。其目的是规范和创新党支部的学习活动，加强对学生党员的教育管理，通过严格、公正、公开地项目化考核，努力增强学生党员的党员意识，充分发挥学生党员的先锋模范作用，努力增强学生党员在“大众创

---

［通讯作者］孟秀霞（1968 年生），北京联合大学副教授。

业，万众创新”中的核心竞争力，大力提高学生党员队伍整体素质，使学生党员真正成为学习能力强和有良好政治思想素质、坚定理想信念、积极践行党的宗旨的模范。正如习近平总书记所强调的“伟大时代呼唤伟大精神，崇高事业需要榜样引领”。因此，通过项目化方式构建学习型学生党支部，是时代的要求，学生党支部的建设必须顺应潮流，顺势而为，才能在“大众创业，万众创新”的大潮中站在潮头，发挥学生党支部的战斗堡垒作用及学生党员的先进性。在项目化的管理中逐步健全和完善学习型学生党支部建设的长效机制，实现学生党支部建设的科学化、规范化以及制度化。

## 二、学习型学生党支部项目化管理的特征

以项目化形式管理学生党支部，应具备以下特征：第一，具有学生党员创造性学习的共同愿景。所有党员与党支部应拥有共同愿景，同时鼓励党员建立从属于共同愿景的个体愿景，即通过项目化建设，一起学习研究，合力联智，思维碰撞，最终达到目标。如通过科技比赛项目进行支部建设，比赛效果超越预期，就是一个很好的例证，这种方式使得团队愿景和个体愿景得以实现。第二，学生党员具有强烈的自我超越意识。通过项目化建设使学生党员认识到自己的价值所在，不断进行自我超越，同时改善“静态、局部思考”的心智模式，实现“要我学”向“我要学”转变。即主动性、积极性进一步提高。第三，党支部有效地开展项目化管理。通过多层次的深度谈话，建立团队统一的目标和价值观，团体项目活动建立在共同愿景和自我超越的需要上，学生党员将学习共识化为行动。第四，通过系统项目化建设，不断思考适应不断变化的新形势，实现党员与党支部的持续发展。使学生党员在“大众创业，万众创新”这一浪潮中有所作为。第五，把项目引入学习工作中，利于学习成果转化为思想方法、工作方法，转化为生产力。实行“开放式学习”“终身学习”“全过程学习”“团体学习”，将学习和工作有机融合，达到学习工作化、工作学习化。通过项目化方式创建学生党支部，利于凝聚团队精神，汇聚集体智慧；利于学生党支部紧跟新形势、新变化；利于发挥党支部的战斗堡垒作用及党员的先锋模范作用。

## 三、项目化管理的指导思想和基本原则

学生党支部应根据学校实际情况、学院专业特色和学生自身发展需要开展相应的活动。以培养党性修养一流，专业技能超常的社会主义建设者为目标，在党支部项目化管理中不断提高学生党员的综合素质，并对活动进行项目设计，即把活动产生的背景、活动目的、活动内容、活动建议、活动进程及安排、活动资源及评价标准展现给学生，并把各项活动具体到学生个人，以保证活动有效开展。

### （一）指导思想

学习型学生党支部以马克思主义科学理论指导党支部的建设，加强对习近平总书记系列讲话精神的学习与领悟。习近平总书记系列重要讲话，是中国特色社会主义理论体系最新成果，是马克思主义中国化最新成果，是指导具有许多新的历史特点的伟大斗争的鲜活的马克思主义。学习习近平总书记系列讲话精神，必须紧密结合我国国情和时代特征，大力推进理论创新和实践创新。学生党员要把讲话精神与自身的学习、工作和社会实践相结合，学生党员学习的主要内容为：用中国特色社会主义理论体系武装学生党员的头脑，深入领会习近平总书记系列讲话精神，切实用讲话精神武装头脑，指导实践，推动工作。努力践行社会主义核心价值体系，作为学生党员，必须自觉主动学习专业知识，落实学以致用、学用结合的理念，增强立足社会、服务人民、建设国家的本领和能力；学习总结实践中的成功经验，向先进榜样学习，以强大的正能量影响带动身边的人和事，树立一个党员一面旗帜的良好形象。通过立项活动，使学生党员在理论基础、世界眼光、战略思维、党性修养等方面得到较明显的提高，进一步树立科学的世界观、人生观、价值观，并提高运用马克思主义的立场、观点、方法增强战略思维和解决重大现实问题的能力。高校通过项目化形式创建学生学习型党支部建设要以学习为党支部建设的重要特征、以学习为党支部活动的重要内容、以学习为提高党支部战斗力的重要途径、以学习作为学生党员的重要特征，广泛深入地开展学生学习型党支部建设。广大学生党员在学习中创新，在创新中学习，争做符合时代要求的创新型人才。

### （二）学习型学生党支部建设的基本原则

（1）与当代大学生党员的特征相结合，加强对新时代学生党员特点的研究和把握。立项活动要以提高学生党支部建设的科学化水平和学生党员的全面发展为目标，充分结合学生党员成长需求，贴近实际、贴近生活、贴近学生党员，尊重学生主体地位，把握学生党员思想脉搏，了解内在需要，这样方能大大提升立项活动的成效。

（2）与学生党员所学专业相结合。立项活动结合专业才能发挥学生党员之专长。在活动中既能体现党性，即学生党员的先进性，又能体现时代性和实践性。学生党员在项目活动中坚持学以致用，学用结合，更坚定了他们学好专业，用好专业，热爱专业的思想。开展这些结合专业特长的立项活动，不仅夯实了学生党员的专业基础，开阔其专业视野，也大大鼓舞了学生党员的学习干劲，为立足社会，服务人民，奉献国家提供智了力支持和思想保证。

（3）与服务社会相结合。“纸上得来终觉浅，绝知此事要躬行。”实践是真理的检验标准。立项活动应该与服务地方经济和社会发展的需求相结合。在社会实践中，大学生党员不仅需要了解国情、民情、市情，培养良好的思想政治素质，社会责任感和实践能力，更重要的是要能够“以己所学，服务社会”，为社会的发展奉献力量。应在项目化管理中融入实践育人的理念，培养学生创新意识、创业精神和创业能力。因此，立项活动应找准时代的切入点。在服务社会、实践成长的过程中，党支部的凝聚力和战斗力得到了加强，学生党员的党性意识也进一步增强。

## 四、项目化管理的目标和主要内容

学生党支部项目化管理的目标是：学生党支部成为党员学习新知识、增长新本领的大学校，引导每个学生党员把学习作为一种政治责任、一种精神追求、一种生活常态，进一步增强学生党员自我学习、自我管理、自我服务意识，提高学生党员学习的积极性与主动性，以此提高学生党员的整体素质，提高学生党支部的凝聚力、创造力和战斗力，从而提高学习型学生党支部建设的科学化水平。明确了学习型党支部的四条标准：一是党组织的战斗力不断增强，有一支为实现团队目标而不懈进取的支委会，即党支部的核心；二是党组织的学习力不断增强，有一支勇于挑战自我极限，战胜自我极限的党员队伍；三是党组织的凝聚力不断增强，有一个保证党组织发挥作用的运行机制；四是党组织的创造力不断增强。在“大众创业、万众创新”的国家战略中，对于如何发挥大学生党员在这一时代背景下的先锋模范作用，采取什么样的形式发挥大学生党员在科技创新中的核心作用来说，以项目化形式加强学习型学生党支部建设是应有之义，也是不断取得创新成果的有效途径。

## 五、学习型学生党支部项目化管理的基本要求

（1）学习型学生党支部创建主题要与时俱进，紧跟时代步伐，要结合“大众创业，万众创新”的时代背景来制定。要注意发扬民主，广泛征求所属党支部党员的意见和建议，充分调动广大党员的积极性、主动性和创造性，加强对项目的调研及论证，进一步提升党支部的凝聚力和先进性，并使党员从中受到教育和启发。使优秀的党员更加优秀，充分在学生中展现一个党员一面旗帜的形象，从而实现以党风带班风促学风，提高人才培养质量的效果。

（2）活动力求创新，尽量做到政治性、思想性和针对性的统一，切实提高学生党员的参与意识。要创新学习理念、培养学习兴趣、激发学习动力，引导学生党员把学习作为一种政治责任、一种精神追求、一种生活常态，树立终身学习的理念，自觉投入到学习型党支部建设中来。活动要结合实际，量力而行，要切实注重效果，反对形式主义。

（3）学习型学生党支部创建，其活动立项要同党日活动加以区别。党日活动是本单位党组织规定某日为党组织和党员开展相关活动的专门时间。一般时间较短，内容较单一。而“学习型学生党支部创建活动”是围绕主题开展的党员教育活动，突出支部的长效建设理念。一般时间较长，可以是连续的一段时间，也可以是不连续的若干个时间段，党员可以集中开展活动，也可以小组或个别的形式开展活动，活动内容不限。

（4）要拓展学习的主要内容，首先，要用中国特色社会主义理论体系武装学生党员的头脑，使学生深入学习实践科学发展观及习近平总书记系列讲话精神，学习践行社会主义核心价值体系，学习掌握现代化建设所必需的各方面知识，深化学以致用，学用结合思想并付诸实践，通过项目化的学生党支部建设，提高学生党员学习效能，努力培养立足社会，服务人民，建设国家所需的创新型人才；其次，要学习总结实践中的成功经验。通过立项活动，使学生党员坚持独立思考，学用结合，学有所悟，用有所得，依靠学习走向

未来。通过学习，学会运用马克思主义立场、观点以及方法观察、分析、解决问题。用科学知识更好地武装自己，从而不断提高知识化、专业化水平。作为学生党员要把学习作为一种追求、一种爱好、一种生活方式。作为学生党支部，要以带头学习为己任，自觉学习、主动学习，发扬钻研探究精神，充分发挥学生党支部的战斗堡垒作用。

（5）要改进学习方法，借鉴国内外学习型组织建设的有益经验，积极采取互动式学习、研究式学习、共享式学习等形式来丰富学习抓手。要创新党支部学习的渠道，“走出去，请进来”，充分吸收养分为我所用。

（6）制订科学、合理的考核、评价体系，加强过程的考核与评定，强化责任落实是学习型学生党支部建设的制度保证。学习型党支部项目化管理的立项考核主要包括：参加党的理论学习，积极进行自主学习、创新学习、实践学习、项目学习、模范遵守学校各项规章制度等。实行落后淘汰机制，建立再教育、再培养、再锻炼的结构模式。整个党组织要始终体现活力，永远保持强大的战斗力，关键在于质量而不是数量。通过严格的考核，处处以党员的标准要求自己的一言一行，做广大学生的模范，起到带头作用，从而促进学生党员自身的发展与素质的提高，更促使学生党员时刻以高标准、严要求监督自己，克服“入党到站”的心理。

总之，通过项目化管理的方式建设学习型学生党支部可以将学习实践活动更加落到实处，充分发挥学生党支部和学生党员的积极性、主动性、创造性，并不断丰富学习内容，完善学习方法，从而使学习活动取得实效。

## 参考文献

张军峰，李晴，徐薇．关于党支部工作实行项目化管理的实践与思考［J］．江汉石油职工大学学报，2013，26（1）：68－69.

# 教学改革与课程建设

# 现代物流信息技术教学研究与探讨

耿　钰[*]　胡立栓

**摘　要**：物流信息技术是现代物流运作和发展的平台和基础，对现代物流业的发展有着巨大的推动作用。现代物流信息技术课程是物流信息化人才培养过程中非常重要的一门课程，在物流工程专业中占据重要地位，通常被设为必修的核心专业课程。本文基于对物流企业信息化人才的需求进行调研，并根据调研对物流信息技术课程的教学内容与模式进行了改革与探索，总结出了北京联合大学现代物流信息技术课程的教学研究情况，主要包括教学内容设置、培养模式等内容。

**关键词**：物流信息技术　人才需求　课程内容　培养模式　案例化教学

## 一、引言

信息化是物流现代化的重要标志。通过在物流领域中应用信息技术，可以降低企业物流成本，提高物流运作效率和对市场反应的灵敏度，从而更好地满足客户的需求，增强企业的核心竞争力，所以物流信息化建设是我国物流行业重要发展方向之一。在我国出台的一系列关于物流发展的文件中，均反复强调并明确要求要大力提高物流信息化水平，解决物流信息化过程中相关的技术问题。若要提高物流信息化水平，人才培养是一个非常重要的环节。

现代物流信息化技术课程是物流信息化人才培养过程中非常重要的一门课程，主要讲解现代物流各个作业环节中综合应用的现代信息技术的基本

---

［基金项目］中国物流学会、物流教指委、物流行指委2017年物流教改教研课题计划（课题编号：JZW2017045）；2015北京联合大学校教改课题“模块化教学模式下的产学研合作长效性机制研究与实践——以物流工程专业为例”（课题编号：JJ2015Y043）。

［通讯作者］耿钰（1972年生），女，硕士，北京联合大学物流系讲师，研究方向：物流系统信息化与自动化。E－mail：mimosagy@163.com

概念以及相关的基本技术，如现代信息采集、信息交换、信息传输、信息存储和信息加工、地理分析与动态跟踪技术、企业管理信息系统等技术。该课程是一门综合性的学科，在物流工程专业中占据重要地位，通常被设为必修的核心专业课程，是物流信息化人才培养过程中一门非常重要的课程。

## 二、企业信息化人才需求情况分析

北京联合大学是一所应用型大学，强调“应用为本”。为了培养出适合企业需求的物流信息化人才，优化促进现代物流信息技术课程的教学，我系对目前的物流企业和物流信息化集成商进行了调研，调研主要通过发放问卷的形式进行。在问卷中我系主要对企业的信息化现状、信息系统开发模式、从事信息化人才的分布情况、对信息化技术的需求情况、企业信息化过程中遇到的主要问题、对人才的要求等情况作了调研。

通过调研，我们发现几乎所有的企业都需要物流信息化人才，并且从事物流信息化的人员中本科生占大多数，其次是专科生，最后为研究生。从专业来看，物流行业从事物流信息技术方面的人员所学专业主要为计算机专业、物流专业，还有部分是电子信息类专业，其中计算机专业人员较多，占65%，而物流专业出身的仅占18%，电子信息类则占到17%。也就是说目前从事信息化的人才中，很多都不是物流专业出身，这些人员对物流信息技术的认识一般并不全面，兼顾物流信息技术和物流其他知识的复合型人才严重不足。

企业信息化过程中遇到的主要问题有很多，诸如信息标准化不同，与其他信息系统无法对接，易形成信息孤岛；系统开发存在一定盲目性，缺乏调研论证；企业员工习惯于原来的作业模式和流程，不容易改变，具体作业人员对系统有一定的抵触；高昂的信息化成本费用和人员等。

从问卷中，企业普遍反映的问题是关于信息化人才的，常见人才方面的问题如下。

（1）技术开发人员能力水平不高，外部协作企业对物流行业缺乏了解，急需相应的技术性人才。

（2）专业人才匮乏，现有人才专业性不足，不能适应企业发展。

（3）委托的物流信息系统开发商能力不足，引领作用不强，不能很好地通过对企业信息系统不断升级开发来主动地提升本企业的管理水平，而是被动应付。

（4）既懂信息技术，又熟悉物流业务，同时具备一定的管理思维的员工难找。

综上所述，可以看出造成目前物流行业信息化人才缺乏的主要原因是目前从事物流信息化的大多数人员是非物流专业毕业，对物流行业缺乏深入了解。而物流专业培养出来的学生懂物流专业相关知识但计算机的掌握程度不够深入，缺乏信息系统开发的能力。专业人才的紧缺成为制约我国物流业信息化发展的一个重要要素。要推进我国物流的现代化，尽快培养相关的信息化人才迫在眉睫。

## 三、物流信息技术课程课堂教学的主要内容

如前所述，物流信息化技术主要讲解现代物流信息技术的基本概念与相关的基本技术，包括物流信息采集、信息交换、信息传输、信息存储和信息加工、地理分析与动态跟踪技术、企业管理信息系统等技术。当然除此之外，信息技术还应该包含一些基础技术。具体来说，物流信息技术从涉及的内容上来讲应包含以下内容。

（1）基础技术：主要包括计算机技术、网络技术和数据库技术等。

（2）信息采集技术：主要包括条码技术和射频识别（RFID）技术。

（3）信息交换技术：即电子数据交换（EDI）技术，是指通过电子方式，采用标准化的格式，利用计算机网络进行结构化数据的传输和交换。

（4）地理分析与动态跟踪技术：主要包括地理信息系统（GIS）和全球定位系统（GPS）。

（5）企业管理信息系统。

对于本科教学，我系希望通过该课程的教授，使学生理解并掌握现代物流信息化中常用的技术，并培养学生运用所学知识初步认识问题、分析问题和解决物流信息系统设计中底层感知层的相关问题的能力，为后续相关课程、综合训练打下夯实的基础，也为学生以后从事与物流信息技术岗位相关的工作奠定基础。

根据调研，企业信息化中遇到的较大的问题是信息化标准不同，与其他信息系统无法对接，易形成信息孤岛。所以在实际教学中我们加入了信息的分类编码技术。同时在介绍每一部分内容时也会注意相应标准的介绍。另外从教学内容来看该课程涉及的知识庞杂、不系统。为了使学生能深入学习相关的技

术，我们从人才培养上整体对课程的内容进行了优化。优化主要内容如下。

对于基础技术（计算机技术、网络技术和数据库技术等）中大学生需要具备的计算机技术，我系分别开设相应的课程让学生专门进行学习。数据库技术在信息技术中是非常重要的一部分，如果仅作为信息技术的一章来讲授，无论从深度和系统性上都很难使学生达到透彻掌握的程度，所以我们单独设课进行讲解，网络课程也一样专门设课。

对于企业管理信息系统，我系希望学生不仅学会管理信息系统开发的基本方法与理念，还要学会使用相应的工具来实现系统开发。如果将其作为信息技术课程的一个章节，也同样很难达到预期效果，所以我们也专门开设相应的课程专门进行讲授。

因此，我系现代物流信息技术课程的主要内容便集中在相关的分类编码技术、数据采集、数据交换、数据传输、空间技术（地理分析与动态跟踪技术）上面。其学时安排如下表所示。

**学时安排**

| 单元 | 学时分配 | | | | | 小计（学时） |
|---|---|---|---|---|---|---|
| | 课内学时 | | | | 课外学时 | |
| | 讲授 | 习题课 | 讨论课 | 实践 | | |
| 第一单元　物流信息技术概述 | 2 | | | | 3 | 5 |
| 第二单元　物流信息分类编码技术 | 3 | | 1 | | 6 | 10 |
| 第三单元　条码技术 | 8 | | 2 | 4 | 21 | 35 |
| 第四单元　射频识别技术 | 5 | | 1 | 4 | 15 | 25 |
| 第五单元　物流空间信息技术 | 8 | | | | 12 | 20 |
| 第六单元　物流信息传输技术 | 5 | | 1 | | 9 | 15 |
| 第七单元　物流信息交换技术 | 4 | | | | 6 | 10 |
| 合计 | 35 | | 5 | 8 | 72 | 120 |

## 四、物流信息技术课程课堂教学的培养模式

从教学内容来看，物流信息技术涉及的知识庞杂、不系统，内容也较为抽象难懂。从教材来看，关于物流信息技术的教材非常多，但很多的教材都

是泛而不精，内容缺乏深度，所有的技术都是泛泛地介绍，学生只能对相关的物流信息化技术有一个概念上的了解，而不能进行深入学习，更谈不上应用。个人认为造成这种状况的原因是由于物流信息技术中的很多项技术都比较复杂，有些技术如 RFID、GPS、GIS 等都可以单独作为一门课程来进行深入讲述。要透彻掌握这些技术并熟练应用于实际信息系统的开发，对许多老师来讲也是有一定难度的。对于学生而言，许多繁杂的物流专业技术令他们感到头疼，容易产生抵触情绪，所以学习上缺乏主动性和兴趣，致使很多学生学完该课程后并没有掌握应有的技能。

为了改善这种状况，我系在物流信息技术课程教学时主要做了以下工作。

**1. 加强师资队伍建设，开展教师进企业实践，加强“双师型”教师培养**

打铁还需自身硬。要想培养高质量的学生，首先要有高素质的教师队伍。在课程建设过程中，加强师资队伍建设，组建高水平的教学团队、提高教师业务水平尤为重要。教师一方面应加强自身学习，同时也应积极参加相关内容的进修课程，走进企业，与企业的工程师一起进行项目的研发，互相学习，互相促进，以此提高老师们对相关内容的理解与掌握，并锻炼老师们独自开发系统的能力。

**2. 进行课程教学内容建设，优化理论教学内容**

正如前面所说，物流信息技术涉及信息分类与编码、条码、RFID、EPC（电子产品代码）、GIS、GPS、EDI 等很多内容模块，有的模块原理非常复杂，要在有限的教学时间内高质量地完成如此多内容的教学实际上是件非常困难的事，如何优化内容成为关键。本课程根据实际系统开发的需要，对各模块提炼出主要的知识点，尤其注重应用。以条码为例，课程中对于条码的结构只作简单介绍，而把重点放在了各种条码的应用、设计与识读、识读设备的选型等方面。在教学上对于学生难以理解的内容采用教师讲授的方式，有些内容则以“学生为本”，展开以学习效果为导向进行课程教学过程管理。如该模块安排了两次调研：一个是要求学生对生活中的各种条码进行调研分析，并对收集到的各种条码开设研讨课，分析各种条码的应用场合；另一个调研是对条码识读的设备进行市场调研，对调研结果进行研讨，使大家了解到市场上主要的识读设备及其价钱、性能指标、选购常识等。通过这些活动，学生走出课堂，走进实际企业、实际生活，极大地提高了学生的学习兴趣，培养了学生快速将理论转为实际能力的素质，提高了对知识的实际应用能力，取得了很好的效果。

**3. 教学方法上展开开放互动式的案例教学研究，培养学生学习、工程应用与研究创新能力**

物流信息技术是一门理论性和实践性很强的课程，具体内容在实际中有着广泛的应用。任课教师应根据课程特点选择合理的教学法进行教学，可采取案例教学法、任务驱动法、现场教学法和分组讨论法等多种教学方法。理论课主要在多媒体教室授课，使用多媒体与板书相结合的教学模式。课堂上可以采取讲授、师生互动、课堂讨论、小测验等多种生动活泼的方式组织教学，以提高教学效率和教学效果。在教学过程中，应注重基本理论、基本概念和基本方法以及对理论的应用。

案例教学法分两大类：一类是结合企业具体案例，在学生学习相关内容时给学生直观的知识理解，使他们对相关知识模块的作用能够快速地有所了解，便于后续的学习，相关的案例许多教材都会提供。另一类是结合实际项目，让学生完成从项目分析、项目设计到项目调试的整个过程，以加强学生信息系统软件开发能力。后者主要在课程结束后对应的综合实践环节开展。该过程涉及的知识较多，如软件开发的基本知识、数据库的设计与实现、物流信息技术的数据采集、相应的编程语言等，是一个综合性的设计，可以极大地提高学生对于知识的综合利用能力和信息系统开发能力。

**4. 课外学习要求**

现代物流信息技术是一门理论性与实践性很强的课程。该课程内容中电路电子、通信等方面的相关知识较多，内容较深，所以本课程要求学生提前预习相关内容，并就课程涉及的相关选修课的内容加以复习，以保证课堂的质量与进度。由于该课程内容较多，有一些内容需要学生课后自学。同时该课程实践性也较强，学生应根据课堂所学内容，积极到社会上调研相关技术的具体应用，并提交相应的报告。同时由于涉及的内容较多，需要学生做大量的课外阅读来扩充知识并培养自学能力，包括阅读指定教材和参考教材。学生要按教师的要求定期提交一定的调研报告、读书笔记、读书报告或论文等。

## 五、物流信息技术课程课堂教学的培养效果

实践证明，通过对课程内容优化、案例化教学、加强实践研究等培养模式的探索，达到了“教、学、做”的有机结合，极大地激发了学生学习物流

信息技术应用技能的兴趣，提高了学生的学习兴趣，增加了学生的学习动力，锻炼了学生资料调研与整理的能力，提高了学生的学习能力、实践能力，取得了较好的教学效果。

## 参考文献

［1］耿钰，于鑫，刘景云．物流信息化人才需求分析与培养模式的探索［N］．现代物流报，2016－11－18（A6）．

［2］宣玲玲，刘欲晓．高职《物流信息技术》课程项目化教学实施效果分析［J］．新疆职业教育研究，2012（2）．

# 电子商务技术课程的教学改革探讨

胡立栓* 程肖冰 王育平

**摘 要**：现代物流和电子商务得到了同步的快速发展，社会对电子商务和物流人才的知识能力提出了共同要求。本文从物流工程专业的电子商务教学模式出发，分析电子商务教学存在的缺陷，结合建设城市型、应用型院校的目标，提出课程教学与企业项目相结合的新出路，以理论知识为基础，培育电子商务教学中学生的实践能力，使学生在解决项目工程中的实际问题时能够将所学的专业知识熟练应用。

**关键词**：物流工程 电子商务 教学改革

## 一、物流工程与电子商务

### （一）电子商务与物流

随着21世纪网络信息化的发展，越来越多的企业开始实行电子商务式的管理和经营方式，一个完整的电子商务活动也必然涉及信息流、商流、资金流和物流。其中，物流是基础，信息流是桥梁，资金流是目的，商流是载体。物流信息资源的整合能力成为其核心竞争力的重要组成部分，物流信息技术水平将直接影响到企业的运作效率和客户服务水平。由于缺乏物流信息系统的支持，对现有物流资源造成了极大的浪费，导致电子商务活动运作成本高、作业速度慢等问题出现。即使电子商务企业先进的信息系统可以加快订单的处理，但物流业务流程的滞后也势必对电子商务企业能否获得足够的

---

［基金项目］中国物流学会、物流教指委、物流行指委2017年物流教改教研课题计划（课题编号：JZW2017045）。

［通讯作者］胡立栓（1974年生），男，硕士，北京联合大学物流系讲师，研究方向：物流系统信息化与机器学习。E－mail：hulishuan@ buu. edu. cn

竞争优势产生影响。从国外物流的发展经验来看，物流从业人员都具有一定的物流知识和实践经验。而我国从业人员无论是年龄、文化水平、专业知识都与现代企业活动的要求相差甚远，其中一个非常重要的原因就是物流人才不能与电子商务活动有效结合，与电子商务公司缺少战略合作。通过建立长期的合作关系，可使双方各展所长，而我国在电子商务和物流领域的这种联盟并不多见。

长期以来，电子商务的最大障碍就是物流与信息流、商流、资金流严重脱节的问题。物流系统的效率高低、整合物流资源的能力是电子商务成功与否的关键因素，成功的电子商务企业也必然依托于先进的物流技术和理解电子商务内涵的物流人才。

### （二）物流工程专业的电子商务技术课程

最早的物流专门研究物质资料流动。随着物流学科的发展与应用，物流研究的范围和内容也在不断地丰富，特别是电子商务技术的发展与应用，给物流增添了新的内容，与之相伴而生的电子商务物流也正在成为新的社会需求。大规模的网上交易有利于物流专业化和社会化的发展，电子商务技术也成为促进物流发展的动力。电子商务物流人才是一种复合型高级人才，这种人既懂电子商务，又懂物流；既懂技术，又懂管理。物流工程专业开设电子商务技术课程的目的，就是培养既懂物流，又懂电子商务；既懂技术，又懂管理的复合型人才。

## 二、电子商务技术课程传统教学中存在的问题

### （一）电子商务技术教材存在的问题

目前市面上的电子商务技术教材主要是电子商务原理与概述系统的教材。这些教材重视理论教育、轻视实践教育，并且教材的更新周期较长，教材知识体系陈旧，常常落后于社会生活实践，跟不上实践的发展。部分教材加入了一些电子商务技术，但知识组织得比较零散和抽象，比如上一章讲的是计算机方面的知识，这一章讲的可能就是工商管理方面的知识。而学生在一开始的学习过程中，很难将这些知识进行有效地融合，使其形成系统的知识结构。

### （二）教学方法的问题

**1. 教学形式单一**

电子商务技术教材往往比较重视理论知识的学习，以课堂传授为主，主要进行知识概念的阐述与解释，在结合实际上主要来源于课本所提供的案例分析讲解，极易形成灌输式、填鸭式教学，不能激发学生的积极性和主动性，学生的想象力和创造性思维也无法得到提升。

**2. 教学方法单一**

教师的教和学生的学最理想的情况是完成教案所计划的内容。教师总是希望学生能够按照自己课前设计好的教案去展开教学活动，每当学生的思路与教案不吻合时，教师往往会千方百计地让学生按照自己的方法来进行思考。

**3. 教学目标单一**

传统课堂教学是一种以知识为本位的教学，这种教学在强化知识上只是为了教学大纲的知识点及考试练习，为了完成认知目标，而抹杀了学生的创造性，忽视学生的情感。

**4. 实践教学薄弱**

在电子商务技术课程教学过程中，需要从计算机应用技术、市场营销以及运营等多个环节，将该课程的实践性体现出来。现阶段，电子商务技术课程教学仍然只注重理论的学习，运用应用软件解决实际问题仍涉及较少。实践的教学方法在专业课程上缺乏连续性，使得学生很难将一个具体实践和其他相关专业课程联系起来，难以形成系统性的体系。

**5. 评价体系不科学**

传统的教学评价，往往过于注重结果而忽视对过程的评价，造成的恶果是压抑了学生学习的自信与积极性，使学生不能清醒地认识自我、反思自我，学生自主学习、自主发展的能力与品质得不到应有的训练与培养，学生的个性以及健康发展受到了极大影响。

## 三、电子商务技术课程教学改革

### （一）教学内容的改革

为了培养出既懂物流，又懂电子商务；既懂技术，又懂管理的复合型人才。我系在教学内容上做出了重大调整，将教学内容分为基础概念理论、企业设定项目、自主研发项目三部分。

第一部分的内容主要包括电子商务的基本概念、网上营销、电子支付、电子商务物流和电子商务人机交互技术等内容，通过本部分的学习和实践，使学生能够了解电子商务的基本概念，网上商店的营销策略、支付模式和安全机制，电子商务的物流模式，物流体系及物流流程，掌握基本的 HTML（超文本标记）语法和表格、表单的制作等。

第二部分的内容主要是实现企业项目。在学习中引进上海商派网络科技有限公司（ShopEx）的电子商务技术平台，包括单机版和网络版。ShopEx 成立于 2002 年，是中国领先的电子商务软件及服务提供商，专注于电子商务软件的研发及相关解决方案与服务的提供。在本部分的学习中，要求学生掌握 ShopEx 电子商务平台的基本功能和操作，分组完成各自预设的网上商城项目，通过商城的定位、上线、推广与运营，掌握商城运营过程中的关键方法、策略等内容。

第三部分的内容是实现自主开发项目。主要包括从零开始研发电子商务系统所涉及的基本技术和应用。通过本部分的学习和实践，使学生能够了解电子商务网站的规划、构架流程，掌握基本的用于电子商务网站开发设计的 JSP（JAVA 服务器页面）程序设计基础和电子商务数据库基础等，从而实现对电子商务数据库的操作。最后完成一个小型电子商务网站的设计与开发，为学习和理解复杂的网上电子商务流程打下了基础。

### （二）教学实施了“项目驱动”的教学模式

（1）教师明确项目任务，包括选择项目以及教师引导。在项目选择期时，项目的好坏直接影响到教学实践能否达到预期的效果。因此，精心地选择项目非常关键，应尽量避免项目选择的随意性，提高项目选择的质量，可以借助电子商务大赛这个契机作为良好的驱动。在教师引导期时，学生会接触到大量新的实践项目，在学习的过程中也会产生一些新的需求，这时教师应在方法上给予指导，并结合实际项目做一些启发性的提问，以提高学生参与的积极性。

（2）学生制订和实施项目计划，这个阶段，学生在学习各个专业时均带有特定的需求，需要给予其充足的时间尝试各种不同的方案，领略其中的差异。这个阶段是学生理解和消化的最佳时期，学生应积极主动地参与到项目教学讨论和实践中去，并尽可能多地与其他人交流项目思路及方法，发挥主观能动性。通过项目实践更好地理解理论知识，反之，通过理论知识更好地理解项目实践。

### （三）重视教学过程的教学评价体系

（1）教师在评价评估项目时，应当综合考虑项目过程和项目结果，两个考核部分都应一视同仁。在项目整合教学过程中评价学生是否积极地参与，是否相互间进行交流，形成互帮互助的方式。在项目整合教学结果中，考虑学生的项目实践成果，将学生之间的项目实践成果进行对比，指出其中的差距，反过来推进学生的进步。其基本原则是：在考核内容上，以能力考核为主；在考核时间上，以过程考核为主；在考核方法上，以项目作业、学生自测以及学校和社会共同考评为主。通过改进教学评价体系，达到以评促学的目的。

（2）共同总结项目中的知识点并推而广之，根据项目整合教学各阶段的教学成果，对实践中出现的各种问题进行总结，并分享项目。整合教学实践中表现较好的同学的方法以及思路，以便激励实践中表现较差的同学。通过对理论的重新解构和重组，发现新思路和新方法，以增强教师和学生的互动性。

## 四、结论

将电子商务技术课程与企业项目实践相结合，是一种以学生为主的教学方式，可充分调动学生的积极性和主动性。教学改革中，学生、教师、企业共同参与的机制，促进了校企联合，有助于建立专门服务于电子商务物流的产学研基地，从而形成了企业、学生、教师多赢的局面，增加了学生的就业渠道，提高了物流工程专业学生的就业率。

## 参考文献

［1］明小波，彭岚，刘成华等．电子商务与现代物流人才协同培养模式探讨——以成都信息工程大学电子商务与物流类专业建设为例［J］．电子商务，2016（6）．

［2］周泰，游佳，王莺，等．地方高校物流工程专业学生实践能力和创新能力培养模式研究［J］．物流科技，2015（2）：67－69.

# 基于信息技术课程实践教学的物流人才培养模式探究

亓呈明*　程肖冰　胡立栓

**摘　要：**在经济全球化和信息化时代，物流工程专业人才培养已转向以应用型为主的培养模式。实践教学是培养掌握先进信息技术的复合型物流信息人才，提高学生解决实际问题能力的关键。本文围绕物流工程信息化人才培养，针对信息技术课程实践教学存在的问题，以信息技术课程为实践教学改革突破口，实施行之有效的教学方法和教学手段，帮助学生构筑新的知识体系，培养学生在实践中解决问题的能力，并探讨了物流工程专业信息化人才培养的实践教学模式。

**关键词：**信息技术　问题解决策略　人才培养模式

## 一、引言

“物流信息技术”是一门多学科交叉的综合型、应用型课程，以物流信息管理系统的构建为核心的课程，课程涉及网络技术、数据库技术、条码技术、无线射频识别（RFID）技术、电子数据交换（EDI）技术、地理信息系统（GIS）、全球定位系统（GPS）、物流管理信息系统和物流公共信息平台等。课程的能力目标是具有物流信息采集与处理能力、自学能力、物流信息化技术手段的掌握与运用能力、对新技术有良好的自学精神与钻研精神以及团队合作精神。

物流信息化人才的培养目标是培养具有现代物流基本理念，具有良好科学

［基金项目］中国物流学会、物流教指委、物流行指委 2017 年物流教改教研课题计划（课题编号：JZW2017045）。

［通讯作者］亓呈明（1966 年生），男，博士，北京联合大学物流系讲师，研究方向：物流信息处理。E－mail：zdhtchengming@ buu. edu. cn

素养和创新意识、具备较扎实的经济与管理理论基础，掌握信息科学技术方法与手段，有责任心、有创新意识、有端正求实的工作态度的信息化人才。物流信息化对于企业有着重要的价值。随着信息技术逐步被国内企业所采用，一部分企业应用互联网，建设了一些较为先进的企业信息系统，实现了企业内部之间的信息交换和信息共享。信息化使物流功能得到整合，同时提高了物流系统的快速反应能力。

实践教学是学生在学习理论知识之后，通过模拟操作、现场实践等一系列实践环节，来巩固和加强基础理论知识，培养较好的实践或现场操作能力，应用所学的基础理论知识解决实际问题的过程。实践教学的目的是使学生了解物流专业基础知识和技能，掌握物流专业主干课程知识和技能，提高岗位适应能力和动手操作能力，综合运用专业知识分析和解决问题。实践教学对于提高学生的综合素质、培养学生的创新精神和实践能力具有不可替代的重要作用。

长期以来，物流信息技术教学的概念、结构、特点一直缺乏完整而准确的论述，对物流信息技术应用能力的本质、构成及其形成发展规律的研究较少，对影响物流信息技术应用的因素等诸多有关物流信息技术应用问题的理论研究也很薄弱。为了使物流信息技术应用教育卓有成效，我系将从教育心理学角度研究学生解决物流信息技术应用问题的心理过程，形成解决物流信息技术应用问题的教学理论以指导实践。

## 二、物流信息技术课程实践教学中存在的问题

在传统课堂教学中，教师只注重物流信息技术知识的传授，往往要求学生对“教”的适应，而忽视“教”对“学”的适应，不愿调整自己的教学策略以适应不能按自身教学方法进行学习的学生，较少考虑学生的认知风格。而学生由于不了解自己在物流信息技术学习方面的认知风格，致使其学习兴趣不浓厚，只有被动地接收物流信息技术知识。

从近年来的研究现状看，物流信息技术能力培养还存在许多问题。

（1）教学形式单一，学生自主学习能力差、现有的专业教材中很少涉及前沿技术问题、实践教学设备匮乏、实践教学环节薄弱，学生的实际操作能力不足。

（2）研究深度不够，且存在重理论轻实践，重研究轻应用的现象。

（3）对物流信息技术的价值认识不足，运用物流信息技术的意识差，因此，物流信息技术教育改革势在必行。

（4）相对滞后的时间教学理念。由于实践教学学时数占比的减少，加之实践教学内容中验证性和观察性实验占比增加，导致有利于培养应用能力、创新能力的综合性、设计性实验比例偏少，研究性和创新性的实验几乎没有，无法达到实践教学的目标。

（5）不能贯彻因材施教的理念。专业教师和实验指导人员没有深入研究本校学生的基础素质和能力，而是参照其他学校的教学大纲开设自己的专业课，造成实践教学体系的不足。

## 三、物流信息技术课程实践教学模式探索

调整“教”与“学”的关系，培养学生应用理论的能力。信息技术人才的培养需要调整老师“教”与学生“练”的关系，改变学生在学校里没有机会练习以及应用所学理论知识的现状。现行教学方式培养出来的学生缺乏应用能力，应充分利用网络的便利条件，改进教学方式与手段，辅以任务驱动教学，实现工学结合的“教”与“学”。

结合学生的专业基础与理解能力、接受能力，选择案例教学法、项目教学法等合适的教学方法。培养学生的责任意识和团队意识。改进实践教学模式，将课堂理论教学、企业现场教学、实训基地实际操作全部贯穿于教学之中。

改变信息技术人才的培养体系偏重基础知识教学和艰深理论的传授的传统教学模式。实践教学的根本目的在于改变过去那种学生被动学习的方式，激发学生的学习兴趣和创新潜能，培养和树立其质疑精神和合作精神，提高学生的实践能力。增加实务性的课程，鼓励学生参加社会实践。积极开展产学研合作教育，产学研结合也是培养高级应用型人才的重要途径，要形成具有鲜明特色的应用型本科人才培养模式。

在实践教学课的安排上将培养学生的能力放在第一位，教学过程中应始终体现学生能力的培养，实践教学中注重学生设计实验的能力和解决实践问题能力的培养。可从以下几个方面探索实践教学模式的改革与创新。

（1）制定高水平的实践教学体系，精心组织实践教学活动。积极探索与课程体系和教学内容改革相适应的实践教学方式。加强启发式、探究式实践

教学，要求教师改变教学方式，增加动手能力以改变学生被动学习的习惯。

（2）项目互动的培养模式。项目互动的培养模式即教师在设计课程时，提炼出课程的重点难点内容编成物流业务项目，让学生组成项目团队，在共同完成项目的同时学习所需的专业知识，培养解决问题的能力。

（3）校企合作的培养模式。信息技术与企业密切相关，积极构建面向企业的校企合作物流信息化人才培养模式。积极与企业合作，参加相关内容的进修，与企业的工程师一起进行实际项目的研发，互相学习，互相促进，以锻炼教师的科研能力和独自开发系统的能力。这些能力反过来很好地促进了教学能力的提高，使多数老师成为“双师型”教师。

## 四、问题解决策略在实践教学中的运用

问题解决策略早就得到心理学的重视和研究，问题解决的过程是顿悟过程而非盲目试错。对人类问题解决的研究，不仅要考察问题解决者实际的、外显的行为，还要考察问题解决者在头脑中考虑的那些可能的、内隐的行为。即对人类问题解决的研究，必须考察问题解决者的问题解决活动在其中发生和进行的内部空间，这种内部的空间被称作“问题空间”。

问题解决理论客观地分析了人获取信息及提取信息的过程。依据问题解决理论，教师在进行教学设计时须考虑如何激发学生的学习动机及在课堂教学中如何进行信息加工和实现信息的有效提取。加涅学习理论的最大优点是注重应用，把学习理论的研究成果运用于教学实践，也是他对教育技术学的突出贡献。信息技术教育的核心是培养解决问题的能力，信息技术在应用于各种情况时，其意义得以体现，信息技术教育首要任务是培养学生“应用信息技术”的意识。即培养学生利用信息技术思想、方法处理实际问题的意识。

探索实践教学模式的改革与创新，也可从物流信息化人才培养的角度切入。物流信息化中物流信息的交换与共享及公共信息平台建设，对于物流行业来说地位特殊，是推动物流行业智能化的关键环节，整个物流行业都在利用信息技术不断提升对于物流资源的管控水平。

学生可通过参加真实的物流企业信息化建设项目，从信息化项目的构思、设计、实施以及运作四个层面全方位提升信息化意识，培养学生发现问题、分析问题、解决问题的能力以及创新能力。要求学生采用启发式、主动探索式等学习方式，设计与实施物流管理信息系统，围绕真实的物流企业信息系

统建立与开发的案例，通过项目问题研讨的形式，培养应用物流信息技术解决企业实际问题的能力。

## 五、结论

依据信息技术课程教学任务与要求，本文分析了物流信息技术课程教学中存在的问题，提出了改进物流信息技术教学内容、教学方法以及实践教学模式的几点思考，并将此应用于指导课堂教学当中，对提高教学效益和教学质量起到了很大的作用。但我们也应意识到问题解决理论的局限性，在设计教学活动时只可参考、借鉴，不能简单地生搬硬套，否则会失去教学活动的意义，背离教学改革的初衷。

高校在物流教学的实践教学中，通过设计人才培养方案、优化培养模式、强化课程设置的科学性，构建物流信息化人才培养实践教学体系。从而激发教师进行教学改革创新的内在需求和动力，促进实践教学改革成果的推广，全面提升人才培养质量、科技创新水平和社会服务能力。

## 参考文献

[1] 王道平，王煦．现代物流信息技术［M］．北京：北京大学出版社，2010.

[2] 郑宁．物流信息化人才培养方案研究［J］．中国集体经济，2011（33）：176－177.

[3] 姜显亮．提高物流信息技术课程教学内容的前沿性和创新性研究［J］．武汉船舶职业技术学院学报，2011（6）：102－104.

[4] 麦婉菁．基于项目教学的《物流信息技术》课程改革研究［J］．物流工程与管理，2009，31（12）：147－149.

[5] 孙晓莹．实践教学与经济管理专业人才培养探析［J］．黑龙江高教研究，2009（7）：137－138.

# 物流系统建模与仿真课程第二课堂教学方法研究

孙　雪* 王育平

**摘　要：** 第二课堂作为第一课堂的重要补充和延伸，在物流工程专业教育中是培养富有创新精神和实践能力的高素质应用型工科人才的重要途径。物流系统建模与仿真课程作为物流工程专业必修课程，是一门综合性和实践性均很强的课程。本文主要针对物流系统建模与仿真课程第二课堂教学方法进行研究。根据课程的特点分析该课程进行第二课堂建设的必要性，通过研究工科第二课堂教学方法提出了物流系统建模与仿真课程第二课堂教学的几点方法，并进行了相关方法的实践。通过第二课堂教学方法的实施，达到了提高学生学习的主动性和自我学习能力，促进第一课堂的教学的目的。

**关键词：** 物流系统建模与仿真　第二课堂　教学方法　课程　微课程

## 一、引言

近年来，第二课堂在应用型高等教育实践中逐渐被视为培养大学生创新素质和实践能力的主要平台。第二课堂作为第一课堂的重要补充和延伸，是培养富有创新精神和实践能力的高素质应用型工科人才的重要途径。物流系统建模与仿真课程是物流工程专业必修课程，课程主要目的在于使学生掌握系统仿真理论、方法在物流领域的应用，是一门实践性很强的课程。课程分为理论和实践两部分，其中理论是实践的基础，实践又要通过理论来指

［基金项目］北京联合大学 2016 年校级教育科学研究课题“应用型大学工科第二课堂教学方法研究”（课题编号：Sk110201611）；2017 年中国物流学会、中国物流与采购联合会研究课题计划“制造企业生产物流系统分析与优化研究”（课题编号：2017CSLKT3－163）。

［通讯作者］孙雪（1980 年生），女，在读博士，北京联合大学物流系讲师，研究方向：物流系统信息系统规划与仿真。E－mail：zdhtsunxue@ buu. edu. cn

导，两者相辅相成，联系紧密。物流系统建模与仿真课程在物流工程专业课程中占有重要地位。本文主要针对物流系统建模与仿真课程第二课堂教学方法进行研究，根据应用型大学工科学生和课程的特点，研究该课程第二课堂的教学方法，以提高学生的学习兴趣和创新能力，促进第一课堂的教学。

## 二、课程简介及第二课堂建设的必要性

物流系统建模与仿真课程是一门综合性很强的课程，主要针对物流工程专业高年级的学生。课程主要分为理论教学和实践教学两部分。理论教学则主要包括物流系统仿真基础、离散事件系统建模、随机数与随机变量、输入数据分析、系统仿真算法、仿真结果分析与模型校验等内容。实践教学则主要是利用物流系统仿真软件进行具体的物流系统建模仿真。在教学过程中理论教学和实践教学相得益彰，理论教学中有很多知识点需要进行实践操作和练习，实践教学中同样也需要以理解和运用相关的埋论知识作为基础。

在课程的理论教学中，会涉及很多的数学知识，比如随机数、随机变量、函数分布、概率统计等。在实践教学部分，由于目前市面上的仿真软件种类很多，每种仿真软件都有它自身的特点和使用方法，对于每种仿真软件的学习，学生都是零起点。由于课时有限，在课堂上不能面面俱到，所以仅选择其中一种仿真软件进行详细地讲解和上机实践。虽然学生在低年级已经开设了相关的数学课程，但是对相关知识掌握程度存在个体差异，所以有些同学对较难较深的数学知识产生了畏难心理；同时，在物流系统仿真实践课程中，由于使用了比较专业的仿真软件，同学们都是从零开始学习，因此一开始入门和掌握都比较慢，特别是很多仿真软件在进行复杂系统建模时需要编写程序才能实现作业流程之间的相互通信，需要同学们必须具备相关的编程知识，这些都是在课内比较耗费时间和精力的部分。考虑到课程课堂教学时间有限，且学生存在个体差异，容易产生学习步调不一致的问题，如果学生想要全面理解和掌握相关知识，还需充分利用课外时间进行进一步学习。

第二课堂作为第一课堂的重要补充和延伸，内容形式丰富多样，对提高课程的趣味性和实践性，增加知识的复合性，培养学生学习的自主性、团队合作性和创造性等都有积极的作用。所以研究第二课堂的教学方法在物流系统建模与仿真课程中的应用对本课程的建设是非常必要和有意义的。

## 三、工科第二课堂教学方法研究

第二课堂的学习活动应是一个由浅入深、循序渐进的过程。第二课堂的教学旨在促进学生主动参与、主动探索相关知识的学习能力，以学生为主体，树立“学生是学习的主人”的意识，教师的责任在于引导和组织学生的各项活动。在设计教学时，要考虑多样性和趣味性。对于应用型大学工科专业的学生来说，要重点研究教师如何利用丰富的教学方法和现代教学技术手段使第二课堂的教学富有很强的实践性、社会性和导向性；教师如何利用现有的资源开展教学来增强第二课堂的自主性、灵活性和开放性；教师如何将第一课堂和第二课堂联系起来，通过建设第二课堂来提高工科学生的动手能力和实践能力，从而促进第一课堂的教学。

教师在第二课堂教学中，可以改变第一课堂常用的“讲听式”教学模式，根据课程内容和学生特点，灵活运用启发式教学法、研讨问题教学法、过程导向教学法、项目导向教学法、任务驱动教学法、示范模拟训练教学法、多媒体组合教学法、实例解析法、练习指导法等方法组织教学。做到理论实践并进，“教、学、做”三位一体。注意结合典型案例进行现场教学，营造良好的职业氛围和环境，使学生在接受专业课程教育的同时，受到工程实践教育，启迪思维和认识，激发创造意识。首先，教师应加强直观性教学，合理利用模型、教具、挂图和多媒体等教学手段，注重空间想象能力的训练与培养。其次，还应加强实践性教学，做到理论联系实际，特别是生产实际，以实际设备项目引导教学，使学生对其功能了解透彻，结构认识清楚，从而抓住工科内容学习的本质。加强工学实践与教学相结合，在校内、外为学生创造较多的模拟和实际工作环境，使学生掌握企业的生产、管理规律和方法，感受企业文化，弥补在第一课堂学习的不足，以适应学生以后实际工作的需要。除此之外，教师还应多将讨论、示范、启发等教学方法用于各种教学内容的不同学习阶段，使学生的主动性增强，思维活跃，自主地、积极地参与学习并进行探索创新，使其成为学习的主体，促进其自主学习并引导学生积极思考、乐于实践，以提高教、学效果。

教师在第二课堂建设中，还应采用多种教学手段相结合的方式进行教学，积极引进现代教育技术，采用多媒体教学、网络教学、录像教学、计算机仿真、现场指导与应用等手段。特别是利用最新的基于网络与多媒体技术的微课、慕课等加强网络教学资源建设，建立网络学习辅导与交流互动平台，充分发挥学生主体和教师主导作用。采用这些教学手段更为直观、生动，能够较好地增强教学效果，为应用型大学工科第二课堂建设提供良好的思路。

## 四、物流系统建模与仿真课程第二课堂教学方法探讨

结合物流系统建模与仿真课程的特点，提出了几点关于本课程第二课堂的教学方法。

**1. 项目教学法**

项目教学方法主要由确定项目任务、制订计划、实施计划、报告演讲和评价及结果应用几部分组成。确定项目任务通常由教师提出一个或几个项目任务设想，然后同学一起讨论，最终确定项目的目标和任务。制订计划主要由学生制订项目工作计划，确定工作步骤和程序，并得到教师的认可。实施计划主要由学生确定各自在小组的分工及小组成员的合作形式，之后按照已确立的工作步骤和程序进行工作，然后学生进行自我评估且教师对项目进行评价，最后进行归档或应用。项目教学法主要培养学生发现问题、分析问题、解决问题的能力，是一种行为导向的学习方式。教师可以提供一些具体可行的物流系统供学生选择，并将学生分为若干小组，每个小组进行进一步分工，然后按照上面的方法进行教学，以提高学生的动手和实践能力。

**2. 引导式教学法**

引导式教学法，主要由教师根据课程的培养目标，设计相关的教学活动，引导学生开展学习活动，让学生从实践中获得新的知识。教师通过创设学习环境，引导学生思考以及实际应用，最后由教师进行归纳总结，指导学生完成教学目标。在本课程的课外教学中，教师通过带领学生到企业进行实地考察，利用一些现场视频图片等帮助学生深入了解与物流系统相关的实际运作情况，然后引导学生利用所学的知识对该系统进行建模和仿真，可让学生按照教师的方法进行实践，并得出自己的结果。

**3. 情景教学法**

情景教学法，可以通过“感知—理解—深化”3 个教学阶段来进行。教师安排学生进行相关角色的扮演来进行进一步了解，让学生通过分析、计划进行换位思考，了解对方的需求，并提出多种方案进行比对，从中选出最优

方案，并将最优方案运用到计算机仿真软件中进行测试。该方法培养了学生对整个物流系统的认识，从而更加直观地了解整个系统的运作流程。通过情景教学法可以培养学生的社会能力、行为能力和专业能力，并将三者很好地结合在一起。

**4. 实验教学法**

在物流系统建模与仿真课程中，实验起着非常重要的作用，它可以帮助学生加深对理论的理解，且能让学生将物流系统知识进行应用。按照实验场地来分，实验教学法可分为现场实验和实验室实验。在第二课堂教学中，该教学法的内容应该和第一课堂教学紧密结合，并加大相关的教学强度。

**5. 微课程教学法**

微课程作为一种新鲜事物，在很大程度上能够提高学生学习主动性和自我管理能力，从而弥补传统课堂教学的不足。利用网络和信息技术，可以增强学生学习的兴趣。微课程主要的特点。

（1）以知识点为单元，短而精悍。微课程的设计是以课程的需要为出发点，针对每个单元的具体问题，通过视频或文档将核心概念进行重新编排，形成教学资源。每一个单元相当于一节微课，时间控制在 10～20 分钟以内，从时间上来看学生每学习一个单元大约在 20 分钟以内，而传统课堂教学为 45 分钟，利用微课的形式可以使学生保持注意力，从而进行有效的学习。另外，每个单元的微课内容都是教师精心提炼的重要知识点，俗话说“浓缩的即是精华”，一些传统课堂中教学的重点难点都可以通过微课来进行补充，从而帮助学生更好地理解和掌握相关知识点。

（2）课程更形象，教学方法多样。在微课程教学中，教师除了采用传统的多媒体和板书相结合的教学方法外，还可以采用讨论、直观演示、情景教学、任务驱动、现场教学等更为丰富的教学手段和教学方法来进行教学。

（3）学习时间更加自由灵活。传统的课堂教学要求教师和学生必须在指定的地点和时间进行教学，且教室人数也有限制。而微课程很灵活，因为是视频媒体，主要通过网络传播，所以学生学习的时间和地点比较随意和自由，在学习人数上也没有过多限制。教师录制完课程之后，可以利用网络让学生自主学习，学生可以充分利用零散的时间进行学习，也不会耽误其他事情。

## 五、物流系统建模与仿真课程第二课堂教学方法实践

在对物流系统建模与仿真课程第二课堂教学方法进行研究时，笔者主要利用微课程教学方法，即将课程制作成微课程进行第二课堂教学的实践。

笔者作为专业教师需要设计和开发一个物流系统仿真微课程教学资源。在设计和开发中主要遵循以下原则：首先区分出重要知识点并确定每个微课的播放时长。根据内容不同，时间一般控制在 10 分钟左右。其次，需要根据每个单元的特点设计不同的微课录制形式，主要以学生易于接受为目的。最后设计相关辅助资源，目的是为了能和学生进行有效的互动，从而能够及时处理学生学习过程中的问题。本微课程设计的目的旨在提高课程的针对性，兼顾个体差异，帮助同学提高学习课程的兴趣和学习效率。

本课程课内理论学习时间为 32 学时，按照章节主要分为物流系统仿真基础、离散事件系统建模、随机数与随机变量、输入数据分析、系统仿真算法、仿真结果分析与模型校验六大部分。由于每一章节在课内都要进行讲授，所以在课外学习的微课程设计中，要把每一章节的重点和难点总结出来，并将每一部分做成微课。同时，还需将一些补充知识点做成相关微课。在每一章节中，都有相关的上机操作练习，虽然在课内也能涉及，但是时间有限，有些同学在课内学习时没有完全掌握，所以也会把与实践操作相关的知识点做成微课，方便同学们复习和完成作业。

课程实践部分课内学习为 2 周的综合实践，在这 2 周内不仅需要同学们学习专业的仿真软件，还需要做出一个相对综合的物流系统的仿真模型，这对于零基础的学生来说还是很有挑战性的。我系在课内时间安排上是非常紧凑的，由于涉及软件的使用和操作，需要同学们练习。但是时间有限，有些同学并不能在课堂上很好地完成相关的操作练习，在课下又忘记了操作流程，所以对于教师和学生都是需要花费较多时间来进行巩固的。教师可以按照软件的操作步骤，制作物流系统仿真软件操作的微课小视频，再配上教师解说，让同学们课后也能对相关知识进行进一步学习，这样可以节省很多时间。一般操作实践类的微课程都可以做成演示型的，这样可以方便学生模仿和操作。

在每一部分微课的设计中，除了录制视频，还需要准备和设计相关的微课资源。为了视频录制效果更好，教师要充分准备微教案、微练习和微课件

等资源。微教案与课内学习教案相似，但由于微课本身就短小精悍，所以在设计微教案时更要强调以及突出教学重点，做到精练、简单且准确。微练习的设计是为了帮助学生巩固所学的知识点或及时了解学生掌握的情况，教师在设计微练习时也要注意其练习内容应少而精，并且具有针对性。微课件能为学生提供一个生动的、图文并茂的教学环境，从而激发学生的学习兴趣。在设计微课件时要注意能够吸引学生的注意力并合理安排信息量，这样有助于教师控制课堂。另外，还需要设计适当的微反馈、微点评，方便学生和教师之间的交流。

在制作物流系统建模与仿真微课程的时候，笔者首先分析了该课程课内教学的实际情况，包括课程进度、学生掌握情况、课堂练习情况等。然后对重要的知识点和难点进行总结、归纳，设计了微课程的教学计划。之后，将微课程教学计划的每一部分作为一个知识点来设计相关的微课，包括编写微教案、微课件、微练习、微反馈等教学资源。最后，进行视频的录制、编辑和输出，并整理出来上传至网络供学生学习。

通过微课程的应用，笔者发现学生比较喜欢这种新的学习形式。这种方式能够激发学生的学习兴趣，保持学生在学习过程中的注意力，帮助学生深入理解和深化相关的知识点。在课外学习方面利用微课程的方式，可以提高学生学习的主动性和自我学习的能力。

## 六、结论

物流系统建模与仿真课程第二课堂教学是第一课堂教学的有效补充和延伸，第二课堂教学法，强调以学生为中心，教师在教学中既要打好学生的理论基础，又要引导学生进行实践，强调理论联系实际，学用结合。学生素质教育要求教师必须有效地延伸课堂教学，发挥第二课堂的趣味性和灵活性的特点，调动学生的积极性和主动性，全面提高学生综合应用的能力。

## 参考文献

［1］桂云苗．应用型物流类本科人才培养目标定位与课堂教学方法研究［J］．管理观察，2009（13X）：142－143.

［2］李娜，杨馥卿．英语第二课堂活动现状及教学方法探讨［J］．河北

职工医学院学报，2007，24（4）：56－57.

［3］梁文武，白树勤．第二课堂大学英语教学的思考与实践［J］．太原师范学院学报（社会科学版），2003，2（4）：115 － 116.

［4］张晓萍，石伟，刘玉坤．物流系统仿真［M］．北京：清华大学出版社，2008.

［5］翟宇君．微课——大学语文第二课堂的好形式［J］．语文学刊，2014（7）：142－143.

［6］吕琴，王忠华．基于微博应用的微型学习资源设计与实现［J］．软件导刊，2013（7）：6－8.

# 物流通信网络技术课程教学实践总结

夏明萍* 曹丽婷 程肖冰

**摘 要**：本文论述了北京联合大学物流系物流通信网络技术课程的教学要求，教学内容，授课方式，结业考核，试卷分析以及教学改进措施，以期在以后的教学中取得更好的效果。

**关键词**：物流通信网络技术 实践教学 教学改革

## 一、课程要求

物流网络技术是现代通信技术与计算机技术结合的产物。信息的处理离不开计算机，信息的传输与交互必须依靠计算机网络。通过网络，可以和其他连到网络上的用户一起共享网络资源，也可以和他们互相交换数据信息，物流网络技术是重要的物流信息技术之一。

物流信息技术是指运用于物流各环节中的信息技术。物流信息技术是现代物流的核心，是物流现代化的标志。随着电子商务的发展，物流系统的信息化要求日益迫切，与电子商务相配套的物流信息系统建设必须加大力度。在物流信息系统建设中，通过标准化来实现系统间的数据交换与共享已经成为电子商务的必然要求。因此，用现代化的信息技术来支撑现代物流活动具有重要意义。物流信息技术通过切入物流企业的业务流程来实现对物流企业各要素的合理组织与高效利用，从而降低经营成本，产生经济效益。它最大限度地将原先在实现物资空间位移中所进行的相互割裂的运输、仓储、包装、

---

［基金项目］2015 年北京联合大学校教改课题“模块化教学模式下的产学研合作长效性机制研究与实践——以物流工程专业为例”（课题编号：JJ2015Y043）；中国物流学会、物流教指委、物流行指委 2017 年物流教改教研课题计划（课题编号：JZW2017121）。

［通讯作者］夏明萍（1971 年生），女，硕士，北京联合大学物流系副教授，研究方向：物流信息化。E－mail：zdhtmingping@ buu. edu. cn

装卸、加工及配送等多个环节整合在一起，以突出地表现出现代物流的整合化特征。离开了信息技术的支持，就无法形成现代意义上的综合物流活动。同时，随着物流信息技术的不断发展，促使了一系列新的物流理念和物流经营方式产生，推进了物流的变革。在传统物流模式下，一个企业所从事的仅仅是供应链中的一个功能，甚至是一个功能的一种方式。而在现代物流模式下，一个企业所从事的则是供应链中的一个功能的多种方式，甚至是多个功能。在非信息时代未能出现多方式、多功能、网络化的现代物流业模式，而信息时代信息技术的广泛应用，使得这种整合不仅成为可能，而且还能有效地降低成本、提高效率。

物流业正在逐步形成一个网络化的综合服务体系，物流的网络化是现代物流发展的必然趋势，物流资源网络化发展的实践催生了物流网络理论。物流网络的理论研究与应用具有重要意义，该应用有利于创新物流服务模式，促进网络经济发展，构筑“综合物流网络”。即物流网络理论可以指导物流资源的整合与共享，充分利用物流资源，避免重复建设，使物流企业更好地适应市场变化，满足客户的需求，有利于促进物流产业布局的合理化，优化物流产业空间结构和组织结构，指导物流产业发展。物流网络理论研究的对象是物流网络，即物流组织网络、物流基础设施网络和物流信息网络 3 个子网。主要是研究如何通过 3 个子网的共同运作提高物流服务效率。当代网络分析技术特别是网络模型分析方法则为物流网络理论的研究提供了重要工具。

物流通信网络技术是物流信息技术的基础。通过对本课程的学习，学生将掌握物流基础网络的体系结构和网络管理技术，着重掌握物流网络的通信协议，了解物流网络的物理层、数据链路层、网络层、运输层、应用层概念、工作原理等，为在物流领域更好地使用网络技术奠定坚实的基础。物流通信网络技术是物流工程专业大类限选课程，是培养学生掌握物流基础网络体系结构和网络技术的重要课程。其预修课程为电子电工学，后续课程为无线传感网络技术应用、物流信息技术综合设计等课程。

## 二、授课内容

### （一）理论知识

物流通信网络技术是物流工程专业限选考试课程，共 32 学时（授课

26 学时 + 实验 6 学时）。该课程重点讲述以下内容：了解物流网络的物理层、数据链路层、网络层、运输层、应用层概念及工作原理等，为在物流领域更好地使用网络技术奠定坚实的基础。课程的教学内容为网络的产生、发展，网络的概念、拓扑结构以及分层协议；另外，还需补充必需的数据通信基本理论，为将来学习物流专业技术打下坚实的基础。详细教学内容如下表所示。

**教学详细内容**

| 单元（章） | 学时分配 | | | | | 小计（学时） |
|---|---|---|---|---|---|---|
| | 课内学时 | | | | 课外学时 | |
| | 讲授 | 习题课 | 讨论课 | 实践 | | |
| 第一单元　概述 | 2 | | | | 3 | 5 |
| 第二单元　物理层 | 4 | | | | 4 | 8 |
| 第三单元　数据链路层 | 6 | | | 2 | 12 | 20 |
| 第四单元　网络层 | 6 | | | | 15 | 21 |
| 第五单元　运输层 | 6 | | | | 15 | 21 |
| 第六单元　应用层 | 2 | | | 4 | 15 | 21 |
| 合计 | 26 | | | 6 | 64 | 96 |

## （二）基本实验

6 学时实验主要做的是物流网络的搭建，域控制器的升级、配置和管理，DNS 服务器的建立和使用，工作组网络的配置和管理，DHCP（动态主机配置协议）服务器的创建和使用，地址租借的管理；培养学生动手组建实际网络和管理网络资源的能力。

**1. 组建工作组网络**

（1）选择网络拓扑结构；

（2）操作系统的选择；

（3）协议的选择；

（4）网络的搭建；

（5）设置资源共享；

（6）访问共享资源。

**2. 组建域网络**

（1）升级域控制器；

（2）客户端登录域网络；

（3）主域控制器对共享资源的开放；

（4）客户端对共享资源的使用。

**3. DHCP 服务器**

（1）准备至少两台电脑，一台作为客户机（XP），另一台为 DHCP 服务器（服务器版本）；

（2）两台电脑的网卡通过交换机相连；

（3）DHCP 服务器的 IP 地址为 21. 1. 1. 1/24，客户机为自动获取；

（4）为客户机分配可租借 IP 地址范围。

## 三、授课方式

本课程由教师布置补充作业，作业要求按章节布置，按时提交。要求学生仔细阅读提供的两本参考资料（或类似的参考资料），期末提交一份读书笔记或读书报告。学习程度较好的学生可以通过对课程相关资料的检索，进一步进行计算机网络技术应用等环节的学习。

## 四、试卷分析

本课程为考试课，由平时成绩和期末结课测试成绩组成，平时成绩占 50%，期末结课测试成绩占 50%。本课程的卷面平均分为 71 分，标准差为 10. 08，符合考试预期。总评成绩 45 人全部通过，卷面成绩第一大题平均分 22. 85，得分率是 0. 76；第二大题平均分是 11. 43，得分率是 0. 76；第三大题平均分 21. 80，得分率是 0. 87；第四大题平均分 21. 85，得分率是 0. 73；卷面平均分 79. 44。由卷面看，第四大题即计算和画图题得分率最低，反映了同学们综合利用所学知识的能力稍有欠缺，在以后的教学过程中会对这部分逐渐进行调整。大部分同学较好地掌握了关键基础知识，具备了一定的知识综合运用能力。从成绩的分布来看，学生成绩分布合理，达到预期的教学和考核效果。

## 五、教学存在问题与改进

### （一）存在问题

从学生的学习情况来看，反映出以下一些问题。

（1）学生虽然基本掌握了关键知识，但对其应用仍需适当深入地补充讲解。

（2）该门课程内容较多，需要学生课下及时预习与复习相关知识，以便更好地深入理解课程内容。

（3）学生知识综合应用的能力有待进一步提高，需要教师进一步加强引导。

（4）教学过程中应再增加一些案例分析，以增强学生对理论知识的深入理解。

### （二）教学改进

#### 1. 理论与实践相结合

物流通信网络技术的理论知识相对比较枯燥、抽象。学生在学习理论时只是单纯学习理论，导致很难达到预期的效果，由于学习理论的同时不能动手做实验，导致理论与实践脱节。由于学生对理论学习比较排斥，在实验阶段无法有效地将已学理论和实验结合起来。根据教学目标和我校现有条件，利用学校机房开展理论和实践一体化教学，每次上课既讲理论又做实验，利用 PPT 课件中的图像、动画手段深入浅出地讲解网络理论知识，使得理论知识更易于理解，通过应用机房计算机硬件、虚拟机和其他仿真软件进行实践教学，提高了学生的实践动手能力，反之促进理论教学。

#### 2. 增加动画教学

物流通信网络技术课程中的数据通信基础理论、网络体系结构、网络协议、路由原理与技术等理论知识比较抽象，如果没有动画和图像，凭空理解起来很困难。为了将抽象的理论讲明白，必须认真准备教学课件，做到简明易懂，只讲授其中最核心的理论知识，同时充分利用图像和动画手段将抽象的理论变成动态的画面。在网络体系结构部分，学生一直都感觉数据传输过程太抽象，在以后的教学过程中将从发送节点的应用层、会话层、表示层等高层传输来的数据包封装打包的过程做成动画，并将接收端从物理层到高层的拆包过程也做成动画，便于学生理解和掌握。

## 参考文献

[1] 陈敏，谭爱平，徐恒．“计算机网络技术”课程教学改革探索与实践［J］．计算机教育，2010（1）：104－107.

[2] 别文群．基于网络环境的计算机网络技术课程建设与实施的研究［J］．中国轻工教育，2011（3）：49－51.

# 现代物流装备课程教学与实践

夏明萍* 曹丽婷 程肖冰

**摘 要：**本文论述了北京联合大学物流系现代物流装备课程的要求、教学内容、授课方式、结业考核、2013级和2014级同学卷面得分分析以及现代物流装备教学改进措施，从而在以后的教学中取得更好的效果。

**关键词：**现代物流装备 过程评价 VR教学

## 一、课程的地位、目标和任务

现代物流装备课程是物流工程专业限选课。通过本课程的学习使学生对现代物流装备技术的分类、原理与应用有较为充分的了解，具备物流装备设计的基本理念和能力。

本课程涉及物流活动过程中的储存、运输、装卸搬运、包装、流通加工、配送等基本环节所使用的各种装备及其所构成的各种物流系统的基本功能、结构特点、技术参数、操作方法等。通过本课程的教学，学生能够全面认识和理解物流装备的基本概念与分类，学会从物流系统的角度去把握物流装备技术的原理与物流系统的整体效益。同时，熟悉物流各环节的主要机械设备的用途和选用，具备初步的物流装备机械结构设计能力，为后续课程打下坚实基础，也为以后从事相关的工作奠定基础。

---

［基金项目］2015年北京联合大学校教改课题“模块化教学模式下的产学研合作长效性机制研究与实践——以物流工程专业为例”（课题编号：JJ2015Y043）；2017年物流教改教研课题计划（课题编号：JZW2017121）。

［通讯作者］夏明萍（1971年生），女，硕士，北京联合大学物流系副教授，研究方向：物流信息化。E-mail：zdhtmingping@buu.edu.cn

## 二、与相关课程的联系与分工

本课程的预修课程为工程制图、电路与电子技术。这些预修课为本课程提供必要的知识基础，其中：工程制图中的机械部件特点与标准，为本课程中机械装置的结构功能与设计等内容奠定基础；电路与电子技术中提供的电路电子分析等基础内容为本课程中相应的电气硬件原理分析打下了坚实的基础。对于预修课程中所学习的基本概念、基本原理、基本分析方法及基本应用设计等内容应以直接应用为主，避免重复。本课程的后续课程为物流自动化技术、物流装备控制系统设计。

## 三、教学内容及要求

现代物流装备是物流工程专业限选考试课程，课内共 32 学时。该课程重点讲述了以下内容：物流活动过程中的储存、运输、装卸搬运、包装、流通加工、配送等基本环节所使用的各种装备及其所构成的各种物流系统的基本功能、结构特点、技术参数、操作方法等。本课程由教师布置补充作业。作业要求按章节布置，按时提交。要求学生仔细阅读提供的两本参考资料（或类似的参考资料），期末提交一份读书笔记或读书报告。实验主要涉及物流装备模拟训练、叉车的综合训练、0105 实验室立体仓库等环境的实操，使学生对物流装备有了进一步的认知。其中详细教学内容如表 1 所示。

**表 1　　现代物流装备课程内容**

| 章 | 学时分配 | | | | | 小计（学时） |
|---|---|---|---|---|---|---|
| | 课内学时 | | | | 课外学时 | |
| | 讲授 | 习题课 | 讨论课 | 实践 | | |
| （一）物流技术与装备概论 | 2 | | | | 2 | 4 |
| （二）物流运输技术装备 | 2 | | | | 2 | 4 |
| （三）物流搬运技术装备 | 2 | | | | 2 | 4 |
| （四）物流管道输送系统与技术装备 | 2 | | | | 2 | 4 |

续 表

| 章 | 学时分配 | | | | | 小计（学时） |
|---|---|---|---|---|---|---|
| | 课内学时 | | | | 课外学时 | |
| | 讲授 | 习题课 | 讨论课 | 实践 | | |
| （五）物流仓储技术与装备 | 3 | 1 | | | 4 | 8 |
| （六）散体物料存储与装卸技术及装备 | 2 | | | | 2 | 4 |
| （七）物流包装及流通加工技术装备 | 4 | | | | 4 | 8 |
| （八）集装物流系统与技术装备 | 3 | 1 | | | 4 | 8 |
| （九）分拣系统与技术装备 | 2 | | | | 2 | 4 |
| （十）物流信息技术与装备 | 2 | | | | 2 | 4 |
| （十一）物流工程系统技术装备集成 | 1 | | 1 | | 2 | 4 |
| 实验：物流技术装备实验系统 | | | | 4 | 4 | 8 |
| 合计 | 25 | 2 | 1 | 4 | 32 | 64 |

## 四、教学方法

本课程的综合性和实践性较强，在教学过程中应贯彻“以教师为主导，以学生为主体”的教学原则，主要采用课堂讲授和多媒体演示为主的授课方式，全面地阐述物流设施与设备的相关概念、基础理论、基础知识、基本技能及相关术语，着重于重点的归纳以及难点的剖析和讲解，同时应注意教学内容的及时更新，从最新的国外教科书、期刊、杂志及因特网上广泛收集现代物流设施与设备方面的最新成就、最新进展等相关资料，从中提炼教学内容，以增加课程的趣味性、时代感，起到开拓学生知识面，增强学生摄取新知识的本领的作用。通过引入案例分析法、课堂讨论法等施教方法，启发、引导学生独立思考，发挥学生科学想象力，深化概念，培养学生分析解决实际问题的能力，激发学生学习兴趣，培养学生创新能力。同时安排必要的实验环节，使课堂教学和实践教学能密切联系实际。

## 五、结业考试分析

现代物流装备2013年版教学大纲执行了两届，2013级成绩和2014级的成绩分布如表2、表3所示。课程考核方式为考试课，最终成绩是根据平时成绩和期末考试成绩进行综合评价，所占比例分别为50%和50%。其中平时成绩由考勤和平时表现（占平时成绩20%）、阶段测验（建议2~3次，占平时成绩30%）、作业与报告（占平时成绩20%）、实验（占平时成绩30%）等共同组成，期末考试为闭卷考试。

2013级学生成绩情况，如表2所示。

**表2　　2013级学生成绩情况**

| 分数段 | 人数 | 百分比 |
|---|---|---|
| 90分以上（优秀） | 7人 | 22.58% |
| 80~89分（良好） | 8人 | 25.81% |
| 70~79分（中等） | 9人 | 29.03% |
| 60~69分（及格） | 7人 | 22.58% |
| 60分以下（不及格） | 0人 | 0 |
| 其他 | 0人 | 0 |
| 合计 | 31人 | 100.00% |
| 缓考0人，缺考0人；免修0人；实考31人，总人数31人 | | |

总评成绩31人全部通过，卷面成绩第一大题平均分23.10，得分率是0.77；第二大题平均分是13.61，得分率是0.68；第三大题平均分26.13，得分率是0.79；第四大题平均分12.13，得分率是0.71；卷面平均分74.97。由卷面看，第二大题填空题得分率最低，反映了同学们对细节知识掌握不够全面和细致。大部分同学都较好地掌握了关键基础知识，具备了一定的知识综合运用能力。

2014级学生成绩情况，如表3所示。

**表3　　2014级学生成绩情况**

| 分数段 | 人数 | 百分比 |
|---|---|---|
| 90分以上（优秀） | 10人 | 35.71% |
| 80~89分（良好） | 14人 | 50.00% |
| 70~79分（中等） | 4人 | 14.29% |

续　表

| 分数段 | 人数 | 百分比 |
| --- | --- | --- |
| 60～69 分（及格） | 0 人 | 0 |
| 60 分以下（不及格） | 0 人 | 0 |
| 其他 | 0 人 | 0 |
| 合计 | 28 人 | 100.00% |
| 缓考 0 人，缺考 0 人；免修 0 人；实考 28 人，总人数 28 人 | | |

2014 级同学该课程总评成绩 28 人全部通过，平均分为 84.18 分，卷面成绩第一大题平均分 21.11，得分率是 0.70；第二大题平均分 19.07，得分率是 0.64；第三大题平均分 29.48，得分率是 0.98；第四大题平均分 14.85，得分率是 0.50。从成绩的分布来看，学生成绩分布合理，达到预期的教学和考核效果。通过两届卷面成绩对比，2013 级同学第一大题比 2014 级同学得分高一些；但第二、三、四大题 2014 级同学比 2013 级同学高许多，所以 2014 级同学总体成绩比 2013 级同学高。其中 2014 级和 2013 级考试情况对比如表 4 所示。

**表 4　2013 级和 2014 级考试情况对比**

| 年级 | 优秀率 | 良好率 | 一般率 | 合格率 | 平均分 |
| --- | --- | --- | --- | --- | --- |
| 2013 级 | 22.58% | 25.81% | 29.03% | 22.58% | 74.97 |
| 2014 级 | 35.71% | 50.00% | 14.29% | 0 | 84.18 |
| 差值 | -13.13% | -24.19% | 14.74% | 22.58% | -9.21 |

从考试成绩构成来看，2014 级和 2013 级同学全部合格，但 2014 级学生的优秀率是 35.71%，比 2013 级学生 22.58% 的优秀率增加了 13.13%；2014 级同学的良好率较 2013 级增加了 24.19%；一般率下降了 14.74%；合格率下降了 22.58%。可见，在试卷难度一致的情况下，2014 级同学更重视现代物流装备课程的学习，班级平均分增加了 9.21 分。这是因为物流专业在信息化、智能化过程中，学生逐渐认识到装备在整个物流过程中所起的重要作用，故对该课程的学习欲望更强烈，学习积极性更高，从而取得更好的成绩。

## 六、存在问题和改进措施

### 1. 存在问题

从学生的卷面和学习情况来看，存在以下问题。

（1）学生虽然基本掌握了关键知识，但对其应用仍需适当深入地补充讲解。

（2）该门课程内容较多，需要学生课下及时预习与复习相关知识，以便于更好地深入理解课程内容。

（3）学生知识综合应用的能力有待进一步提高，需要教师进一步加强引导。

（4）教学过程中增加实操，以增强学生对理论知识的深入理解。

**2. 改进措施**

（1）多采用虚拟现实（VR）技术教学。现代物流装备课程中现代化的装备是物流系统设计的基础，现代物流设施设备种类繁多，大多价格昂贵，且更新速度非常快。传统的教学模式通常采用图片、视频等方式让学生认识各类设施设备。以后应尽可能地购买一部分设备供学生操作或者带学生去企业参观实习。但在这种模式下，学生实际操作的机会也非常少，对设施设备的认识理解不能十分深入，且学校的教学成本很高，风险也很大（比如购买的设备需要维护，还要面临很快被淘汰的风险，带学生外出实习则要考虑学生的安全问题等）。应用 VR 技术可以在电脑上创建各种设施设备的模型，通过鼠标、键盘、VR 眼镜等外设来操纵虚拟设备，与现实世界操作设备相差无几。当现实设备更新时只需要重新建模即可，非常方便，不用维护也不用担心设备过时造成资源浪费。学生也可不受时间、空间的限制，在闲暇时操作而且可以反复多次操作。由于模型是立体的，非常逼真，极大地提高了学生的学习兴趣。例如在港口物流中经常用到的起重机，价格非常昂贵，动辄上百万，学校不可能购买一台起重机让学生实际操作。即使去企业实习，由于驾驶的难度和危险性，企业也很可能不会让学生动手操作。但如果没有实际操作过，就很难理解它的构造和工作原理。借助 VR 技术，这些问题就都迎刃而解了，通过建模，学生不仅可以全方位观察起重机，也可以对其进行拆装、驾驶，而且十分安全。通过这种方式既加深了对设备的理解，同时又提高了实际操作能力。

在物流专业实践教学中应用 VR 技术，根据教学任务建设虚拟设备、虚拟沙盘、虚拟系统，对物流设备、业务流程、系统规划等物流实践内容进行交互式教学，寓教于乐，不仅节约了大量成本，避免了以往实训中的危险，且有利于激发学生学习热情。学生由传统的被动接受学习转化为主动研究学习，极大地提高了实践教学效果。

（2）过程性评价。过程性评价就是在教学过程中将课程内容、教学方法和评价融合为一个有机整体，并应用到实践活动中去。结合具体的教学过程，运用适当的评价工具进行诊断，及时地反馈给学生，从而了解教学目标中“知识与技能”“过程与方法”“情感态度与价值观”中出现的问题，并给予正确的引导，进行改进，从而实现过程性评价。

过程性评价可以通过不同角度、不同层面，及时并且灵活地对学生进行评价。过程性评价是一个既关注过程又关注结果的动态评价。它针对不同的主体对象，采用不同的方式，在人性化地对学生进行评价的同时，也对学生阶段性的学习作出评价，使其不至于走向误区，达到了“教师为主导，学生为主体”的人性化的教学方式。

给予学生多次评价机会，是过程评价的途径。现代物流装备课程的教学过程性评价重在促进评价对象的转变与发展，将评价贯穿于日常的教育教学行为中，使评价的实施多元化、立体化。教师的评价只是过程性评价的一种。在评价过程中教师是评价活动的组织者、协调者。

在教学过程中采用 VR 技术进行教学和过程性评价，能够增加学生学习现代物流装备的趣味性，提高课程的吸引力。而且将一次性的考核转变为多角度灵活性的过程评价，能够更客观地反映学生学习该课程的程度。

## 参考文献

夏明萍，刘景云．以 V－WE 为教学案例的现代物流装备课程教学改革［J］．创新教育研究，2016，4（3）：112－116.

# 大数据背景下的统计学课程教学改革

赵丽华* 王秀英 程肖冰

**摘　要**：通过对传统统计学课程教学过程中所存在问题的分析，本文提出了“理论教学、案例教学、实践教学”这一多层次、多模块的理论与实践相结合的教学体系。在这样的教学体系下，有利于解决统计学在传统教学中课程内容针对性不强的问题，解决纯理论教学学生学习兴趣不高、教学效果不理想的问题，解决传统统计学教学中理论与应用脱节的问题，在切实地夯实学生理论基础的同时，努力提升学生对实际问题的分析能力、解决能力，培养学生独立研究的科学素养和能力。

**关键词**：统计学　大数据

随着经济技术的发展，人们之间的交流越来越密切，生活也越来越便利，从而产生了大量的数据和信息，大数据时代由此应运而生。如何利用大量数据做出快速、准确的决策成为全球各国及企业所共同关注的重点。在这个高速发展的社会中，大数据具有以下鲜明特点：第一个特征是数据量大，往往是海量数据。第二个特征是数据类型繁多，数据已经不再是传统意义上的数据，音频、视频、电子图书、网页等数据大量涌现，对数据的处理能力提出了更高的要求。第三个特征是数据价值密度相对较低，如何通过强大的机器算法更迅速地完成数据的价值“提纯”，是大数据时代亟待解决的难题。第四个特征是处理速度快、时效性要求高，这是大数据区分于传统数据挖掘最显著的特征。统计学与数据分析处理联系十分紧密，大数据时代的到来不仅为统计学这门课程的发展带来前所未有的机遇，同时也带来了巨大挑战。传统的

---

［基金项目］中国物流学会、物流教指委、物流行指委2017年物流教改教研课题计划（课题编号：JZW2017072）。

［通讯作者］赵丽华（1970年生），女，博士，北京联合大学物流系讲师，研究方向：物流系统信息化与自动化。E－mail：lld_ hby@ buu. edu. cn

统计学授课已不再适应大数据时代信息爆发式增长的要求，这就要求我们应该对统计学授课进行重新思考与定位，并在此基础上调整相关教学内容和教学手段，以适应大数据时代的到来。

## 一、统计学课程教学中的问题分析

目前统计学或统计学课程的建设中还存在不少问题，有许多需要进一步完善的地方。如目前课程中存在的重方法操作、课程内容划分不清等问题。优秀的统计学软件很少在统计课程中作为教学内容出现，统计学教材所针对的依然是传统意义方面的数据，统计方法陈旧。作为一名教授统计学这门专业课的一线教师，结合自身近 5 年的教学经历，认为统计学的教学模式主要存在以下几个方面的问题。

### 1. 教学内容理论性太强，学生学习兴趣不高

目前的统计学教学中一般采用的是理论教学的模式，教师依托教材，对统计学相关理论和方法逐一进行介绍，对涉及的公式和定理进行推导。著名统计学家 C. R. Rao 曾说过："在抽象的意义下，一切科学都是数学；在理性的世界里，所有的判断都是统计学。"统计学与数学最大的区别在于统计学将抽象的数字、公式赋予了经济的含义。在定性分析的基础上，运用量化分析方法处理社会经济的实际问题。大量的理论和方法上的讲解，以及大量公式的推导和数学计算使学生对统计学丧失学习兴趣，从而被动学习。学生在分析问题时，往往不假思索地套用理论模型，而忽视对模型的适用背景和适用条件进行分析，往往导致得出错误的结论。

### 2. 教学目标单一，针对性不强

目前的统计学教学中，要求学生能根据给定的数据计算出相应的统计指标。但对数据如何取得，数据的适用性如何，数据与方法是否匹配，方法与问题是否匹配等重要问题并不做要求。统计工作是一个从发现问题开始，通过对相关数据进行收集、整理、分析的一个完整的工作流程，因此在单一的教学目标后，学生并未能了解整个统计工作的框架和脉络。

### 3. 忽略对统计相关软件的教学

统计学是一门操作性较强的学科。通过实践教学，一方面可以弥补课堂学习的不足，检验课堂教学；另一方面学生可以具体操作统计实务，增强实际动手能力，提高适应社会的能力。统计理论和方法很重要，但要真正将统

计作为一个工具来解决实际问题，单凭会动笔计算相关的统计指标是不够的。特别是在大数据背景下，与问题相关的数据成百上千，通过手动计算是不可能完成的。目前许多统计学的教学过程中，教师仅讲理论、讲方法，而如何操作相关的统计软件却没有或很少涉及，最后造成同学们在进行统计调查和研究时，连统计静态描述中的统计图表、平均数、方差都不会用计算机软件生成，导致一个综合性的问题往往需要几十分钟才能算完，浪费了宝贵的时间，消耗了大量的精力，更不可能对海量数据进行深度挖掘。这样的统计学学习完全脱离了统计学方法论的本质，不但不利于学生社会竞争力的培养，同时也为今后的实践工作带来困难，让统计学沦为有形无神的一门课程，学生很难真正做到学以致用。

**4. 考核方式陈旧**

目前，物流专业的统计学课程采用“平时成绩 + 期末考试成绩”的考核方式。期末考试多为闭卷，比例在总成绩中占60%甚至更高。这样的考核评价方法单一片面，缺乏灵活性，无法对学生所掌握的统计学能力进行综合考察，不利于促进学生提高利用统计学知识分析具体问题的能力。

## 二、统计学教学体系构建

针对目前传统教学中理论与应用脱节的实际问题，依据当前对本科生培养的教学各环节标准和教学管理工作规范，结合经济管理类学生的实际需求和特点，对素质教学背景下教学过程中提出“理论—实践”相结合的教学模式，即将传统的理论教学扩展为理论与实践相结合的教学模式，以学生为主体，以问题和情景引导学生思考并使其产生兴趣，进而掌握分析问题与解决问题的技能，形成“理论教学、案例教学、实践教学”多层次、多模块的“理论—实践”相结合的教学体系。

**1. 理论学习与实践应用相结合**

在教学过程中，理论教学和实践教学是相辅相成、互为支撑的。在教学中应采取“理论与实践并重”的教学模式，走任何一个极端都会出现问题。理论和实践必须“两手抓”，应将理论知识与实践有机地结合起来。第一，讲解统计学理论知识时，可恰到好处地介绍一些相关的统计软件，可以使学生加强对基本理论的理解，更能提高学生对统计学的学习兴趣，为学生进一步自行研究以及解决实际问题提供技术支持。第二，给学生布置一些社会实践活动，以学生兴趣为出发点，鼓励学生在老师的指导下积极参加调查实践活动，开展学生的自主研究。学生通过自主寻找感兴趣的研究问题，自行设计调查问卷，并通过数据收集、整理和分析，以及最终研究报告的撰写等基本研究步骤，实现对实际问题的分析和解决，切实地提高学生对实际问题的分析能力、研究能力和动手能力，这些能力在信息技术高速发展的今天是非常重要的。除此之外，还可在实践过程中，引导学生时刻关注统计方法的适用性及应用条件，利用正确的统计知识来解决实际问题。

**2. 引入案例教学提升学习兴趣**

案例教学法是由美国哈佛商学院所倡导的。好的统计学案例是具有代表性的典型事件，这些案例既生动具体，又直观易学，能让学生在案例的阅读、思考、分析以及讨论过程中，大大地调动他们学习统计学的热情与积极性。采用案例教学，可以避免传统教学中单纯对数学公式进行推导的枯燥无味，在理论的介绍中，穿插与学生专业相近的案例进行分析和讲解，有助于加深学生对理论的理解，并能进一步激发学生学习的兴趣，提高学生学习的主观能动性。在统计学中怎样根据所研究现象的特点选取资料非常重要。如何引导学生整理和分析资料也是在案例教学中所要考虑和解决的问题。比如，在统计调查的教学中可以选取学生身边的例子，让学生调查在校大学生的上网情况，如果向全校同学发放问卷调查即为普查，但普查工作量大、成本高；如果随机选择同学进行调查则是抽样调查，若针对某特定年级的调查也可以分为整群调查，或选择占全校大多数学生的学院调查为重点调查等。通过案例可使学生加强对基本概念的理解，培养了学生的统计思维，让学生学会针对具体问题采用适当的统计方法进行分析。统计学是物流工程专业的一门核心课程，教师在备课时可针对物流专业学生设置一些突出专业背景的案例，这既能让学生加强对概念、公式等理论知识的理解，又能调动学生的学习积极性，同时还能与本专业其他课程进行有效的衔接，突出统计学作为工具和方法的实用性。比如讲授季节模型、存货成本、销售预测、统计经典分布等内容时，可以大量引入物流中的很多案例，让学生认清统计学在专业中的重要地位，更好地激励同学学好这门课程。

**3. 改革考试方式**

考试是教学过程中一项不可或缺的教学手段，通常考试的形式和内容是学生学习的指挥棒，也是检验学生学习情况、评估教学质量的重要手段。传统的统计学考试虽然对保证教学质量、维持正常的教学秩序起到了一定的作用，但这种题型单一、答案单一、形式单一、时间单一的考试，很难检验学生真实知识水平、实践能力，从而无法发挥考试的教育功能，以满足全面综合素质教育的要求。学生答题不必具备较强的分析能力，也无须发挥自己的想象力，只需死记硬背书本中的概念、公式和习题，导致学生在学习统计学课程的过程中，为应付考试搞题海战术，把精力过多地花在了概念、公式的死记硬背上。这与统计学的教学目的，即培养学生掌握统计基本理论并能运用统计方法分析解决实际问题的能力相差甚远。针对统计学课程的特点，可以采用开放的、灵活的多种考试考核方法，大胆地加入调查报告、专题论文、案例分析等考试形式。学生成绩的测评应根据学生参与教学活动的程度、学习过程中提交的报告或论文、上机操作和卷面考试成绩等综合评定。采用这样的考试模式，可以提升学生的知识转化能力、应用能力、实际解决问题能力、自学能力等，大大提高学生学习的主动性和自觉性，充分调动学生的求知欲和创造性，变被动学习为主动学习，从而提高学习效率。

## 三、结论

通过对传统统计学课程教学过程中所存在问题的分析，本文提出了“理论教学、案例教学、实践教学”多层次、多模块的，“理论—实践”相结合的教学体系。在这样的教学体系下有利于解决统计学在传统教学中课程内容针对性不强的问题；解决纯理论教学、学生学习兴趣不高、教学效果不理想的问题；解决传统统计学教学中理论与应用脱节的问题。在切实地夯实学生理论基础的同时，努力提升学生对实际问题的分析能力、解决能力，培养学生独立研究的科学素养和能力。

## 参考文献

［1］郑葵．独立学院经济管理专业统计学课程教学改革探讨［J］．教书育人，2010（18）：90－91.

［2］王一惠，阚珍珍．高校经管类非统计专业统计学教学方法初探［J］．教学理论，2012（6）：14－21.

# 供应链管理课程建设研究

程肖冰* 夏明萍 李 平

**摘 要：** 供应链管理课程在物流管理专业学生的学习中具有重要地位，本文分析了供应链管理课程教学中存在的问题，并对教学模式的改革和创新进行了探讨。

**关键词：** 供应链管理 教学模式 教学改革

随着信息技术的发展和经济全球化、知识经济的到来，用户需求的不确定性不断增加，加剧了市场竞争的激烈程度，使得现代企业之间的竞争已经发展成为供应链之间的竞争。供应链管理已从企业的内部延伸到企业的外部，覆盖面包括供应商、制造商、分销商、最终客户，涉及的领域也极为广泛。社会生产、物资流通、商品交易及其管理方式正在发生一场深刻的革命。因此在物流工程专业的教学中，课程应不仅包括供应链系统的构建和优化，还应包括仓储管理、生产计划管理、营销管理、物流和采购管理等大量内容。学生在日常生活中接触这些知识较少，学习时往往感到比较抽象难懂，学习难度大。因此，为了提高学生的学习兴趣和效果，加深学生对供应链管理理论的了解，在教学中将供应链管理理论与实践结合具有非常重要的作用。

## 一、供应链管理课程教学中存在的问题

供应链管理课程的特点是知识面宽、实践性强并且学科交叉，涉及内容范围广，涵盖了管理学、市场营销、生产运作、物流管理及运筹学等多种学科。这种综合性知识抽象难懂，增加了学生学习的难度。近年来，企业对物

［通讯作者］程肖冰（1971 年生），女，博士后，北京联合大学物流系讲师，研究方向：物流需求和预测分析。E－mail：xiaobingcheng@ sina. com

流管理及物流工程专业的人才提出越来越高的要求，和企业人才需求相比，现阶段高校本科层次物流供应链管理课程的教学中大多存在以下问题。

### 1. 重理论教学，轻实践教学

由于课时限制，教师授课时往往偏重于理论知识的讲解，而忽视了该课程实践性强的特点。由于现阶段教育模式上普遍存在的重知识传授、轻能力培养的被动式教学模式，学生普遍感到该课程抽象、难学，学生分析、解决问题的能力较弱，得不到应有的提高。

目前我国图书市场上同类教材内容多侧重于理论研究，缺乏适应应用型本科生使用的教材，并且教材内容多数雷同、缺乏特色。造成学生知识体系松散，难以把握兴趣点，影响学习积极性。供应链的管理理念、方法和技巧会随着管理水平及信息技术的发展不断发展和更新，但教材中的知识更新速度较慢，教学内容往往落后于实际发展情况，不能及时地体现出供应链管理的最新动态，缺乏与现代供应链管理和物流业发展的同步。

### 2. 教学方法和手段简单

供应链管理的学科特点和教材属性间接地影响到了课程教学。课程教学主要以课堂讲授为主，注重理论的传授，虽然采取了案例分析和分组讨论等手段，但教学手段相对来说还是比较单一，难以调动学生的学习积极性。

供应链管理所涉及的管理原理和方法是对前人工作的总结和归纳，并运用一定的经济学理论来进行解释。策略和模型等抽象性知识偏多，其内容具有一定的理论性和抽象性，无法在课堂上用实验来验证，学生也不可能为学习一门课程在企业进行长时间实习，因此实践性学习较差。学生动手能力、思维能力、分析问题和解决问题的能力得不到很好的锻炼。

### 3. 教学案例陈旧

大多数供应链管理教材中的案例过于简单，基本上只有文字介绍。很多案例仅仅局限于世界500强的成功案例，分析过程局限于表面，缺乏对案例背景资料、发展过程及因果关系的深入探讨，缺乏失败案例以及我国中小企业案例。虽然学生通过阅读能看懂，但不能进一步的深入理解。

## 二、供应链管理教学创新

要明确供应链管理课程的教学目标在于通过学习和实践，使得学生掌握供应链的构建方法，选择合理的供应链合作伙伴，掌握供应链管理环境下的企业生产与营销技能，帮助企业解决实实在在的问题，而不是空泛的纸上谈兵。因此为解决教材与实践脱节的问题，要求教师在教学过程中，及时补充与学习各类供应链管理的前沿知识及最新动态，掌握最新的理念，做到与时俱进。

在供应链管理课程教学中，应灵活使用各种教学方法，重视教学方法的改革，提高学生的参与度和学习效果。

**1. 引导学生走出观念的误区**

不少学生认为供应链管理比较“虚”，不如其他物流专业的主要课程务实，认为学习物流管理、仓储管理、运输管理等课程就学好了物流专业的课程，这样的认识使得学生对供应链管理课程不够重视，很难有内在的动力去认真地学习和研究。因此在这门课程刚开始教学时就应让学生了解这门课程的作用，以及与其他物流课程的联系。

**2. 改进课堂教学模式**

课堂讲授模式最为普通且必要的基础方式是填鸭式模式。其他可以使用的教学方法有案例教学法、游戏教学法、观看影像资料法以及企业实训法等。案例教学法要求教师课前收集和精选供应链案例，案例资料应完整、贴近实际，然后将案例交予学生思考和讨论，引导学生运用所学知识分析、解决企业实际问题。游戏教学法则要求教师通过设计一系列的情景，让学生参与角色扮演游戏，引导学生在游戏过程中进行体验。例如反映“牛鞭效应”的“啤酒游戏”，让学生扮演供应链中的供应商、制造商、批发商、零售商、物流公司和最终客户等角色，以此来熟悉供应链的运作过程。企业实训法是组织学生到企业进行现场学习或调研，让学生加深对各种理论知识的理解，做到理论联系实际，拓展学生视野。通过多种教学方法的灵活运用，能有效调动学生的学习积极性，增强学生的直观感受，提高学习效率。

（1）引导模式。

通过观看影像、图文等方式，引导学生在课程中获得启迪和感悟，开拓学生的视野、提高学生在未来实践过程中思考问题和解决问题的能力。比如，笔者在讲授供应链管理业务外包时，通过让学生观看可口可乐工厂的生产运输，将业务外包与供应链核心企业有效地联系起来，从而充分调动学生积极性。再比如，在讲到汽车行业供应链的时候，可通过让学生观看宝马汽车的制作流程等方式来激发学生的学习热情，加深学生对理论知识的理解。

（2）课堂讨论模式。

教师通过讨论题或是具有代表性的通用话题，引导学生之间进行讨论。但由于课堂时间较为有限，因而在话题讨论的深度和参与讨论的人员上有所限制。笔者曾经在供应链物流成本分析时以“自建仓库还是租赁仓库”为题让学生来进行讨论。在讨论的过程中积极引发学生思考，促进学生思维碰撞，得到了学生们的欢迎，课堂气氛很是活跃。

（3）案例模式。

通过对典型案例和当代有代表性的案例进行分析、反思以及对比，借鉴案例企业在实践过程中的经验和教训，指导学生获得能力提升。

教学过程中结合本次课程教学内容和教学要求，围绕案例的主题和蕴含的矛盾点，结合学生所学专业，设计拓展与思考问题。目的主要有两个：一是通过该案例的研讨分析，启发学生对相关知识进行拓展深化，以及思考和本专业相关课程的相互联系；二是引导学生进行深入思考与系统分析。拓展与思考的设计，要难易适当、问题巧妙、耐人寻味，这样有利于学生对问题的拓展和深化。

笔者在教学过程中密切关注供应链发展的最新动态，不断把满足教学要求的案例充实进来，以满足课程教学需要，提高案例教学的效果。教学中笔者精选了丰田公司供应链管理体系建立过程这一经典案例、海底捞供应链管理体系建立及发展过程等实例，从案例中得出结论，分析供应链管理实践的背景、过程、方法、手段、流程、环节等内容，精心组织学生进行案例学习及分析，促进学生自主思考。

**3. 精选授课内容**

供应链管理课程内容涉及面非常广泛，需要对教学内容进行精选。教学内容要密切结合现实变化和国内外供应链管理领域的最新知识，以体现出现代企业对专门人才的需要。从对我国高校“供应链管理”课程内容的分析来看，一般包括供应链管理概述、供应链构建、供应链业务外包、供应链合作伙伴、供应链采购管理、供应链物流管理、供应链生产计划与控制、供应链库存管理、供应链信息管理、供应链业务流程重组、供应链管理方法和供应链绩效管理等内容。

在教学过程中，根据本专业的实际情况，对教学内容和章节进行必要的变更，以突出教学重点，构建教学主线。例如，在实际教学中，针对物流工程专业的工科背景，可重点讲授信息技术在供应链领域的应用和发展，我们可以按照供应链管理概述→供应链设计→合作伙伴关系的选择→供应链系统运作流程分析→供应链管理主要技术介绍［MRPⅡ（制造资源计划）、ERP（企业资源计划）、JIT（准时制生产方式）、CRM（客户关系管理）、DM（数据挖掘）、QR（快速响应）等］→供应链绩效分析的顺序来安排教学章节，使各章节具有一定的承接性和关联性，突出体现供应链管理动态发展的特点。

**4. 推进锻炼学生实践能力的实验教学模式**

供应链管理是一门理论性极强的学科，学生缺乏实践经验，对课程内容的理解往往是片面的和抽象的。启发、鼓励学生发现问题、思考问题、提出问题，培养学生运用供应链管理基本理论和尝试解决实际问题的能力。比如，对于业务流程重组的学习，教材内容比较抽象，北美福特汽车财务部门的业务流程重组的典型案例并不能使学生真正掌握重组的要点和现实意义。所以在教学中可以分两步走，先让学生掌握基本理论知识，启发学生如何在实践过程中发现不合理流程，并思考如何利用信息技术改变现有流程从而提高供应链整体效益和竞争力。

## 三、结论

综上所述，供应链管理课程是一门实践性很强的课程，其教学改革的关键在于改变传统教学模式，实现教学过程中理论与实践的有机结合。通过实践让学生在学习各种理论知识的基础上，具备使用理论指导实践工作的能力，从而提高学生学习的积极性。

## 参考文献

［1］耿军霞，欧阳娟，刘春桃．对高职采购实务课程改革的探讨［J］．物流工程与管理，2011（3）：153－154.

［2］杨永清．“采购与供应管理”课程的实践教学探索［J］．中国电力教育，2011（5）：119－121.

［3］秦小辉．案例教学在采购管理课程教学中的应用研究［J］．中国市场，2009（10）：137－138.

［4］李荷华，黄中鼎．采购管理课程中案例教学应用研究［J］．中国市场，2008（32）：144－146.

［5］刘秋平，马翊华．能力导向的《物流采购管理》教学探讨［J］．现代经济信息（学术版），2008（3）：161－162.

［6］陈长彬．《供应链管理》课程教学实验设计分析——以“啤酒分销游戏”为例［J］．现代商贸工业，2009（16）：16－17.

# 物流工程实验室开放与管理研究

宋静华*

**摘　要**：经济一体化的发展和科学技术的不断进步，极大地促进了物流业的发展，物流人才实践技能培养也越来越被重视，物流实验室正是物流工程专业实践教学的重要场所。本文通过分析物流工程实验室的日常使用与管理情况，对实验室开放教学与管理进行研究，阐述开放式教学对于提升实践教学效果的作用，提出提高实验室开放管理效率的方法。

**关键词**：利用率　实验室开放　产学研结合　激励机制

现代物流工程是一门新兴的综合性科学，随着物流技术水平提高，越来越多的先进物流技术设备及物流操作系统在专业实践教学中得以应用。这些设备及系统具有较强的操作性和流程规范性，在科研及教学方面产生重要影响。

## 一、物流工程实验室功能

我国目前建成了许多物流实验室，在实践教学与市场实际需求的人才培养方面发挥了很大作用。

我校物流工程实验室面向物流工程专业，主要用于物流工程专业实践教学，“物流设计大赛”等学科竞赛，以及与物流领域相关的科研项目的研发。实验室综合利用机电一体化技术、计算机技术、自动控制技术和物联网技术及其相关设备，通过工业以太网络、物联网实现设备互联。

实验室的总体布局按功能进行分区，主要包括自动仓储区、散货拣选区、生产装配区、自动分拣区、中央控制区、未来超市以及专用机房。每个功能

---

［通讯作者］宋静华（1977 年生），女，硕士，北京联合大学城市轨道交通与物流学院实践教学中心讲师，研究方向：电子信息科学与技术。E－mail：zdhtjinghua@ buu. edu. cn

分区由不同设备组成，功能分区内的设备通过工业以太网互联，在控制软件的指挥下共同完成某个单项或综合功能，实现诸如工厂物流、商业物流等不同的物流模式。

## 二、实验室日常使用与管理

### （一）使用与管理工作及不足之处

物流工程实验室在专业教学中主要承担理论课程中的实验环节、集中实践环节、综合专业训练、毕业设计等功能。物流实验室中的设备包括软件部分和硬件部分。软件部分是指计算机加专业软件，以模拟业务流程为主。硬件设备具有一定的演示功能和可开发操作性。

使用方面不足之处在于缺乏现成完善的实践性教学指导教材，可开发性差，综合性、设计开发性实验较少，忽视了整体物流管理思想的体现与运用。

实验室的日常管理主要包括实验设备的使用维护和安全管理两个方面。对于日常的使用维护要建立与实验项目名称相符的实验教学档案，管理人员在学期初需要提前对实验室进行检查，并在上课前准备好实验设备，针对实验过程中出现的问题应及时与任课教师及供货单位沟通，以保证课程的顺利进行。在学期放假前再对设施设备进行一次常规检查，做好检查记录。一旦发现问题应及时查明情况，及时维修。另外，实验室的安全是实验室管理的重中之重，应制定详细的安全管理制度，注重设备安全、消防安全，提前准备应急措施保障和意外事故处理方案。

建设一个完整而高效的物流实验室要在强化制度管理的同时，采用现代管理技术和工具，注重实验室管理智能化。而在实际管理工作中，虽然实验室已经综合利用机电一体化技术、计算机技术、自动控制技术和物联网技术及其相关设备通过物联网实现设备互联，但由于多方面因素的综合影响，与实现信息化、智能化的管理还存在距离。

### （二）开放实验室是提高管理运行效率的方法

实验室的管理运行是否有效率，通常由实验室的利用率来判断。实验室的利用率除了教学计划内的使用，还包括教学计划外的开放式实验。教学计划内的学时是固定的，是为培养学生综合运用知识能力而安排的、与课程教学大纲紧密结合的实验项目。然而开放式实验涉及的范围很广，人员的流动性会增大，设备的使用率会大幅增加，对于有效地管理和运行实验室起到了推动促进的作用。

对实验室软件进行开放，可使学生利用机房中的软件资源，实施起来比较简单。在实验室内实名登记；安装摄像头监控学生的实验过程；在实验室门口设置防盗系统；在实验设备上粘贴射频标签，可以保证设备的安全。

硬件开放落实具有一定难度，主要考虑到实验设备的安全及运行维护。实验室中的硬件设备和相关软件，尤其是一些自动化设备，价格比较昂贵，开发和运行成本较高，一旦损坏或丢失，会造成比较大的损失，也会影响正常教学。因此，要保证实验室开放顺利进行，除了专业教师参与指导外，较好的解决办法是通过与外界进行不同方式的合作，获得设备、资金、技术及人员方面的资助，来缓解自身运行成本较高的压力，形成良性循环。

## 三、实验室开放研究

实验室是高校实践教学的一个重要平台，把实验室资源向学生开放，能够为学生提供一个个性化、促进思考的教学环境。学生可以根据自己的能力水平及爱好独立制订实验方案，自主决定实验时间、实验地点，自主或在相关指导教师的指导下完成实验。

### （一）实验室开放对人才培养的作用

物流工程专业实践教学体系包括课内实验、课程设计、综合性实习实训以及毕业设计、科研、竞赛等实践活动，开放实验室可以在多方面为学生提供参与实践的机会，对学生综合能力的培养有极大的帮助作用。

#### 1. 基础验证性实验

基础验证性实验主要是让学生了解和掌握基本的物流技术和基础性的实验内容，培养学生对物流技术设备的全面认识及基本能力。学生在课余时间利用实验室配置的资源完成课上未完成的实验内容，熟悉本专业知识在实践过程中的应用，使其理论联系实际。

#### 2. 综合设计性实验

综合设计性实验是在完成课内实践教学内容基础上，通过让学生自己设计方案并解决具体问题，培养学生综合运用物流与其他学科知识的技能。

**3. 研究创新性实验**

研究创新性实验主要培养学生的创新思维和团队意识，指导教师根据实验室资源配置的特点，定期拟定一定类型的实验课题，学生可根据自己的兴趣和未来发展方向，结合国家大学生创新性竞赛、全国大学生物流设计大赛等科技活动，选择课题方向并实施。

### （二）实验室开放对教师技能提升的作用

物流实验室的开放是一项系统工程，其内容涵盖开放式实验项目的内容、实验设备、实验教学设计与考核方式，以及开放式实验的运行管理机制等。需要不断修订和完善实验教学大纲，改革实验教学内容，加强实验教材建设。因此对教师的实践技能提出了更高的要求，需要教师具有更高的专业素质，提高自身的能力，对专业创新有更深的认知，对前沿知识领域有更精准的掌握。

### （三）通过实验室开放实现资源共享

从目前物流工程实验室的建设来看，虽然建立了软硬件系统，但是在运行过程中也存在着硬件设备技术性不强，缺乏资源共享全盘考虑，智能化开发滞后，各个实验区域衔接不畅，信息传递和共享有限，集成化效果不理想等问题，使得实验室设备利用率偏低，造成资源一定程度的浪费。

开放型实验室需要有更多更稳定的物流实验资源，以及知识储备深厚、科研能力强的人才做支撑。学校的资源有限，而物流企业运作环境更真实，拥有大量的设施、人员、案例等各类显性资源，以及流程、管理方法等隐性资源，因此进行产学研合作可以解决这一问题。产学研结合的立体化物流实验共享平台，可从在深度和广度上扩展实验室的内涵，建立多层次的教学体系和高质量的实践平台，推动科研成果的转化与推广。

物流工程专业通过与不同的单位建立合作关系，使校企联合，资源互用，将企业实战型的理念引入到教学中，从而解决实验室资源配备方面存在的资金和技术上的不足。企业长期运作积累的大量数据，为开展实证研究提供了帮助。企业全过程的流程展示，可以弥补实验室只选取典型环节进行展示的不足。加强和兄弟院校物流专业的交流，将前沿学科知识、新技术和专家请进学校，将自身的优势与之分享，实现资源互通，达到提升教师的专业能力，提高学生参与积极性的目的。

## 四、实验室开放有助于实现系统化管理与维护

实验室开放涉及所有设备及操作人员，因此系统稳定运行至关重要。

首先，实验室开放要有严格的规章制度建设。为保证实验室开放的顺利进行，必须对其进行规范管理，需要制定一整套完善的条例和制度去约束，包括实验室安全管理条例、实验室学生管理条例、实验室设备借用预约和登记制度、实验室使用登记制度、实验室安全卫生制度等。

其次，要让实验室的开放正常、顺利地运行，就要对相关人员进行管理。选择理论功底扎实、动手能力强的教师参与到实验室开放的工作中来。由于实验室开放要对系统进行一定的研究与开发，创新性、综合性实验内容会增加，设备的使用率和故障率会大大提高，因此对使用人员进行相关培训是必不可少的。应随时监测仪器设备的工作状态，并按有关规定做好书面记录。若发现一般性故障，应及时予以排除，并尽快采取维护措施，以保证仪器设备的正常运行。要加强对学生的安全意识教育，提高其对实验课程重要性的认识，熟悉实验环境设备，在保证安全的前提下开展各项工作。

最后，通过建立管理信息系统，提供实验器材的借取和归还管理，对设备的信息进行编辑及显示，包括设备状态、使用状态、维修记录等，使实验室日常管理与维护更加系统化。物联网联系的智能终端可以利用传感器进行远程性的巡检来对实验设备实际的运行情况进行准确判断，从而有效地缩短实际的维护时间。利用现代化的信息技术，可以实现实验器材的智能化管理，提高管理的效率和准确性。

## 五、鼓励教师和学生参与实验室开放工作

教师是实验室开放工作中的主要执行者，直接关系到实验室开放工作能否顺利开展。如何充分调动教师对实验室开放工作的热情和业务水平，是实验室成功开放的关键。教师对实验室开放的热情与认可，也会影响到学生。

### （一）加大对实验室开放的投入，保障其良好运行

加大对实验室开放的投入，包括增加设备、软件和人力资源的投入。良好的环境可以使师生充满自信心，让师生感到学校重视实验室开放，他们才会更加努力地投入其中。

### （二）制定科学的考核量化指标

要制定科学的考核量化体系，形成以培养学生的创新素质为核心指标的评价机制。包括通过实验项目获得奖项的数量，学生基础能力的培养效果，学生创新能力的提升，未获奖学生的成长及进步情况，以及指导教师的实际工作量等隐性指标。

### （三）制定激励机制

激励机制指对参与实验室开放的指导教师在工作量计算、酬金支付、成果奖励等方面给予适度倾斜，并为教师提供充足的培训时间和经费，让其通过到实际工作环境中学习，及时将物流管理的实际经验带入教学中。把教师实践成果作为分配的重要内容，包括取得的各类成绩、发表的科研论文、申请的国家专利、创新人才的培养效果等，使他们感到参与实验室开放工作与从事理论教学及科研工作具有合理、可比的经济收入，才能更积极地投入进来。

对于学生，学校出资鼓励学生利用实验室参与各种竞技比赛，申请各级各类的研究项目，如国家级、校级、院级的创新型项目。学生参加实验的成绩可以作为独立置换学分计入学生成绩，或者作为实践性课程学分，或者作为创新学分计入成绩。对表现突出的或具有独创性成果的学生，经指导教师的推荐，可优先评选奖学金。

## 六、结论

科学技术的发展为物流业带来了空前的机遇，同时也面临着新的挑战。高校物流实验室要与时俱进，紧跟时代步伐，构建具有自身特色的智能化、标准化、系统化、集成化的实验室，为人才培养提供重要基地，为未来物流发展做出贡献。

## 参考文献

[1] 林秋平. 基于物联网的高校智能物流实验室建设研究 [J]. 实验技术与管理，2013 (30)：201-204.

[2] 刘鹏. 基于物联网的高校智能物流实验室建设研究 [J]. 物流工程与管理，2015 (37)：123-124.

[3] 马乐，黄勤，郑璐. 浅谈开放实验室对物流工程专业研究型人才培养 [J]. 实验室研究与探索，2011 (30)：365-367.

[4] 傅培华，朱安定. 现代物流信息技术实验室建设探究 [J]. 实验室研究与探索，2012 (31)：181-184.

[5] 王成林，韩云霞，王又军. 基于系统化思想的物流实验室构建研究 [J]. 物流技术，2013 (32)：464-466.

# 物流工程技术应用

# 基于销售预测的库存策略研究

耿 钰* 邓兴华

**摘 要：** 库存问题是困扰企业发展的重要问题。本文以某化妆品企业为例，研究该企业目前的库存问题，并根据企业历史销售数据，对未来的销售情况进行预测，希望通过销售量的预测来对库存进行相应的调整。从而使整个企业的库存既不影响销售，又能使企业的库存成本维持在一个较低的水平，达到降低库存成本，盘活资金，提高企业竞争力的目的。

**关键词：** 库存 销售预测 移动平均法

## 一、引言

库存问题是困扰我国企业发展的重要问题。目前许多不重视库存管理的企业在库存方面一般存在两种情况：一是为了保证销售或生产，企业的库存堆积过多；另一种是库存量估计不足，不能满足实际的生产或销售，经常需要通过临时进货来补充库存，这两种都不是非常好的库存管理体系。前者会占用企业大量资金，极大地降低了企业在资金上的利用与周转，使企业在社会同行上的竞争力大大地下降。后者则会直接影响生产和销售，从而在一定程度上降低企业的信誉和竞争力。所以企业实施库存策略管理是企业生产经营和管理必不可少的部分，也是整个供应链中非常重要的环节。如何最合理、最经济地解决好存储问题是企业经营管理的大问题。

---

［基金项目］2016 年中国物流学会、中国物流与采购联合会研究课题计划（课题编号：2016CSLKT3－172）；2015 年北京联合大学校教改课题“模块化教学模式下的产学研合作长效性机制研究与实践——以物流工程专业为例”（项目编号：JJ2015Y043）。

［通讯作者］耿钰（1972 年生），女，硕士，北京联合大学物流系讲师，研究方向：物流系统信息化与自动化。E－mail：mimosagy@ 163. com

## 二、常见的库存策略

库存问题的研究在运筹学中称为存储论，是定量方法和技术最早应用的领域之一，是管理运筹学的重要分支。早在 1915 年人们就开始了对存储论的研究。1915 年美国经济学家哈里斯（Harris F.）对商业中的库存问题建立了一个简单模型，并求得了最优解，但未被人们注意。1918 年威尔逊（Wilson R. H）建立确定性库存模型，并重新得出了哈里斯的公式，被称为威尔逊公式。第二次世界大战后开始研究随机性库存模型。20 世纪 50 年代美国的经济学家们研究了最优存储策略。目前关于存储论的研究也有了许多的变化，存储逐渐转变为更加复杂的关于时变连续决策系统问题的研究。

研究库存离不开需求。根据需求发生的时间和数量是否确定，我们把需求分为确定性需求和随机性需求两大类。确定性需求是由需求发生的时间和数量是确定的，如生产中对各种物料的需求，或合同中对物料的需求等；而实际生活中还有很多的需求，它们发生的时间或数量是不确定的，如物品的销售等非合同环境下对商品的独立性需求等，这种情况下很难事先知道需求发生的时间和数量，这类销售我们称之为随机性需求。对存储系统而言，外部需求一般是不可控的因素，但可以通过统计规律进行预测；补充时间和补充量一般是可控的因素。所以我们在研究库存时，首先要分析需求。

不同需求的存储策略不同。根据需求我们通常把存储策略分为确定性和随机型两大类。确定性库存策略又可根据系统是否允许缺货，库存补充是否需要时间，分成不同的存储模型；随机性存储问题中，常见的随机因素主要包括需求和拖后时间。我们通常运用历史数据来进行估算。随机型的存储策略按决定是否订货的条件划分，可分为订购点订货和定期订货法；按订购量的决定方法划分，有定量订货法和补充订货法。实际应用时，一般将这些基本订货法组合起来，构成适当的存储策略。

## 三、企业目前的库存情况

北京博姿科贸有限公司是一家主要经营知名高中档化妆品以及香水的专业代理公司，前景较好，但是公司在库存管理上没有找到相对合理的库存策略。通过数据分析，我们发现该公司产品的库存存在以下问题：有些产品的库存经常不足，满足不了销售，所以会出现公司不得不向生产商二次订货，在一定程度上影响了销售，也增加了订货的成本；有些产品的库存则过多，可能连续积压很长时间，占用了大量的流动资金和仓库的面积。通过问卷调查、询问公司负责人时发现此公司目前的库存费用为 450 万元，占公司总费用的 60%，由此可以明显地看出公司在库存方面所占用的费用过多。

为了进一步准确找出公司的问题，我们分析了公司 2010 年 1 月到 2015 年 4 月每月的详细数据。从数据可以很明显地看出北京博姿科贸有限公司初期库存数量非常大，说明公司每月的库存量比较大。而公司销售数量的数据不及初期库存量数据显示的 10%，并且在 2011—2012 年有多次的产品调出和调入的记录和数量。我们对公司的库存策略进行了询问调查，发现公司在每次的进货数量和时间上都是凭借着人员的经验进行进货，这是此公司现存的最大问题。由于该公司没有提前做好数据预测方面的准备工作，导致每次进货量都不准确，有时进货数量过多导致产品积压在库房，有时因为销售数量较高使得产品库存不能满足需求。

## 四、基于销售预测的库存策略研究

为了找到合适的库存策略，我们首先需要进行需求分析。对该企业而言，库存的需求量就是销售量。很显然，该库存策略的需求为随机性需求。为了找到合适的存储策略，我们试图根据历史销售数据找出销售的分布规律，预测未来的销售数据，从而确定库存。从大的策略上讲，由于供应商价格比较稳定，我们初步按定期订货法订货，在每月初进行订货。订货的数量采用补充订货法，该数量根据预测的销售量，并结合上期期末的库存量进行确定，所以销售量的预测是订货量的关键因素。

据企业所给的数据，采用移动平均法并结合 2010 年 12 月到 2015 年 4 月的历史销售数据进行预测。根据企业的销售数据，移动平均法公式中的参数 $n$ 取 3 和 5 两种情况，因为企业所给的数据截至 2015 年 4 月，若 $n$ 的取值大于 5 时，则会缺少历史数据，预测就会不成功。其中销售数据趋势如图 1 所示。

企业的销售趋势（如图 1 所示）中，每年的 4 月、5 月、6 月的销售量是最高的，说明在 3 月底的时候企业应多储备一些相关的库存量。图 1 显示 2014 年的销售数据大部分都比 2010—2013 年的销售量高。

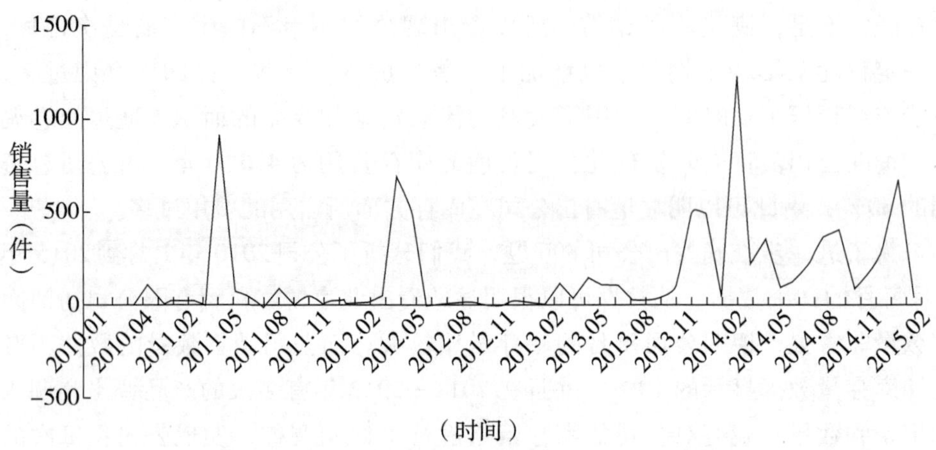


**图 1　销售数据趋势分析**

移动平均法求预测值，公式为：

$$F_t = \sum_{i=1}^{n} \frac{S_{i-1}}{n}$$

式中 $n$ 为参数，$S_{i-1}$ 为预测上一期的实际销售量。本文 $n$ 的取值为 3 和 5。当 $n=3$ 时，2011 年 3 月的预测销售量等于 2010 年 12 月的实际销售量加上 2011 年 1 月的实际销售量加上 2011 年 2 月的实际销售量的总和除以 3，即预测量 =（$B_2+B_3+B_4$）/3。当 $n=5$ 时，2011 年 5 月的预测销售量等于 2010 年 12 月的实际销售量加上 2011 年 1 月的实际销售量加上 2011 年 2 月的实际销售量加上 2011 年 3 月的实际销售量加上 2011 年 4 月的实际销售量的总和除以 5，即预测量 =（$B_2+B_3+B_4+B_5+B_6$）/5。比较参数为 $n=3$ 和 $n=5$ 预测的准确性，结果显示 $n=3$ 时的预测比 $n=5$ 时接近实际销售量。$n=5$ 时的预测情况与销售量对比如图 2 所示。

## 五、结论

为了改善目前北京博姿科贸有限公司在库存上存在的问题，并减少库存资金的占用量，同时保证企业正常的销售，增加企业资金的合理利用，提高公司的竞争力。我们建议公司针对销售与供应情况，按月进货，进货量根据预测的销售量与上期末的库存量共同确定。进货量按移动平均法进行销售预测，取 $n=5$ 的参数。由于数据预测的不完全准确性，可以上浮 10%。对于每个月的积压产品，以先销售积压品为主。根据数据的分析，相关的具体数

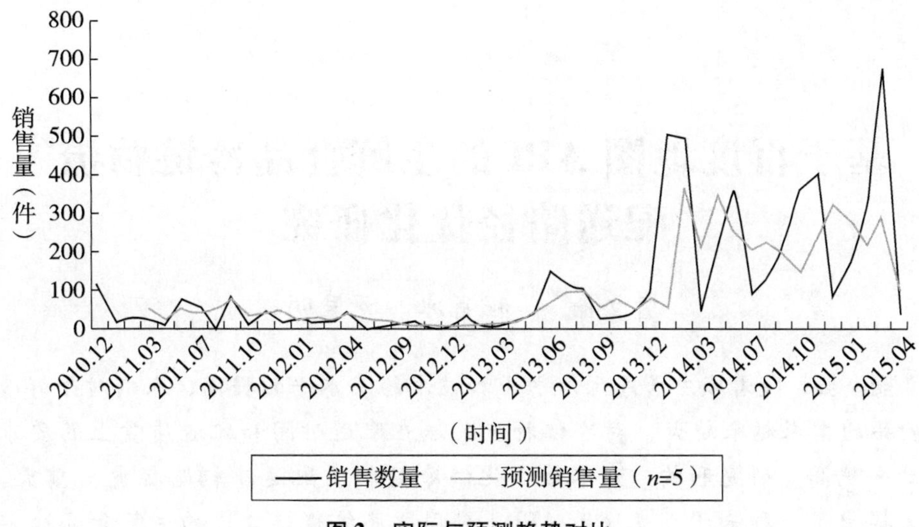


**图2　实际与预测趋势对比**

据如下：在未来的一年之内，月份为1月、2月、3月、10月、11月、12月时的安全库存量为600，因为从这些月份的温度上来看，人们对化妆品的需求没有夏季多，在这些月份的进货量以不超过200～300为最佳。若是销售量大，导致库存低于安全库存量，应在下月进货时补齐安全库存量。月份为4月、5月、6月、7月、8月、9月时的安全库存量为800～900，在这些月份的进货量以不超过300～400为最佳。若是销售量大，导致库存低于安全库存量，应在下月进货时补齐安全库存量。这两种情况下安全库存的成本比企业目前的安全库存成本要低很多，这会给企业节省更多的资金用于发展自己的门店，增加自己的顾客量，提高自己在市场上的占有率。

## 参考文献

邓兴华．企业库存策略研究［D］．北京：北京联合大学，2015.

# 基于百度地图 API 的生鲜食品冷链物流配送路径优化研究

胡立栓* 程肖冰 亓呈明

**摘　要：**随着城乡居民生活水平和技术经济水平的提高，人们对生鲜冷冻食品的需求越来越大，对冷链物流配送在配送时间和配送质量上的要求也越来越高。研究和构建成本最小化的冷链物流配送车辆路径意义重大。本文提出了一种基于百度地图 API（应用程序编程接口）的生鲜食品冷链物流配送路径优化方案，该方案可以实现空间和属性数据库的统一存储管理、配送路线规划、可视化管理，能够辅助解决冷链物流配送路径规划问题。

**关键词：**冷链物流　物流配送　路径优化　百度地图 API

## 一、冷链物流配送

### 1. 冷链物流

随着经济的发展，物流在工业、商业、制造业领域都得到了成功应用，现在正逐步深入应用到生鲜类农产品的运输中。由于生鲜类农产品具有易腐败变质的特点，需要通过低温流通才能最大限度地保持其新鲜度、色泽、风味和营养，因此就产生了专门针对生鲜类农产品产运销的冷链物流。农产品冷链物流是指农产品从供应地向接收地的流动过程中，将冷冻/冷藏运输、储存、装卸、搬运、包装、流通加工、配送、信息处理等功能进行有机结合，并保持农产品始终处于维持其品质所必需的适宜温度环境下，最大限度地保

---

［基金项目］2016 年中国物流学会、中国物流与采购联合会研究课题计划（课题编号：2016CSLKT3－173）。

［通讯作者］胡立栓（1974 年生），男，硕士，北京联合大学物流系讲师，研究方向：物流系统信息化与机器学习。E－mail：hulishuan@ buu. edu. cn

证产品品质和质量安全、减少产品损耗，从而满足用户要求，是提高性价比的极具商业价值的专业物流。冷链物流的发展对于改善食品质量安全和城乡居民的饮食营养与健康具有重要的现实意义。发达的冷链物流已经成为现代农业的重要特征。

**2. 配送路径优化**

配送路径优化问题是研究物流的一个核心。国外较早就开始有关车辆路径问题的研究，最初是于 1959 年由 Dantzig（丹茨格）和 Ramser（拉姆泽）率先提出的，很快便引起运筹学、组合数学、应用数学、图论、计算机应用和网络分析等学科的专家与运输计划制订者以及管理者的极大重视，他们进行了大量的理论研究及试验分析，取得了很大进展。

与常温物流相比，冷链物流配送具有以下特性：产品易腐性使得冷链物流配送时间窗及商品的生鲜度质量要求比传统常温物流所要求的更加严格，配送过程中产生惩罚成本的概率也会大大增加。生鲜易腐食品从生产者到最终消费者的过程中，有 80% 以上的时间花在配送运输上。常温物流配送车辆路径问题的模型，对惩罚成本发生的可能性未作考虑。因此，研究冷链物流的配送管理，要根据冷链物流的特殊性综合考虑生鲜产品易腐的特性以及城市道路中车辆在途时间和一天之中温度随时间变化的特性。在标准的物流配送车辆路径问题的基础上，采用软时间窗限制并进行扩展与优化，是解决冷链物流配送车辆路径问题的最佳途径之一，具有重要的理论和实用价值。

## 二、百度地图开放平台

**1. 百度地图 API**

地图 API 可让第三方网站通过 API 编程方式调用地图服务网站数据库中的信息和功能。百度地图 API 是一套由 JavaScript 语言编写的应用程序接口，它提供了网络地图服务的全部功能，包括地图数据、地图显示、地图操作、地图标注、地图编辑、地图查询等。百度地图 API 通过地图服务应用接口将应用开发平台和地理信息数据捆绑，将复杂的地理信息系统底层进行封装，用户可不必了解它的技术细节就能在应用中快速构建基础地理底图，进行各种专题要素及地图查询等网络地图服务，从而快速地在网站中构建功能丰富、交互性强的地图应用程序。百度地图 API 从地图服务和开发两个层面降低了GIS的应用门槛，它已成为一种新型的服务共享和数据共享方式。开发者只需使用JavaScript脚本语言就可以将百度地图API提供的网络地图服务衔接到自己的网页中。

百度地图开放平台的六大开放能力：数据开放能力、地图影像开放能力、定位开放能力、出行开放能力、轨迹开放能力和分析开放能力。基于这六大开放能力，百度地图开放平台在2015年每天响应230亿次定位请求，每天支撑的APP和网站数量达到40万个，并逐渐形成了出行用车、商业地理、智慧交通、上门服务、快递物流等行业解决方案。

### 2. WebGIS与百度地图API

主流地理信息系统软件为在线电子地图系统（WebGIS）的开发提供了完备的组件和丰富的功能。然而主流软件开发过程复杂、资金投入昂贵、对开发者技术要求较高，不适合中小型、公益性在线电子地图系统的构建。百度地图提供的地图API，为用户订制个性化地图服务，为实现专题信息与地图服务整合提供了捷径，越来越多的人将基于百度地图API的新兴技术与传统的数据库信息系统相结合并很好地应用到实际中。例如，2014年赵斌基于百度地图API设计并实现物流跟踪系统；孙大旭等人以空间信息为基础数据，利用PHP、JavaScript及XML（可扩展标记语言）技术实现了基于百度地图API的冷链物流检测系统。目前与“百度地图API在WebGIS中的应用”“基于百度地图API的物流跟踪监控”等有关的应用越来越多。诸多应用实例表明，百度地图API不仅能解决Web地图应用开发中遇到的数据源问题，还能降低企业开发成本，具有很好的发展前景。

## 三、基于百度地图API的冷链配送路径优化系统

### 1. 系统的架构设计

本文设计和实现了冷链物流配送路径的动态优化系统。该系统利用百度地图API技术构建网络地图服务平台，结合JSP（JAVA服务器页面）技术以及数据库技术，最终实现了冷链配送路径的快速查找和动态优化。系统采用浏览器、应用服务器和数据服务器三层B/S（浏览器/服务器）结构进行搭建，系统的架构如图1所示。

其中，终端用户利用浏览器端访问本系统，所提供的功能包括地图加

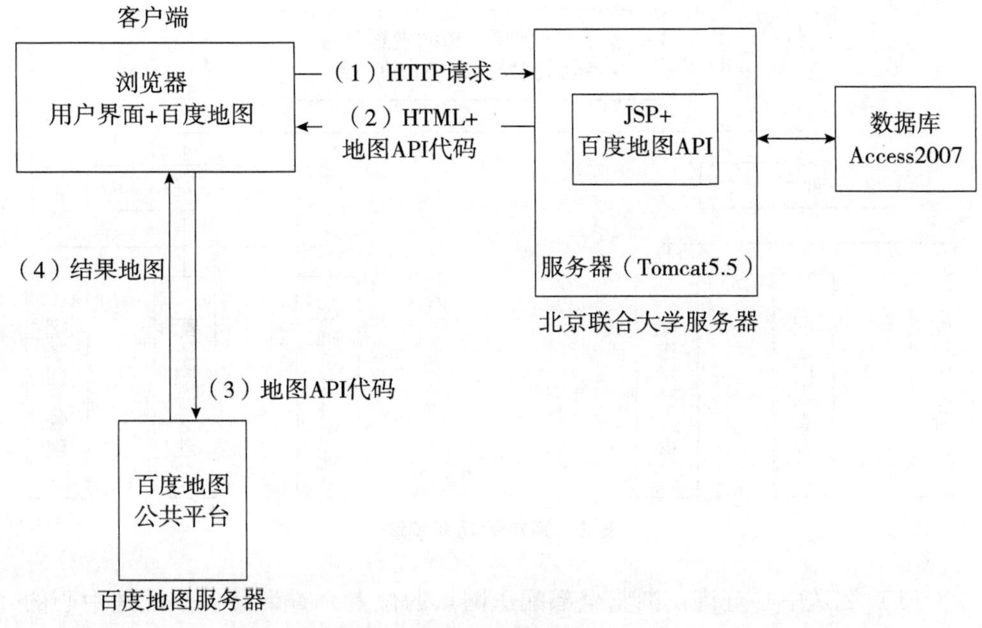


**图1　系统架构**

载、配送中心和目的地浏览界面和配送路径查询等。系统实现的步骤如下。

（1）终端用户把访问或查询请求发送给应用服务器端。

（2）应用服务器负责处理用户的访问和查询请求，以 JSP 提供对数据库的访问服务，获取属性和地理空间数据。

（3）数据服务器通过挂接一个存储属性信息的数据库，存取各类空间数据和属性信息，以统一的空间坐标建立与地图服务器的关联，并能在接到查询指令后执行相应的操作，把结果返回应用服务器。

（4）应用服务器把从数据库服务器获取的数据与百度地图 API 进行封装，把最终结果返回终端用户。

（5）终端用户获得了 HTML + 百度地图 API 的结果文件，浏览器执行百度地图 API，对百度地图服务器发送请求。

（6）百度地图服务器根据请求，生产地图图片，返回终端用户。

（7）终端用户得到包含地图显示的最终结果。

**2. 系统的功能设计**

根据初步设计方案，设计了本系统的基本功能，如图 2 所示。

前台为终端用户访问，无须用户登录验证，系统所提供的功能模块如下。

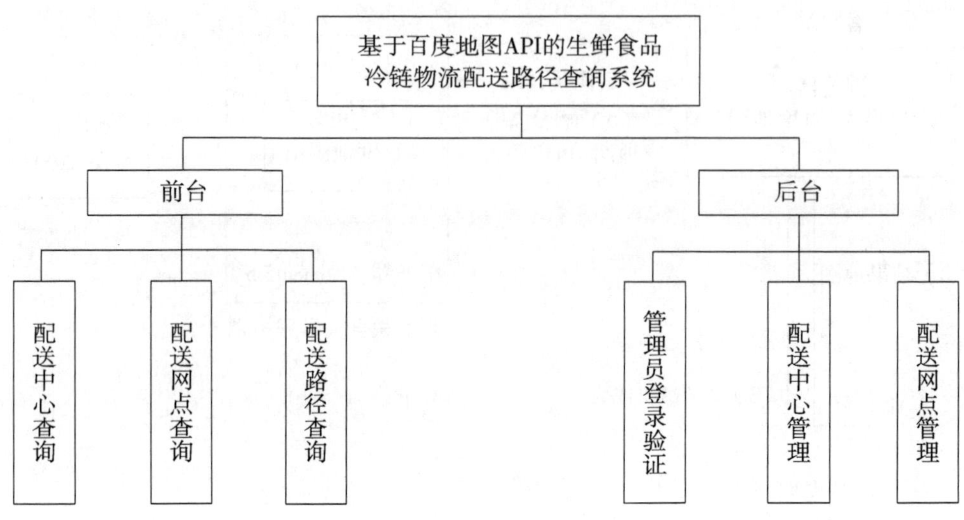


**图 2　系统的功能模块**

（1）配送中心查询：浏览全部配送网点的位置，查询某一个配送中心的位置。

（2）配送网点查询：浏览全部配送网点的位置，查询某一个配送网点的位置。

（3）配送路径查询：选择配送中心和配送网点，生成两点间的最优路径。

后台为管理员管理地图数据的模块，需要管理员登录验证后才可以使用，功能模块如下。

（1）管理员登录验证：提供管理员登录界面和验证功能。

（2）配送中心管理：管理冷链物流配送中心的属性信息和地理数据。

（3）配送网点管理：管理冷链物流配送网点的属性信息和地理数据。

**3. 系统的实现**

本系统的集成开发环境为：Windows7 系统下的 ObjectWebLomboz3. 1. 2，Web 服务器选择 Tomcat 5. 5，数据库选择 Access2007，数据文件格式为 accdb，使用 ODBC（开放数据库互连）链接方式链接数据源，数据源名称设置为 MapDB。

所实现的后台属性数据和空间数据管理的功能如图 3 所示。用户通过配送中心管理和配送网点管理，实现对配送中心和配送网点的添加、删除和修改等操作，与实际保持同步。

后台管理系统

返回前台

配送中心管理
配送网点管理

配送中心基本信息管理

添加新中心

| ID | 中心名称 | 坐标x | 坐标y | 备注 | 修改 | 删除 |
|---|---|---|---|---|---|---|
| 1 | 超市发配送中心 | 116.366326 | 40.044126 | 永泰东路甲18号 | 修改 | 删除 |
| 3 | 超市发果菜配送中心 | 116.340259 | 39.962486 | 学院南路68号 | 修改 | 删除 |
| 4 | 京客隆配送中心 | 116.598185 | 39.898363 | 双桥中路 电话：010-85365216 | 修改 | 删除 |
| 5 | 奥运花卉配送中心 | 116.359216 | 39.846024 | 丰台区草桥欣园小区四区22号 电话：(010)87582008 | 修改 | 删除 |
| 6 | 苏宁二期配送中心 | 116.575875 | 39.770079 | 北京市通州区马驹桥镇通州物流基地融商六路2号 | 修改 | 删除 |
| 9 | 国际有机食品配送中心 | 116.471202 | 40.041379 | 来广营北路156号 | 修改 | 删除 |

第1页/共1页 首页 上一页 下一页 最后一页

**图 3　后台数据管理界面**

所实现的前台网点查询与路径规划的功能分别如图 4～图 8 所示。图 4 为配送中心显示与查询界面。在本界面中可以浏览系统中所有配送中心在地图中所处的位置。在左边栏列出所有配送中心的链接，点击链接后在地图中会显示该中心的具体信息。

**图 4　配送中心显示与查询界面**

图 5 为配送网点显示与查询界面。在本界面中可以浏览本系统中的所有配送网点。在左边栏列出所有配送网点的链接，点击链接后在地图中会显示该网点的具体信息。

图 6 为配送中心设置界面。在本界面用户可以设置本次路径规划的配送中心。通过左边栏下拉列表选择该任务的配送中心，确定后在右方地图中会显示该配送中心。

图 5　配送网点显示与查询界面

图 6　设置配送中心

图 7 为配送网点设置界面。用户可以设置本次路径规划任务中的所有配送网点。通过左边栏多选框选择该任务的配送网点，确定后地图会显示所选的每个配送网点。

图 8 为配送路径生成界面。左边栏显示了所计算的距离矩阵，然后基于距离矩阵，采用贪婪算法计算出最优的配送路径。点击“生成地图路径”按钮，则可在右边的地图中生成该路径所对应的实际配送线路。

**图 7　设置配送网点**

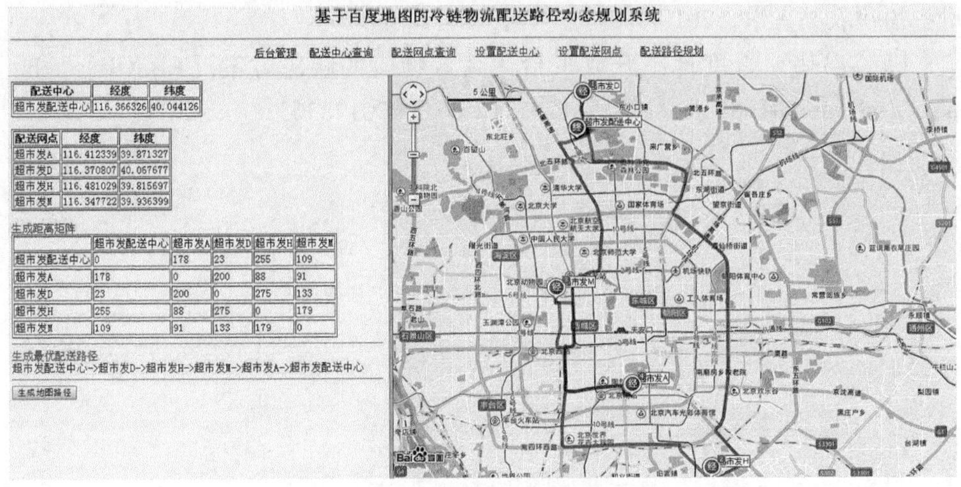


**图 8　配送路径生成界面**

## 四、结论

本文介绍了基于百度地图 API 的生鲜食品冷链物流配送路径查询系统的设计与开发过程。系统基于 JSP 和百度地图 API 进行开发，实现了一个较完整的配送路径规划和查询系统。系统中的地理数据存放到数据库中，由管理员登录系统后进行管理，以便及时地、动态地调整配送中心和配送网点信息。

终端用户通过浏览器访问本系统，查询配送中心和配送网点，获取最优的配送路径。该系统使配送人员便于获取最及时有效的路径信息，提升了配送效率，具有很高的实用性。

## 参考文献

［1］王海军．PSO－GA－ACO 算法在冷链物流配送路径优化中的应用［J］．微型机与应用，2016，35（24）：91－93，100.

［2］袁学国，邹平，等．我国冷链物流业发展态势、问题与对策［J］．中国农业科技导报，2015，17（1）：7－14.

［3］缪小红，周新年，林森．第 3 方冷链物流配送路径优化研究［J］．运筹与管理，2011，20（4）：32－38.

［4］缪小红．基于 GIS 的生鲜食品冷链物流配送路径优化研究［D］．福州：福建农林大学，2010.

［5］冯伟．百度地图开放平台：高效物流的解决方案［EB/OL］．http：//software. it168. com/a2015/1201/1783/000001783632. shtml.

# 物流企业客户关系挖掘研究与应用

亓呈明* 胡立栓 于 鑫

**摘 要**：数据挖掘技术应用到以客户为中心的企业决策分析和管理中的目的是客户价值发现。在客户关系管理（CRM）中，数据挖掘技术可以帮助物流企业确定客户的特点，从而可以为客户提供有针对性的服务。本系统实现了自动判断客户流失时间，标注客户流失预警及客户流失确认的功能；创建了客户价值分析的数学模型，并应用聚类分析方法挖掘客户的现有价值和潜在价值。

**关键词**：物流企业 客户关系 挖掘客户价值

## 一、引言

随着我国市场经济的快速发展和人们生活水平的不断提高，简单的客户关系服务已不能满足人们的需求。如何利用先进的管理手段，提高客户关系管理水平，是当今社会所面临的一个重要课题。要想提高客户关系管理水平，必须全方位地提高客户关系管理意识。只有高标准、高质量的客户关系服务才能满足人们的需求。面对信息时代的挑战，利用高科技手段来提高客户关系管理无疑是一条行之有效的途径。在某种意义上，信息与科技在客户关系管理与现代化建设中显现出越来越重要的地位。客户关系管理方面的信息化与科学化，已成为现代化生活水平步入高台阶的重要标志。

通过对国内外物流公司的调研和学习，我们发现客户关系管理是公司突

［基金项目］2017 年中国物流学会、中国物流与采购联合会研究课题计划（课题编号：2017CSLKT3－162）。

［通讯作者］亓呈明（1966 年生），男，博士，北京联合大学物流系讲师，研究方向：物流信息处理。E－mail：zdhtchengming@ buu. edu. cn

出重围的关键点。客户关系管理是先进的服务营销管理理念与信息技术相结合的一种新型管理模式,“以客户为中心”的企业客户战略可以帮助物流公司建立以客户价值为核心的管理流程,提升物流公司在市场营销与客户服务方面的管理能力,促进营销效率,提高服务品质,降低总体成本,增强客户满意度与对公司品牌的忠诚度。

本文通过对客户关系管理起源与发展以及应用情况的研究,结合物流公司目前的实际情况,并与行业内的标杆企业进行比较,找出物流公司实施客户关系管理的难点,提出适合公司的客户关系管理实施方案、个性化的客户关系管理体系以及相关的运作流程。

使用客户关系管理的概念和技术,物流公司能快速收集、追踪和分析每一个客户的信息,进而了解整个市场走势,并确切地知道谁是客户、什么是客户的需要、客户需要什么样的产品和服务、如何才能满足客户的要求,以及满足客户要求的一些重要限制因素。客户关系管理还能观察和分析客户行为对物流公司收益的影响,使物流公司与客户的关系及公司盈利都得到最优化。因此,为物流公司开发一套客户关系管理系统成为必然趋势。客户关系管理系统主要功能为:提高管理的效率以及质量,完成对客户基本信息、联系人信息、交往信息、客户服务信息的充分共享和规范化管理;希望通过对销售机会、客户开发过程的追踪和记录,提高新客户的开发能力;希望在客户将要流失时,系统能够及时预警,以便销售人员及时采取措施,降低损失。同时,希望系统提供相关报表,以便公司高层随时了解公司客户情况,最终实现物流公司的盈利最大化。

## 二、系统需求分析

本系统开发的是物流公司客户关系管理系统,旨在实现对老客户价值的发掘以及更多新客户的开发,并通过因特网完成服务信息的处理和记录,以及用 Web 进行发布。系统主要需求如下。

### 1. 营销管理功能

客户资源是一个公司的重要资源,只有合理有效地利用这些资源才能为公司创造更多的财富。当了解到有公司或个人有意向购买公司的产品时,公司就会拥有一个潜在的销售机会,此时就要抓住这个销售机会来为公司争取更多的利润。可通过结合对订单信息的管理,达到吸引客户,最终使公司盈利的目的。通过本系统，管理员能够对销售计划和客户开发计划以及订单信息进行管理。

**2. 客户管理功能**

系统有不同的功能模块，管理员登录系统后台后就可以对客户的基本信息进行查询、删除、修改。如联系人信息的管理（对联系人进行添加、修改和删除操作），交往记录的管理（包括添加、修改和删除操作）。

**3. 服务管理功能**

服务管理功能能够更好地收集售前与售后的客户资源的信息，同时，这些资源也是一个公司的信息回馈的重要资源。只有合理有效地利用这些资源才能为公司创造更多的财富。当了解到有公司或个人有意向购买产品时，公司就会拥有一些用户的咨询、建议、投诉等信息。此时，就可以通过创建服务—服务分配—服务处理—服务反馈—服务归档的流程完成服务管理。

**4. 基础数据**

每一个系统都必须拥有自己的一些基础数据，而这些基础数据今后主要用于系统中，使系统信息的来源有一定的根据。通过该模块，管理员可以完成数据字典管理以及公司信息查询的功能。

**5. 性能需求**

为了保证系统运行的长久稳定，需要满足以下的性能需求。

（1）数据处理的准确性和及时性。本系统主要对输入数据进行处理，包括添加、修改和查询，因此系统处理的准确性和及时性是本系统的必要性能。在系统的设计和开发过程中，要充分考虑系统当前和将来可能承受的工作量，应保证系统的处理能力和响应时间能够满足对信息处理的需求。

（2）可维护性和可扩展性。本系统的应用平台设计选择B/S（浏览器/服务器）结构，并采用三层架构，将整个业务应用划分为：表现层（UI）、业务逻辑层（BLL）以及数据访问层（DAL），使系统具有良好的可维护性和可扩展性。

（3）系统的标准性。系统在设计开发使用过程中涉及很多计算机硬件和软件技术，所有这些都要符合主流国际、国家和行业标准。例如，在开发过程中使用的操作系统和开发工具都必须符合通用标准；同时，在开发系统时，要进行良好的设计工作，制定有效的软件工程规范，保证代码的易读性、可操作性和可移植性。

## 三、研究内容及研究方案

将数据挖掘技术应用到以客户为中心的企业决策分析和管理中的目的是客户价值发现。在客户关系管理中，数据挖掘技术可以帮助企业确定客户的特点，从而可以为客户提供有针对性的服务。通过数据挖掘可以发现使用某一业务的客户特征，从而可以向那些也同样具有这些特征却没有使用该业务的客户进行有目的地推销。除此之外，还可以找到流失客户的特征，在那些具有相似特征的客户还未流失之前，对其采取针对性的措施。

基于营销原则，本系统旨在满足客户的个性化需求，提高客户忠诚度和保有率，并根据挖掘的结果，给出针对性的对策建议，从而有效地改善客户流失现象，实现客户价值持续贡献，提高企业的盈利能力。本系统研究内容有以下几部分。

（1）以往客户相关数据的收集、集成及分析。

（2）客户忠诚度建模：现有客户的保持。

（3）潜在客户建模分析：潜在客户的开发。

（4）以往客户流失原因挖掘。

（5）基于数据挖掘的企业客户流失预测模型架构设计。

（6）基于聚类算法的信息挖掘系统实现。

本系统的研究方案有以下几方面。

（1）确定客户忠诚度模型的目标。

（2）确定潜在客户模型的目标。

（3）确定客户流失模型的目标以预测可能流失的客户名单。

（4）获取用于建模的数据，建模的数据可以从以往客户信息中提取。

（5）对数据进行清洗、格式化，并将其转换成建模数据集。

（6）模型选择与预建立。利用回归分析、聚类算法建立分类器。

（7）模型的评估与检验。模型的评估是对几类客户分别进行评分，利用未参与建模的数据进行模型的评估。检验的方法是使用模型对已知的客户状态数据进行预测，将预测值与实际客户状态作比较，准确率最高的模型是最优模型。

（8）模型预测结果用于支持决策。客户流失率预测模型建立后，就可及时预测某个客户流失的可能性大小。当其流失可能性高于某一分值时，就认为是可能将要流失的客户，就可以及时地采取针对性的措施来留下该客户。

## 四、系统实现

系统实现了以下目标：①客户相关数据的收集、集成；②以往客户的历史数据分析；③客户忠诚度建模分析；④潜在客户建模分析；⑤以往客户流失原因归类分析；⑥客户流失预测模型架构设计；⑦基于改进算法的信息挖掘系统实现；⑧对预测模型的结果进行评估与分析。系统具体实施过程如下。

（1）准备数据：通过收集各种数据的统计量进行数据探索。从数据中随机选取的一个子集或样本并不会引起信息不足。建立多个以数据样本为基础的模型，选择变量、转换变量，使之和选定用来建立模型的算法一致。

（2）建立模型：模型建立是一个迭代的过程，通过研究可供选择的模型，从中找出最能解决公司待解决商业问题的一个模型。客户关系管理应用程序是基于监督学习的。将数据分为两组，第一组训练或评估模型，第二组测试模型。

（3）系统测试：①随机测试。随机选择不同的执行顺序，测试类似实例的不同生存历史。②划分测试。与测试传统软件时采用等价划分方法类似，采用划分测试方法可以减少测试时所需要的测试用例的数量。首先，把输入和输出分类，然后设计测试用例以测试划分出的每个类别。③基于故障的测试。基于故障的测试与传统的错误推测法类似，也是首先推测软件中可能有的错误，然后设计出最可能发现这些错误的测试用例。

（4）模型应用：有目的地向没有购买公司产品的客户推销商品；找到流失客户的特征，在那些具有相似特征的客户还未流失之前，采取有针对性的措施来避免他们的流失。

## 五、总结

物流企业客户是形成物流需求的核心和动力源，客户价值决定着物流企业的效益及未来的发展。通过客户价值分析，研究不同类型客户价值管理策略，建立以客户为中心的物流企业客户价值评价指标体系，提高客户满意度和忠诚度，扩大物流企业市场占有率，实现企业经营效益最大化的目标。该系统在分析客户历史数据的基础上，实现了客户忠诚度分析，潜在客户分析，客户流失原因分析，客户流失预测、评估与分析，成功地应用到了现有客户的保持、潜在客户的开发、市场趋势的了解等方面。

## 参考文献

［1］王婷．基于客户价值的服务评价研究——以 A 公司为例［J］．物流技术，2016（3）：61－65.

［2］潘光强．基于数据挖掘的 CRM 设计与应用研究［D］．马鞍山：安徽工业大学，2011.

［3］王浩．数据挖掘在客户价值管理中的应用研究［D］．武汉：华中师范大学，2007.

# 物流作业成本制度在物流成本核算中的应用

赵丽华* 王秀英 程肖冰

**摘 要**：某仓储配送型物流公司同时为五家超市提供货物仓储、配送以及其他相关增值服务。物流公司的基本业务是：超市的货物从供应商发来后，物流公司直接将其入库储存，再根据超市发来的订单，向这五家超市进行货物的配送。五家超市（超市1、超市2、超市3、超市4、超市5）的货物都储存在同一个配送中心内。本文阐述了如何应用作业成本法核算5家超市的物流成本。

**关键词**：作业成本法 物流成本核算

## 一、作业成本法与传统核算方法的区别

传统成本法的成本对象主要局限于“产品”层次，且往往是最终产品，而作业成本法更关注产品形成过程和成本形成的前因和后果，成本计算对象具有多层次性，资源、作业、最终产品等都是成本计算的对象。作业既是成本形成的载体，又是成本计算的对象。当企业每完成一项作业，就会有一定量的资源被消耗，同时又有一定价值量的产出转移到下一项作业，并照此逐步结转下去，直到最终把产品提供给顾客。资源、作业、最终产品之间是通过成本动因有机联系在一起的。作业成本法可以对资源、作业、产品、原材料、客户、销售市场、销售渠道等不同层次的成本对象提供相应的成本信息，提供的信息量更加丰富。作业成本法相对于传统成本法，对成本的概念进行了延伸。传统成本法的成本概念只局限于产品的生产

［基金项目］中国物流学会2017年物流教改教研课题计划（课题编号：JZW2017072）。

［通讯作者］赵丽华（1970年生），女，博士，北京联合大学物流系讲师，研究方向：物流系统信息化与自动化。E-mail：lld_ hby@ buu. edu. cn

制造过程。作业成本法则立足于对全程的成本进行管理，将成本视野向前延伸到产品的市场需求阶段以分析相关技术的发展态势，向后延伸到顾客的使用、维修及处理阶段。

## 二、主要的物流作业

作业成本法的基本思路为首先要按照作业来归集各项资源费用，然后按照成本动因将各项作业成本分配到各成本对象（成本核算对象）。因此，确定了各作业或作业中心之后，就要明确各项作业所包含的资源费用，并进行归集。采购作业资源包括采购人员成本、采购处理成本、采购设备折旧及维护；验收作业资源包括验收人员成本、设备工具折旧、货架、托盘；销售订单处理使用资源费用包括销售订单处理费用、电脑设备信息处理费用、通信费用；拣货使用资源费用包括拣货人员成本、拣货准备成本、拣货设备折旧费用、拣货设备维修成本；补货使用资源费用包括补货人员成本、电动板车折旧费用、堆高机折旧费用、货架折旧费用、输送带折旧费用、自动分流设备折旧费用、物流箱费用、活动托盘费用、储存托盘费用；配送作业使用资源费用包括配送车辆折旧费用、配送人员工资、油料费用、过路费用、维修费用等；仓储作业使用资源费用包括工具折旧费用、厂房租金、厂房管理员成本、设备折旧、保养费用。在实行作业成本制度时，问题之一是如何将间接资源费用归属至各个作业。在将发生的各项资源费用归属至各个作业时，有的资源费用是可以直接计入确定的作业的，而有的资源费用的发生并不能直接计入某项作业，需要在各个作业之间进行分摊。

## 三、确定每项作业的成本动因

成本动因是指每个物流成本对象（成本核算对象）消耗各作业中心成本的动因。常见的物流作业成本动因主要有直接人工工时、托盘数量、订单数量、货物的货值等，这些成本动因也需要在日常的工作中加以统计和计量。成本动因的选择至少要考虑两个因素：①成本动因的计量性以及计量成本的合理性；②成本动因与作业中心消耗资源的相关程度。有些资源成本动因是会计资料中现有的，如货值等；而有些资源成本动因需要在日常工作中进行计量，如订单数、托盘数等。常见物流作业的可能成本动因如表 1 所示。

**表 1　　物流作业可能成本动因**

| 作业名称 | 成本项目 | 成本动因 |
| --- | --- | --- |
| 采购作业 | 采购人员成本、采购处理成本、采购设备的折旧及维护费用 | 采购次数 |
| 货物验收作业 | 进货验收人员成本、验收设备的折旧及维护费用 | 验收托盘数 |
| 入库作业 | 进货人员成本、叉车设备折旧费用 | 托盘数 |
| 仓储作业 | 仓库管理员成本、储存仓库的租金、折旧费用、维护费用、财产税、杂项费用（包括拣货储存区的空间费用） | 所占空间、体积 |
| 补货作业 | 叉车驾驶员成本、叉车折旧费用、叉车维修费用、托盘成本、开箱人员成本、搬运人员成本 | 补货托盘数、箱数 |
| 订单处理作业 | 接收订单人员成本、订单处理成本 | 订单数 |
| 出货作业 | 车辆调配成本、油料成本、车辆维修折旧费用、司机成本 | 拣货次数 |
| 行政管理作业 | 人员成本、文具用品费用、电脑设备成本、通信费用、教育培训费用 | 营业金额 |

## 四、将作业成本分摊到成本对象

将上述计算的各个作业成本的费用，按照成本动因的统计结果分配到各个成本核算对象中，并将分配来的各项费用，包括直接成本和间接成本进行合计，便得到每个成本对象的总物流成本。每项作业的成本分配和每个成本核算对象的物流成本计算过程如下：

$$\frac{\text{某成本对象}}{\text{物流成本总额}}=\frac{\text{直接}}{\text{成本}}+\sum\frac{\text{该成本对象消耗的}}{\text{某项作业资源成本额}}$$

$$\frac{\text{某成本对象消耗的}}{\text{某项作业资源成本额}}=\frac{\text{该成本对象耗用的}}{\text{某作业成本动因数量}}\times\frac{\text{某作业的}}{\text{成本动因分配率}}$$

$$\frac{\text{某作业的}}{\text{成本动因分配率}}=\frac{\text{该作业}}{\text{的资源费用合计}}\div\frac{\text{全部成本对象消耗该项}}{\text{作业的成本动因数量的合计数}}$$

## 五、仓储配送型物流作业成本制度的实施案例

根据实际了解前面所述物流公司作业流程以及分析各种相关资料，再合并一些相关作业，归纳出下述作业来涵盖该公司的整个物流处理程序，如表2所示。

**表2　　　　作业名称、成本、成本动因**

| 序号 | 作业名称 | 成本项目 | 成本动因 |
|---|---|---|---|
| 1 | 进货入库作业 | 进货人员成本、叉车设备折旧费用 | 进货托盘数 |
| 2 | 仓储作业 | 仓库管理员成本、储存仓库的折旧费用、维护费用、财产税、杂项费用 | 所占仓储空间 |
| 3 | 特殊仓储作业 | 冷库人员成本，库房折旧费用，电费等 | 直接计入A超市成本 |
| 4 | 分拣配送作业 | 拣货和配送人员成本、车辆调配、油料、车辆维修折旧费用等 | 销售订单数量 |
| 5 | 行政管理作业 | 人员成本、文具用品费用、电脑设备费用、通信费用、教育培训费用 | 进货订单和销售订单合计数量 |

在作业成本制度的实施中，成本对象的选择可以随着分析目的的不同而有所不同。如果分析的目的是探讨每一个客户的成本，则成本对象一定是每一个客户。因此，最终计算成本将会分摊到五家超市。由于人工成本以及折旧费用等都是按月计算的，因此，公司每月都要根据表2中的作业，累计计算各项作业的成本。再按照各成本对象的成本动因消耗量，将作业成本分摊到各超市中。

（1）进货入库作业。该作业是指将对外采购商品搬入仓库的作业，入库成本当然也与采购量成正比，从而可以以托盘数作为进货入库作业的成本动因。计算公式如下：

$$\text{单位采购作业成本}=\frac{\text{采购处理成本总额}}{\text{采购订单总笔数}}$$

（2）仓储作业。由于仓库作业人员都承担着入库、补货等作业，因此，这里的仓储作业成本主要是由仓库管理员成本、储存仓库的折旧费用、维护

费用、财产税、杂项费用构成的。仓储作业成本的月末分配系数可以计算为：

单位面积仓储作业成本 = 仓储作业成本总额/仓储总面积

（3）特殊仓储作业。特殊仓储作业成本包括冷库人员成本、库房折旧费用、电费等，所以公式如下：

单位面积特殊仓储作业成本 = 特殊仓储作业成本总额/冷库仓储面积

（4）分拣配送作业。成本包括拣货和配送人员成本、车辆调配、油料、车辆维修折旧费用等，计算公式如下。

单位分拣配送作业成本 = 分拣配送成本总额/分拣订单总笔数

该物流公司除去财务费用和营业税金及附加后的总物流成本为40万元。

该公司实施作业成本法的步骤如下。

（1）确定成本核算对象及物流作业。为了对该公司所负责的五家超市成本进行单独的核算，这里选择以超市1、超市2、超市3、超市4和超市5作为成本核算的对象。根据该公司作业流程，先将公司的业务过程分为进货入库、仓储、特殊仓储、分拣配送及行政管理五个作业。进货入库作业以入库货物的托盘数作为成本动因。仓储作业以各客户占用的仓储面积作为成本动因。特殊仓储作业只为超市1的进口商品服务，因此直接计入超市1的成本，不需要对成本进行分摊。分拣配货作业以各超市所需要分拣的销售订单数量作为成本动因。选择分拣配送作业的成本动因时，选择配送的吨公里数是最合适的，但是由于五家超市的配送地点都在市内，物流公司对五家超市实行共同配送，因此要单独计量每家超市的配送吨公里数较为困难。因此，需要简化选择需要配送的销售订单数（或者配送的次数）作为配送作业的成本动因。这样，分拣配货作业与配送作业都选择客户的销售订单数量作为成本动因，从而可以将这两个作业合并为分拣配送作业成本库。行政管理作业包括财务、行政办公室等职能管理部门的业务活动，一般认为订单数量越多，行政管理的业务就越复杂，因此选择各超市入库订单和销售订单的总数作为行政管理作业的成本动因。

（2）将企业发生的各项资源费用计入作业，并计算成本动因分配率。资源费用计入作业的方法有两种：一种是会计方式，另一种是统计方式。采用会计方式时，要求物流公司的会计人员在各项费用发生时，直接将费用计入各项作业，从而可以得到每项作业的作业成本金额。而统计方式则要求会计人员在资源费用发生时，仍然将费用计入管理费用或者经营费用，到月末或者年末，再将各项资源费用的汇总数按照成本动因分配到各个作业中。

要将总物流成本 398 万元分摊到五家超市的成本对象之中，首先需要将其分摊计入各项作业。分摊结果如表 3 所示。

**表 3　作业成本的确定与成本动因的选择**

| 序号 | 作业 | 成本项目 | 作业成本额（元） | 可能的成本动因 |
|---|---|---|---|---|
| 1 | 进货入库作业 | 进货人员成本、叉车设备折旧费用 | 580000 | 进货托盘数 |
| 2 | 仓储作业 | 仓库管理员成本、储存仓库的折旧费用、维护费用、财产税、杂项费用 | 1500000 | 所占仓储空间（平方米） |
| 3 | 特殊仓储作业 | 冷库人员成本，库房折旧费用，电费等 | 300000 | 直接计入超市 1 成本 |
| 4 | 分拣配送作业 | 拣货和配送人员成本、车辆调配、油料、车辆维修折旧费用等 | 1000000 | 销售订单数量 |
| 5 | 行政管理作业 | 人员成本、文具用品费用、电脑设备费用、通信费用、教育培训费用 | 600000 | 进货订单和销售订单合计数量 |
| 合计 | | | 3980000 | |

其次，对五家超市的 5 项作业的成本动因进行统计，并计算各项作业的成本动因分配率。统计与计算结果如表 4 所示。

**表 4　各超市在各项作业上的成本动因发生额及成本动因分配率计算**

| 作业 | 进货入库作业 | 仓储作业 | 特殊仓储作业 | 分拣配送作业 | 行政管理作业 |
|---|---|---|---|---|---|
| 成本动因 | 操作托盘数（个） | 所占仓储面积（平方米） | 直接计入（元） | 销售订单数（个） | 订单合计数（个） |
| 超市 1 | 3800 | 800 | 300000 | 8800 | 9600 |
| 超市 2 | 8300 | 3200 | | 7600 | 8600 |
| 超市 3 | 22800 | 7900 | | 12400 | 15700 |
| 超市 4 | 5200 | 1600 | | 6500 | 7860 |

续 表

| 作业 | 进货入库作业 | 仓储作业 | 特殊仓储作业 | 分拣配送作业 | 行政管理作业 |
|---|---|---|---|---|---|
| 超市 5 | 8500 | 4550 | | 6500 | 8000 |
| 成本动因合计 | 48600 | 18050 | | 41800 | 49760 |
| 作业成本 | 580000 | 1500000 | | 1000000 | 600000 |
| 成本动因分配率 | 11.93 | 83.10 | | 23.92 | 12.06 |

（3）计算分摊到每个超市的成本。根据每个作业的成本动因分配率，将作业成本分摊到 5 家超市，并计算每个超市的物流成本总额。如表 5 所示。

**表 5　以超市为成本核算对象的物流成本计算**

| 作业<br>成本 | 进货入库作业（元） | 仓储作业（元） | 特殊仓储作业（元） | 分拣配送作业（元） | 行政管理作业（元） | 成本总计（元） |
|---|---|---|---|---|---|---|
| 超市 1 | 45334 | 66400 | 300000 | 210320 | 115200 | 737254 |
| 超市 2 | 99019 | 265600 | | 181640 | 103200 | 649459 |
| 超市 3 | 272004 | 655700 | | 296360 | 188400 | 1412464 |
| 超市 4 | 62036 | 132800 | | 155350 | 94320 | 444506 |
| 超市 5 | 101405 | 377650 | | 155350 | 96000 | 730405 |
| 合计 | 579798 | 1498150 | 300000 | 999020 | 597120 | 3974088 |

## 参考文献

［1］陈婷．我国制造企业物流成本核算方法探析［J］．商场现代化，2009（32）：38－39.

［2］韩强．企业物流成本的控制策略研究［J］．山东财政学院学报，2007（5）：82－85.

# 中国高技术产业生产率变动分析

## ——基于省级面板数据的实证研究

程肖冰　刘拴西*

**摘　要**：21世纪，科学技术日新月异，代表先进生产力水平的高技术及其产业迅猛发展，已成为推动世界经济发展的主要动力，也是世界经济竞争的战略重点。地区高技术产业全要素生产率差距的扩大主要是由各地区高技术产业技术进步水平的差距扩大导致的，持续扩大的技术进步差异表明中国地区间存在较强的技术壁垒，只有少数最为发达的地区从技术进步中受益较大，而技术效率呈现出收敛的特征。

**关键词**：高技术产业　全要素生产率　SFA－TFP

高技术产业的发展已成为最重要的经济增长点和最有活力的经济领域，它自身的发展对我国国民经济的发展做出了重大贡献，且其发展带动了传统产业升级和生产经营方式的改变，大幅度地提高了经济效益。高技术产业对我国经济增长的贡献已是举足轻重。

首先，本文将利用SFA－TFP指数法对我国各省区高技术产业的生产率变动进行分解，并对其变化趋势进行分析；其次，测算我国高技术产业全要素生产率对我国高技术产业发展的贡献；最后，对我国各省区高技术产业的生产率变动进行了收敛分析。

高技术发展正在迅速地改变着传统产业和整个世界经济的面貌。关于高技术产业和全要素生产率作用关系研究，许多学者做了相关论述和探讨。

---

[第一作者] 程肖冰（1971年生），女，博士后，北京联合大学物流系讲师，研究方向：物流需求和预测分析。E－mail：xiaobingcheng@ sina. com

[通讯作者] 刘拴西（1982年生），男，河北邢台人，北京科技大学经济管理学院博士生，研究方向：产业经济学、产业安全/经济安全评价。

首先，要对高技术产业全要素生产率研究方法进行选择。概括而言，高技术产业全要素生产率的方法包括两种：一种是非参数分析方法，以数据包络分析（DEA）方法和因子指标体系法为代表，适用于多投入多产出过程中的效率度量，无须建立变量间的严格函数关系；另一种是参数分析方法，以随机前沿分析（SFA）方法为代表，主要依据数据的随机性假设估算前沿生产函数，经济理论基础坚实，并可根据统计检验值来判定模型是否适用。就本质而言，尽管不同的研究者在使用时存在着一定偏好，但这两类方法并不存在简单的孰优孰劣问题，关键取决于具体分析情形。

其次，以全要素生产率（TFP）对地区经济增长进行解释，该理论认为研究我国剔除要素投入的区域经济增长问题的良好指标是全要素生产率。邓翔利用新古典增长理论的测算方法对改革开放之后我国各地区的生产率变动进行了测算，发现我国各地区的经济增长与要素投入和全要素生产率的提高相关度很高。易纲提出了改革开放的制度和技术进步、人力资本及汇率和官方储备的变动等提升我国经济效率的四点关键因素。傅晓霞认为 1990 年以后，要素投入对地区差距的贡献减少，全要素生产率的提高是决定地区差距的重要因素。

最后，分地区对高技术产业全要素生产率进行测度。高技术产业是导致经济增长的“先导产业”和增强国家竞争力的“战略产业”，高技术产业对于区域经济增长以及国家的经济发展都具有非常重要的影响作用。从不同地区的情况看，中国高技术产业技术效率存在显著的地区差异，东部地区高于中西部地区，但落后地区的追赶效应明显。高技术产业研发创新的全要素生产率与技术进步均有所增长，多数地区的技术进步增长率高于全要素生产率增长率。

本文尝试探索影响我国地区高技术产业全要素生产率差距扩大的主要因素，寻求促进地区经济增长的有效路径。

## 一、理论基础

本质上，经济增长的核心就是全要素生产率的增长。一般来说，产出的增长扣除投入增长之后就是全要素生产率的增长。以往的研究对全要素生产率增长的组成部分没有加以严格区分，将其混同于技术进步。其实这两者有本质区别，在本文中就我国高技术产业全要素生产率变动的组成部分进行较为细致的分析，以加深对中国地区高技术产业差距成因的认识。全要素生产率的变化可以进一步分解为技术效率变化、技术进步、规模效率变化、资源生产效率变化。其中由于价格信息的可得性不够，资源生产效率不易计算，人们通常考察前面两种变化。在经济学中，技术效率的概念应用广泛。Koopmans（科普曼斯）首先提出了技术效率的概念，他将技术有效定义为：在一定的技术条件下，如果不减少其他产出就不可能增加任何产出，或者不增加其他投入就不可能减少任何投入，则称该投入产出为技术有效的。技术效率用来衡量一个经济体在等量要素投入条件下，实际产出与最大产出的距离。距离越大，则技术效率越低。技术进步表明了生产可能性边界随时间变化的轨迹。技术效率和技术进步具有不同的政策含义，经济改革不仅要加速创新活动，促进技术进步，更为重要的是通过制度等手段提高现有资源的利用率，使实际产出接近潜在产出，即技术效率有效。

Farrell（法雷尔）首次提出了技术效率的前沿测定方法，并得到了理论界的广泛认同，成为了效率测度的基础。随机前沿函数是由 Aigner（艾格纳）、Lovell 和 Schmidt（施密特）提出的，早期的研究中，随机前沿模型主要应用于横截面数据，Battese 和 Coelli（科埃利）（1992，1995）等逐渐发展为使用面板数据。面板数据比横截面数据有更多的优势，如增加自由度，允许技术和效率同时随时间而变等。

基于官方正式统计发布的跨省数据，在 Battese 和 Coelli（1992）模型基础上，运用生产函数的随机前沿分析技术研究 1997—2006 年我国中国东部地区、中部地区和西部地区高技术产业的生产率变动情况。分析模型如下：

$$\ln Q_{it} = \alpha_0 + \alpha_K \ln K_{it} + \alpha_L \ln L_{it} + \alpha_T t + \frac{1}{2}\beta_{KK}(\ln K_{it})^2 + \beta_{KL}\ln K_{it}\ln L_{it} + \beta_{KT}\ln K_{it}t + \frac{1}{2}\beta_{LL}(\ln L_{it})^2 + \beta_{LT}\ln L_{it}t + \frac{1}{2}\beta_{TT}t^2 + v_{it} - u_{it}$$

$$i=1,2,\cdots,N;\ t=1,2,\cdots,T \tag{1}$$

式（1）中，$Q_{it}$ 表示 1990 年不变价的 GDP，下标 $i$ 表示第 $i$ 个省份，$N$ 等于 30；$t$ 代表年份编号，$T$ 等于 12。$K_{it}$ 和 $L_{it}$ 是资本和劳动力。式（1）中的所有 $\alpha$ 和 $\beta$ 都是待估计的参数。

对式（1）中的 $t$ 求偏导，得到了分析技术变动的 SFA－TFP 指数模型：

$$TP_{it} = \alpha_T + \beta_{KT}\ln K_{it} + \beta_{LT}\ln L_{it} + \frac{1}{2}\beta_{TT}t \tag{2}$$

## 二、实证分析

### （一）数据来源及变量说明

在对我国的全要素生产率研究中，出现了不同的结果，即使是所得结论相似的文献，其具体数值也会相差较大。其中，除了假设条件、生产函数的选取等因素以外，选取数据的不同是造成以上现象的重要原因。为此，在生产函数上，我们使用较为灵活的超越随机前沿函数。

1997—2006 年的基础数据来自各年《中国统计年鉴》。总产出通过 1990 年不变价的 GDP 来衡量，投入为资本和劳动力，其中劳动力使用社会总就业人员代替工作时间，资本存量由于我国利率制度和流动资本数据的问题使用固定资本存量代替（李子奈，2002）。

研究时段中，GDP 及其平减指数、社会总就业人员、固定投资及其价格指数都可在《中国统计年鉴》中获得，即上述数据对不同的研究者应该是相同的。而资本的存量在我国官方没有公布，因此不同的方法可能会出现偏差。这里重点介绍资本存量的计算过程。

### （二）模型估计

使用数据对模型进行估计，可以得到我国区域高技术产业生产函数的具体形式为：

$$\begin{aligned}\ln Q_{it} = {} & 3.021 + 0.133 \ln K_{it} + 0.982 \ln L_{it} - 0.219t + 0.013 (\ln K_{it})^2 + \\ & 0.013 \ln K_{it} \ln L_{it} + 0.022 \ln K_{it} t - 0.019 (\ln L_{it})^2 - \\ & 0.025 \ln L_{it} t + 0.014 \beta_{TT} t^2 + v_{it} - u_{it}\end{aligned} \tag{3}$$

计算技术变动的公式为：

$$TP_{it} = -0.219 + 0.013 \ln K_{it} - 0.025 \ln L_{it} + 0.014t \tag{4}$$

在随机前沿生产函数中，时间 $t$ 是作为衡量技术变化的变量，而时间是无所不包的变量。这就意味着函数中的技术具有非常广泛的内涵，不仅包括先进的工艺、专利、技术创新、高技术设备与人才等直接技术因素，还包括经济、社会、法律制度的变迁等非技术因素。如私有企业发展、国有企业改革、税制改革、外商投资、加入世界贸易组织（WTO）等都会对产出有深远的冲击，并影响生产率的提高。根据式（2），将各个地区、各个年度资本存量和劳动力的数值代入，就可以得到1997—2006年我国30个省（市、区）高技术产业的技术进步率。因此，由构造的SFA－TFP模型我们可以计算出1997—2006年我国各省（市、区）高技术产业全要素生产率变动及其分解的变动结果。

### （三）描述性统计分析

#### 1. 我国高技术产业SFA－TFP生产率变动综合情况分析

由于本文使用的是省际面板数据，因此，在分析中国高技术产业全要素生产率的增长率时，我们计算了1997—2006年我国30个省（市、区）高技术产业全要素生产率逐年的SFA－TFP指数，然后，将各省（市、区）的计算结果进行汇总平均后得到中国高技术产业全要素生产率的总体增长状况，如表1所示。

**表1　1997—2006年我国高技术产业SFA－TFP生产率变动指数**

| 年份 | 技术效率变化指数 | 技术变化指数 | SFA－TFP生产率指数 |
|---|---|---|---|
| 1997—1998 | 1.022 | 1.152 | 1.174 |
| 1998—1999 | 1.021 | 1.102 | 1.123 |
| 1999—2000 | 1.021 | 1.162 | 1.183 |
| 2000—2001 | 1.020 | 1.151 | 1.171 |
| 2001—2002 | 1.020 | 1.135 | 1.155 |
| 2002—2003 | 1.019 | 1.145 | 1.164 |
| 2003—2004 | 1.019 | 1.132 | 1.151 |
| 2004—2005 | 1.019 | 1.112 | 1.131 |
| 2005—2006 | 1.018 | 1.124 | 1.142 |
| 均值 | 1.020 | 1.135 | 1.155 |

数据来源：本文测算。

由表1可以看出，我国高技术产业全要素生产率在1997—2006年得到了稳步提高，年均增长率为15.5%。从全要素生产率的分解因素来看，我国的高技术产业全要素生产率的改善受益于技术水平的提高，其平均增长率为13.5%。由于技术进步表示在不增加要素投入的条件下，通过创新或者技术水平的改进而得到了额外的产出增长率，这意味着我国高技术产业整体创新能力有所改善。1997—2006年我国的高技术产业技术效率变动指标为1.02，这表明我国的高技术产业的技术效率在最近几年没有太多提高，反映了我国当前高技术产业发展的一个普遍现象，企业把精力都放在了技术进步上，对技术效率不够关注。如果我们只是单纯地依靠技术进步，而忽视对现有高技术资源的合理配置和技术效率的提高，必将造成生产的无效配置和大量资源浪费。

由图 1 可以看出，我国高技术产业 SFA - TFP 指数的增长与技术进步指数的增长保持同步的上升趋势，在图中表示生产率增长和技术进步的两条曲线几乎重合，这说明近十年来我国高技术产业生产率的大幅度提高绝大部分是由技术进步拉动的，技术效率的改善对我国高技术产业生产率的提高没有起到太多作用。这与涂正革、肖耿运用随机前沿分析对我国区域生产率增长所得到的结论相符合，他们的观点是，前沿技术进步已经成为 TFP 增长的最重要动力，而且，企业相对生产前沿的技术效率水平，也取决于前沿技术水平的高低，即衡量基准的高低。总体而言，1998—2006 年我国高技术产业的 TFP 年均增长了 15.5%，全要素生产率增长的主要动力在于我国高技术产业技术进步的大幅度提高。

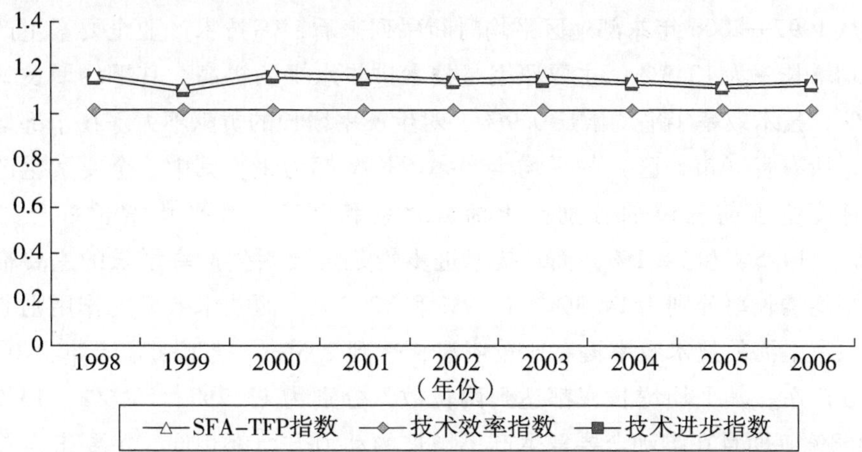


**图 1　1998—2006 年我国高技术产业 SFA - TFP 及其分解因素变动趋势**

**2. 各地区高技术产业 SFA - TFP 及其分解因素的变动情况分析**

为了比较地区差异对我国高技术产业全要素生产率增长的影响，我们在已有计算结果的基础上，将本文考察的 30 个省（市、区）进一步划分为东部、中部、西部三大地区，具体结果如表 2、表 3 和表 4 所示。

表 2 列出了 1997—2006 年东部地区各地高技术产业 SFA - TFP 生产率指数及其分解结果的平均值。

表 2　1997—2006 年东部地区高技术产业 SFA－TFP 指数及其分解

| 地区 | 技术效率变化指数 | 技术变化指数 | SFA－TFP 生产率指数 |
|---|---|---|---|
| 北京 | 1.006 | 1.139 | 1.145 |
| 天津 | 1.004 | 1.133 | 1.137 |
| 河北 | 1.004 | 1.125 | 1.129 |
| 辽宁 | 1.018 | 1.123 | 1.141 |
| 上海 | 1.025 | 1.143 | 1.167 |
| 江苏 | 1.010 | 1.122 | 1.132 |
| 浙江 | 1.002 | 1.114 | 1.116 |
| 广东 | 1.012 | 1.116 | 1.128 |
| 海南 | 1.002 | 1.112 | 1.114 |
| 山东 | 1.013 | 1.123 | 1.136 |
| 福建 | 1.002 | 1.116 | 1.117 |
| 均值 | 1.009 | 1.124 | 1.133 |

数据来源：本文测算。

从 1997—2006 年东部地区平均时间序列来看，高技术产业全要素生产率的平均增长率为 13.3%，主要原因是技术进步水平的提高，其平均增长率为 12.4%，技术效率年平均增长 0.9%，对生产率增长的贡献不大。在东部地区内部，所有省（市、区）的平均生产率增长率都为正。其中，全要素生产率增长速度位于前三位的分别是上海、北京和辽宁，其平均增长率分别为 16.7%、14.5% 和 14.1%，而且技术进步均是全要素生产率增长的主要推动力，平均增长率分别为 14.3%、13.9% 和 12.3%，而技术效率的作用则非常小，只有上海的技术效率提高比较明显，达到 2.5%。接下来是天津、山东、江苏、广东，其平均增长率都达到两位数，分别为 13.7%、13.6%、13.2% 和 12.8%，而且在推动全要素生产率增长的动力方面都相同，主要来自技术进步水平的提高，技术效率贡献非常小。高技术产业全要素生产率增长速度最慢的是海南，平均增长率只有 11.4%，主要原因是技术进步水平不高，年均增长为 11.2%，相对其他省（市、区）来说落后很多。

由于表 2 给出的只是 1997—2006 年东部地区各高技术产业 SFA－TFP 生产率指数及其分解结果，可能在一定程度上掩盖了年际间的差异，因此我们再来分析东部地区高技术产业 SFA－TFP 生产率指数及其分解结果平均值的变化趋势，具体如图 2 所示。

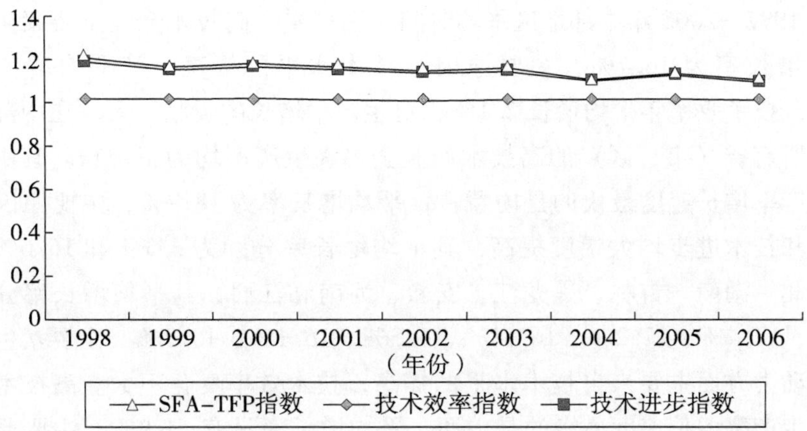


**图2 1998—2006 年我国东部地区高技术产业 SFA－TFP 生产率变动趋势**

根据图2，我们可以看出，1998—2006 年期间，东部地区高技术产业无论是 SFA－TFP 生产率指数，还是技术进步指数和技术效率变化指数，均表现比较平稳，波动不大，且技术进步指数与 SFA－TFP 生产率指数在变动方向与变化趋势上具有很强的一致性。

（1）中部地区。表 3 列出了 1997—2006 年中部地区高技术产业 SFA－TFP 指数及其分解结果的平均值。

**表3 1997—2006 年中部地区高技术产业 SFA-TFP 指数及其分解**

| 地区 | 技术效率变化指数 | 技术变化指数 | SFA－TFP 生产率指数 |
|---|---|---|---|
| 山西 | 1.021 | 1.128 | 1.149 |
| 内蒙古 | 1.031 | 1.166 | 1.187 |
| 吉林 | 1.020 | 1.152 | 1.172 |
| 黑龙江 | 1.015 | 1.150 | 1.165 |
| 安徽 | 1.022 | 1.141 | 1.163 |
| 江西 | 1.024 | 1.133 | 1.157 |
| 河南 | 1.033 | 1.128 | 1.161 |
| 湖北 | 1.021 | 1.156 | 1.177 |
| 湖南 | 1.017 | 1.157 | 1.174 |
| 均值 | 1.023 | 1.146 | 1.167 |

数据来源：本文测算。

从1997—2006年中部地区平均时间序列来看，高技术产业全要素生产率的平均增长率为16.7%，主要原因是技术水平的提高，其平均增长率为14.6%，技术效率年平均增长2.1%，对生产率增长的贡献不大。在中部地区内部，所有省（市、区）的高技术产业全要素生产率均为正增长。其中，全要素生产率增长速度最快的是内蒙古，平均增长率为18.7%，主要原因是技术效率和技术进步均大幅度提高，其平均增长率分别为3.1%和16.6%；其次是湖北、湖南、吉林、黑龙江、安徽、河南和江西，其平均增长率分别为17.7%、17.4%、17.2%、16.5%、16.3%、16.1%、15.7%，全要素生产率增长的动力方面主要来自技术水平的提高，技术效率变化不大。高技术产业全要素生产率增长速度最慢的是山西，平均增长率只有14.9%，主要原因是技术进步水平不高，年均增长为12.8%，相对中部其他省市来说落后很多。

由于表3给出的只是1997—2006年东部地区各高技术产业SFA－TFP生产率指数及其分解结果，可能在一定程度上掩盖了年际间的差异，因此我们再来分析东部地区高技术产业SFA－TFP生产率指数及其分解结果平均值的变化趋势，具体如图3所示。

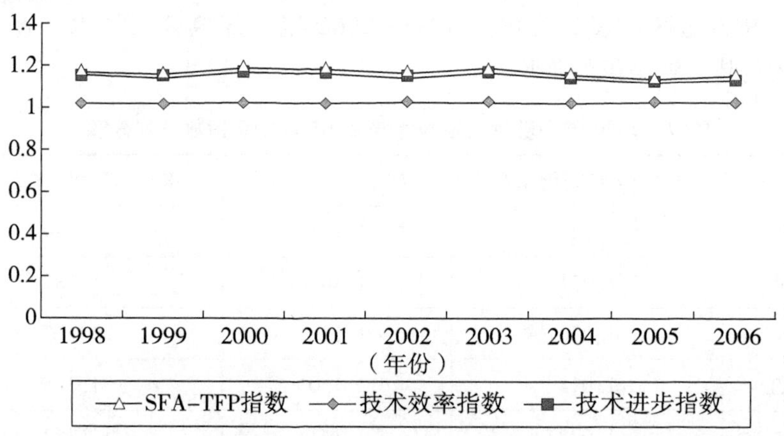


**图3　1998—2006年我国中部地区高技术产业SFA－TFP生产率变动趋势**

根据图3，我们可以看出，1998—2006年期间，中部地区高技术产业无论是SFA－TFP生产率指数，还是技术进步指数和技术效率变化指数，均表现比较平稳，波动不大，且技术进步指数与SFA－TFP生产率指数在变动方向与变化趋势上具有很强的一致性。

（2）西部地区。表4列出了1997—2006年西部地区各省高技术产业SFA－TFP生产率指数及其分解结果的平均值。

**表 4　　1997—2006 年西部地区高技术产业 SFA－TFP 指数及其分解**

| 地区 | 技术效率变化指数 | 技术变化指数 | SFA－TFP 生产率指数 |
|---|---|---|---|
| 广西 | 1. 012 | 1. 129 | 1. 141 |
| 重庆 | 1. 013 | 1. 118 | 1. 131 |
| 四川 | 1. 015 | 1. 124 | 1. 139 |
| 贵州 | 1. 021 | 1. 125 | 1. 146 |
| 云南 | 1. 011 | 1. 121 | 1. 132 |
| 陕西 | 1. 016 | 1. 135 | 1. 151 |
| 甘肃 | 1. 028 | 1. 137 | 1. 165 |
| 青海 | 1. 022 | 1. 122 | 1. 144 |
| 宁夏 | 1. 023 | 1. 129 | 1. 152 |
| 新疆 | 1. 019 | 1. 128 | 1. 147 |
| 均值 | 1. 018 | 1. 127 | 1. 145 |

数据来源：本文测算。

从 1997—2006 年西部地区平均时间序列来看，高技术产业全要素生产率的平均增长率为 14. 5%，主要原因是来自于技术进步的动力，其年均增长率为 12. 7%。技术效率年均增长 1. 8%，对生产率提高所起的作用非常小。在西部地区内部，所有省（市、区）的高技术产业全要素生产率均为正增长。其中，全要素生产率增长速度最快的是甘肃，平均增长率为 16. 5%，主要原因是技术效率和技术进步均大幅度提高，其平均增长率为 2. 8% 和 13. 7%；其次是宁夏、陕西、新疆、贵州、青海和广西，其平均增长率都在 14% 以上，推动全要素生产率增长的动力方面主要来自技术进步水平的提高，技术效率增长对全要素生产率的增长贡献非常有限。全要素增长率较差的是四川、云南和重庆，相对其他西部省（市、区）而言，增长率水平不高的原因主要是技术进步增长太慢。

由于表 4 给出的只是 1997—2006 年西部地区各省高技术产业 SFA－TFP 生产率指数及其分解结果，可能在一定程度上掩盖了年际间的差异，因此我们再来分析西部地区高技术产业 SFA－TFP 生产率指数及其分解结果平均值的变化趋势，具体如图 4 所示。

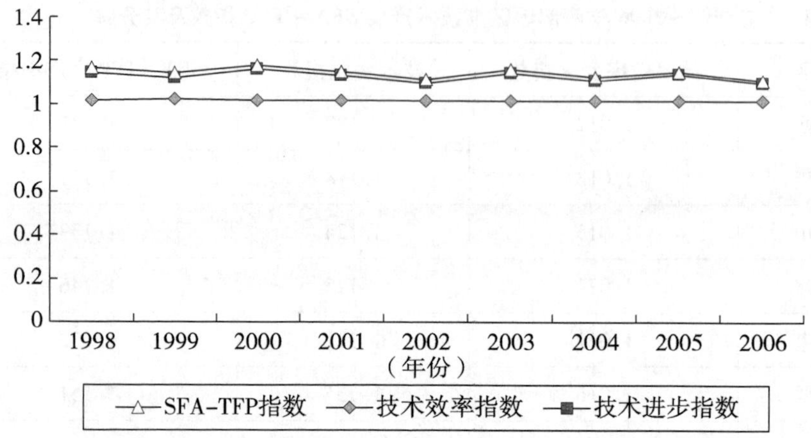


**图4　1998—2006年我国西部地区高技术产业SFA－TFP生产率变动趋势**

根据图4，我们可以看出，1998—2006年期间，西部地区高技术产业无论是SFA－TFP生产率指数，还是技术进步指数和技术效率变化指数，均表现比较平稳，波动不大，且技术进步指数与SFA－TFP生产率指数在变动方向与变化趋势上具有很强的一致性。

## 三、结论

无论是东部、中部和西部地区之间还是地区内部，高技术产业全要素生产率均存在显著差异。在推动高技术产业全要素生产率增长的动力上，主要是技术水平的提高，技术效率对生产率变动所起的作用很小。而且从全要素生产率变动这个角度来讲，中部地区的增长速度超过了东部，其主要原因是中部地区技术进步的速度超过了东部，这可能是由于我国东部地区的生产技术水平比较先进，起点比较高，所以后续的进步速度就较慢；而中西部地区的生产技术水平比较落后，改进比较容易一些，提高的速度就会快些。通过进一步地分析可以发现，尽管总体上三大地区高技术产业技术效率基本没有提高，但技术进步水平却在地区之间表现出明显的差异。由此看出，1997年以来，技术进步是导致我国高技术产业全要素生产率增长的最重要因素，但技术效率提高非常缓慢，在很大程度上影响了我国高技术产业的发展。未来几年，促进中国高技术产业增长的关键应是在重视技术进步的基础上，通过改善高技术产业发展的外部环境来提高我国高技术产业的技术效率。

# 参考文献

［1］GONG B H，SICKLES R C. Finite Sample Evidence on the Performance of Stochastic Frontiers and Data Envelopment Analysis Using Panel Data［J］. Journal of Econometrics，1992，51（1/2）：259－284.

［2］BERGER A，HUMPHREY D. Efficiency of Financial Institutions：International Survey and Directions for Future Research［J］. European Journal of Operational Research，1997，98（2）：175－212.

［3］FETHI M D，PASTIOURAS F. Assessing Bank Efficiency and Performance with Operational Research and Artificial Intelligence Techniques：a Survey［J］. European Journal of Operational Research，2010，204（2）：189－198.

［4］邓翔，李建平．中国地区经济增长的动力分析［J］．管理世界，2004（11）：68－57.

［5］易纲，樊纲，等．关于中国经济增长与全要素生产率的理论思考［J］．经济研究，2003（8）：13－22.

［6］傅晓霞，吴利学．全要素生产率在中国地区差异中的贡献［J］．世界经济，2006（9）：12－24.

［7］CHOI B. High－technology Development in Regional Economic Growth：Policy Implications of Dynamic Externalities［M］. Burlington：Ashgate Publishing Company，2003：122.

［8］王宏强．高新技术产业与区域经济发展［M］．武汉：华中科技大学出版社，2008：43.

［9］范凌钧，李南，陈燕儿．中国高技术产业技术效率区域差异的实证分析［J］．系统工程，2011，29（2）：56－62.

［10］李邃，江可申，郑兵云，等．高技术产业研发创新效率与全要素生产率增长［J］．科学学与科学技术管理，2010，31（11）：169－175.

［11］FARRELL R，GROSSKOPF S，LOVELL C A K. The Measurement of Efficiency of Production［M］. Boston：Kluwer－Nijhoff Publish，1985：21－49.

［12］AIGNER D J，LOVELL C A K，SCHMIDT P. Formulation and Estimation of Stochastic Frontier Production Function Models［J］. Journal of Econometrics，1977（6）.

[13] BATTESE G E, COELLI T J. A Model for Technical Inefficiency Effects in a Stochastic Frontier Production Function for Panel Data [J]. Empirical Economics, 1995 (2).

[14] 胡鞍钢，邹平. 社会与发展——中国社会发展地区差距研究 [M]. 杭州：浙江人民出版社，2000.

[15] 沈坤荣，马俊. 中国经济增长的“俱乐部收敛”特征及其成因研究 [J]. 经济研究，2002 (1)：33-39.

[16] 沈能. 中国制造业全要素生产率地区空间差异的实证研究 [J]. 中国软科学，2006 (6)：101-110.

# 浅谈国际总承包工程设备采购、出口管控要点

冷 冰*

**摘 要：** 在国际EPC（工程总承包）总承包业务中涉及的工作内容非常多。本文主要针对工程项目设备、材料在国内采购、出口过程中的诸多环节中容易出现的问题和风险，结合在实际操作过程中的管控体会进行总结、归纳，有针对性地提出相应的解决办法和应对措施。

**关键词：** 国际EPC总承包 设备采购 出口 物流运输管理控制 FOB

随着国际贸易的不断发展，我国国家经济实力不断增强，越来越多的国内工程企业“走出去”，在“一带一路”倡议的背景下，工程承包企业在国外承接的PPP（政府和社会资本合作）项目、EPC总承包项目也越来越多。而工程项下的设备、材料、施工机械出口对于很多企业来讲相对比较陌生，也存在着诸多风险。

本文针对国际EPC总承包项目［采用FOB（离岸价）交货］国内设备、材料采购、物流运输、通关出口等过程提出相应的管理控制要点，以期对学生在执行类似项目过程中起到参考作用。

## 一、设备、材料采购控制要点

### （一）根据EPC总承包合同及总进度计划制订设备采购计划

（1）考虑到汇率波动和物价上涨的预期，在EPC总承包合同签订后，应尽早进行设计及主要工艺生产设备采购工作，设备采购宜早不宜迟。

（2）设备采购计划要重点关注设备自身生产周期、设备施工安装顺序、

［通讯作者］冷冰（1978年生），女，硕士，北京联合大学城市轨道交通与物流学院讲师。

设备运输时间等影响工期、资金投入的关键因素。

### （二）设备、材料采买

**1. 招标次序**

接到设计要求之后要尽快启动招标采购，应先采购主要生产设备，其次是辅助生产设备，最后是通用设备及保温材料等。这样有利于加快设计进度，并为主生产设备提供充足的制造周期。

**2. 招标文件编制要求**

招标文件要体现业主的技术要求，要将性能指标详细地分类提供，包括设备防护、检修、颜色、指定部分部件品牌等要求，并且要有针对货物出口物流方案选择的条款，以便于供应商决定技术方案、商务报价并将总承包风险转移。

**3. 技术要求及数量要准确**

EPC 总承包设备采购对设计提出了更高的要求，应尽量做到限额设计，最大程度节省资金；确保设备材料参数、性能、数量准确，如果统计不足，部分国外施工现场无法买到在国内看似平常的配件，单独再次发运会增加运输成本，如果设计余量过大或标准过高则会导致采购成本大幅上涨。

**4. 明确供货范围，分清设备之间的接口**

设备材料供应商可能涉及很多家，要明确每家供应商的供货范围，不同设备之间的连接方式、界面要分清，防止出现同一设备多家采购或不同供应商所供设备之间无法连接等问题。

**5. 设备宜成套采购**

集中成套采购还是分散采购需权衡，在设备采购过程中容易出现各供应商所供设备范围交叉或遗漏的问题，在后期安装过程中也容易出现责任不清的问题；单独采购的好处是个别通用设备可以充分利用市场竞争这一特点，获得更优惠的价格。

**6. 设备供货、安装一体发包的模式有利于转移风险**

有的设备供应商可以提供设备设计、设备供货、设备安装等成套服务，选择这样的供应商可以有效规避部分因材料统计不准确、设备型号选择不精确以及设计变更等造成的采购成本上升的问题。

**7. 合约要有针对性**

外贸合同不同于内贸，需明确物流方案价格（如门点装箱、配载、仓库交货、内陆运输保险等要求）、货物包装要求、商检要求、熏蒸要求等条款，便于后期执行，并转移总承包风险。

**8. 外贸咨询服务**

对于无出口经验的单位来说选择一家外贸咨询服务单位是必要的，但在合同签订过程中应尽量避免出现下列问题。

（1）配载问题：集装箱的配载大多依靠供货厂家的配载能力，但个别供应商并不具备此能力，在选择外贸咨询单位时，应注意在合同中明示其工作职责范围。

（2）物流问题：项目物流、报关单位要尽早进行询价招标。

①项目初期进行物流、报关单位的询价、比价工作，不迟于设备发货前确定物流单位。

②设备采购合同中细化物流方面报价，以便于可直接选用设备供应商的物流单位。

（3）集装箱装箱问题：在合同中需明示集装箱装箱以及散货装船过程的监装是否含在工作范围之内，或选择第三方进行相关监督工作。

**9. 货代的选择**

在 FOB 模式下，国际运输货运代理由业主提供。承包单位负责国内货运代理及报关。若采用 CIF（到岸价）等承包单位负责海运的模式交货时，应选择信誉好、通关能力强、运价合理的国际知名货运代理。

## 二、设备出口、物流运输控制要点

### （一）制订发货计划

（1）发货计划要符合总进度计划及工程实际进展情况的需要。

（2）发货计划要考虑到设备制造的周期及实际交货时间。

### （二）合同货物催交、检验、运输

**1. 催交**

从签订采购合同开始到最终合同货物抵达现场都属于催交工作的范畴。催交工作要有预见性，比如供货商有时面临很多订单，不能按时生产出所采购设备等，这时就需要要求采购人员能够及时发现问题并采取有效的费用控制和质量保证措施，以防进度拖延。也可以通过与供货商在设备设计、制造、运输等各环节保持紧密联络，从而实施监督检查。

### 2. 检验

检验工作是对所采购物资的质量是否符合要求而进行的工作，是采购过程中的质量保证环节。检验的类别可以分为：现场接收检验、启运前检验、工序节点检验、驻厂监造。检验工作的核心是确保材料、设备的质量符合订货合同规定的要求。每次检验结束后，应真实地记录检验的过程和结果，并给出被检验的设备或材料是否符合合同的规定。需要注意的是，此类检验属于验证（Verification），并不能解除厂商对产品应承担的最终质量责任。

### 3. 备货

备货主要是核对货物品质、规格、数量是否满足合同的要求，备货时间是否能够满足船期安排，以利于船货衔接。此外，还要核对业主针对设备制订的油漆、颜色、色标、防锈等是否满足要求。

### 4. 包装

可以根据货物的不同来选择包装形式（如纸箱、木箱、铁箱、托盘等）。货物包装应符合贸易出口通用的标准，满足海运的要求。货物包装要采用体积最小的方式，吊钩或包装是否牢固，各种标识喷涂是否规范、完整，货物唛头（运输标志）须满足运输及业主的规定，并粘贴牢固。如果货物使用木箱或木托盘等木质包装，需要求设备供货商提供熏蒸证明。需要注意的是这些检查必须严格细致，出现问题必须在发运前整改，否则可能导致货物在运输过程中损坏，或运输到现场后模糊不清，无法清点。

### 5. 运输

运输是指检验合格的设备、材料从出厂到抵达指定现场的过程。运输工作中需要注意控制运输的费用、安全性、运抵现场的时间，以经济的方式保证物资顺利到达现场。不同运输方式的选择会对价格、运抵时间造成较大的影响。在运输工作开始前应制订具体的运输工作计划，运输计划要完全吻合货物集港时间的要求。包括准备工作、运输时间、运输方式的确定。

### 6. 集装箱配载很重要

要在采购合同中约定货物配载由哪个单位来完成。一般来说，轻重搭配是集装箱配载的基本原则。配载合理可以在不超过集装箱限定载重量的基础上最大限度地利用集装箱的空间，以提高集装箱装箱效率，节省集装箱总使用量，即节省运费。

**7. 集装箱装箱**

根据运输方式的不同，集装箱装箱可在货物制造厂和货代仓库进行。集装箱装箱过程要全程监督，确保合同货物按照配载图装进集装箱，且保证货物与集装箱固定牢靠、稳固，在海运过程中不会损坏，散落。此项工作可以请第三方机构全程监督，并出具合格报告。集装箱监装过程中要将集装箱号、货物唛头、货物在集装箱内状态、集装箱装箱单、铅封号等记录清楚，并拍照留存。

### （三）报关与装船

通关手续极为烦琐又极其重要，如不能顺利通关则无法完成交易。

（1）属法定检验的出口商品须办出口商品检验证书。对于供应商在合同签订前要明示是否可以进行商检（个别进口设备供应商也无法办理再出口商检证书）。若法定商检货物不按照预归类模式报关，则须在报关前得到设备供应商提供的商检证书。

（2）报关资料要齐全。须由专业的持有报关证的人员，持箱单、发票、报关委托书、出口结汇核销单、出口货物合同副本、出口商品检验证书等文本去海关办理通关手续。

（3）了解 HS（协调制度）编码退税率。由于以预归类方式报关受限较多，大部分货物还是单独报关，所以要了解报关行选定的或设备厂家提供的设备 HS 编码的退税率，做到心中有数。并尽可能地了解 HS 编码，尽量选择最符合设备属性的 HS 编码。

（4）订舱、报关与集装箱装箱、进港、船期要紧密衔接，尽量做到集装箱零落箱。由于每批出港货物涉及多家设备、材料供应商、货代及内陆运输单位，这就要求出口商与货代、内陆运输单位及设备供应商紧密联系，确保集装箱提箱、装箱、运至港区、报关时间基本同步。防止发生集装箱提前多天就装好，堆存在货代仓库的情况；更不能造成集装箱装箱完成时间晚于进港日的情况出现。

### （四）交单结汇

（1）提单。提单是由船长或船公司或其代理人签发的、证明已收到特定货物，允诺将货物运至特定目的地，并交付给收货人的凭证。是出口商办理完出口通关手续、海关放行后，由外运公司签出，供货/进口商提货结汇所用单据。提单的审核非常重要，如果没有处理妥当会导致很多麻烦。着重审核提单种类、份数、抬头、收货人、通知人、出单人、承运人、指示方、装货港、卸货港、货物描述、转船分批装运描述、清洁性描述、装船批注、背书描述等。在货物发运后应尽快拿到正本提单，并在货物到达目的港之前将提单及相关清关资料一并交给业主或承包商在项目所在地的负责人。

（2）清关资料。海运货物时，进口商必须持正本提单、箱单、发票来提取货物（须由出口商将正本提单、箱单、发票、产品质量证明、熏蒸证明等一并寄给进口商），个别业主需要原产地证明。

（3）若是空运货物，则可直接用提单、箱单、发票的传真件来提取货物。

（4）出口商货物发运后，进口商应按照合同要求办理付款等手续。付款的汇款方式一般有信用证（Letter of Credit，L/C）、电汇［TELEGRAPHIC TRANSFER（T/T）］、票汇［DEMAND DRAFT（D/D）］、信汇［MAIL TRANDFER（M/T）］等方式。

（5）设备供应商开具专项增值税发票，发票内容要和报关单须保持一致。

## 三、结语

本文针对国际总承包项目在项目执行过程中的国内部分设备、材料采购以及物流运输过程中相应的注意事项、控制重点以及应对措施进行了阐述。希望能够对国际 EPC 总承包工程项目设备、材料出口从业者提供有益借鉴。但并不意味着按此操作可以完全防范风险，只能在一定程度上使风险减弱或得到规避。对于国际 EPC 总承包项目来说，不同的项目会有不同的特点和要求，只有小心谨慎，尽职尽责，加强风险预控，积累经验，不断提升判断力，才能真正做好项目采购、出口工作。

### 参考文献

［1］孟凡彪．浅谈海外工程项目的设备物资管理［J］．经营管理者，2016（5）：326，347.

［2］姜滨．浅谈国际承包工程项目设备物资采购管理［J］．中国物流与采购，2013（12）：56－57.

# 基于 TransCAD 的城市交通影响分析案例设计

王雪静　孙　迪*　宋　娟　高美娟　高宗余

**摘　要：** 随着城市进程的不断加快，交通问题日益受到重视，特别是由于建设项目而产生和吸引的客流对于道路环境的影响。为了能够对建设项目对周边交通的影响进行综合评价，需要对项目影响范围内的现状及未来道路交通运行状态进行判别，从而对建设项目的设计内容是否合理进行评价。本文以 TransCAD 仿真软件为基础，以实际案例的交通评价为设计环节，进行城市交通影响分析的案例设计，帮助学生巩固城市轨道交通课程的理论知识，提高学生解决实际问题的能力。

**关键词：** 案例　TransCAD　交通评价

## 一、前言

经济的发展促进了城市土地的开发，然而由土地开发所引发的交通压力也随之而来。譬如，新建的商业中心将会吸引大量的交通量，造成局部道路的交通拥塞和停车问题，使途经该地的出行者承受额外的延误损失。由于这部分损失是由土地开发产生的，因此土地发展商对其开发项目给道路交通设施带来的影响应负部分或全部责任。因此，进行用地开发之前，应对开发项目进行交通影响分析以确定土地发展商在随后的交通改善项目中所应承担的责任范围。

从发展商的角度来看，为了在场所开发过程中尽量维护自己的利益，同

---

［基金项目］北京市教育委员会科技计划面上项目——混合交通中的交通行为决策及信号控制方法研究（项目编号：KM201511417005）。

［第一作者］王雪静，北京联合大学交通工程专业 2013 级本科生。

［通讯作者］孙迪（1985 年生），女，博士，北京联合大学交通工程系讲师，研究方向：交通规划与交通控制。E－mail：sundi@ buu. edu. cn

时也为确保项目开发后能获取更多的回报，发展商在项目选址过程中，会考虑那些具有良好的交通可达性的地址。于是，发展商会通过场所开发的交通影响分析来权衡承担交通改善责任的得失。另外，在大型联合项目开发过程中，参与项目联合体的所有发展商，均会提出各自物业在道路交通方面的不同要求。例如，如何开设出入口，配建多少停车泊位等。同时，发展商也希望能事先商定各自在交通改善方面的投资份额。这些问题都可通过交通影响分析来解决。

本文主要基于交通规划软件——TransCAD，引入实际案例中的关键环节，利用客流预测方法及交通评价理论，通过实际数据进行仿真，进而完成城市交通影响分析的课程设计。

## 二、课程总体框架设计

### （一）课程实验任务设置

根据课程需要，对交通影响，分析的主要任务进行设计，有以下几方面。

（1）确定交通影响，分析影响范围及研究年限。

（2）根据确定的影响范围找出主要交叉口，利用相关模型完成现状交叉口服务水平评价。

（3）根据确定的影响范围找出主要路段，利用相关模型完成现状路段服务水平评价。

（4）根据确定的研究年限及土地利用性质，分别完成不同年限的主要路段和交叉口的背景交通量及诱增交通量，并完成相关的服务水平评价。

（5）利用 Synchro7. 0 软件，对选定的交叉口进行模拟仿真，主要包括：仿真实例的仿真设置、仿真启动及控制、仿真结果的数据输出与处理。

以上任务包含了交通影响分析的各个环节，能够使学生在处理交通影响评价方面得到充分的实践训练。

### （二）课程实验目的设计

为了保证学生能够掌握本门课程，需要明确该课程设计中的实验目的，帮助学生理解教学任务，规范学生的操作流程，具体目的设计如下。

（1）熟悉 Synchro7.0 仿真软件的使用、相关菜单和工具窗口的使用方法，以及仿真结果的输出形式和输出文件类型。

（2）理解交通影响评价的目的和作用，掌握交通影响分析流程。

（3）掌握不同类型的土地利用性质下，背景及诱增交通量计算方法。

（4）掌握交叉口及路段服务水平评价方法。

（5）掌握使用 Synchro7.0 建立和管理修改路段属性（包括名称、长度、渠化形式、车速等）的方法。

（6）掌握使用 Synchro7.0 中交叉口信号配时设置方法。

（7）掌握使用 Synchro7.0 中交叉口信号优化设置方法。

## 三、案例分析过程设计

本案例采用交通规划客流预测中的四步骤模型，从交通调查出发，研究和分析建设项目对周边交通的影响，并利用交通流理论中的相关知识，借助交通规划软件 TransCAD，对项目影响范围内的交通现状和未来交通预测结果进行评价，从而提升学生的实践操作能力。

### （一）案例分析流程

基于本门课程的要求，设计案例分析流程，如图 1 所示。

### （二）开发规模阈值、影响范围及研究年限确定

#### 1. 开发规模阈值

（1）核心区内（内环以内），建筑规模超过 2 万平方米的大型公建项目及超过 5 万平方米的居住类项目。

（2）中心城（外环以内）和边缘集团重点地区，建筑规模超过 5 万平方米的大型公建项目及超过 10 万平方米的居住类项目。

（3）市域范围内，建筑规模超过 10 万平方米的大型公建项目及超过 20 万平方米的居住类项目。

（4）交通枢纽、大型停车场等城市交通设施项目。

（5）上述公建和城市交通设施项目的改建扩建。

（6）其他需要进行交通影响评价的项目。

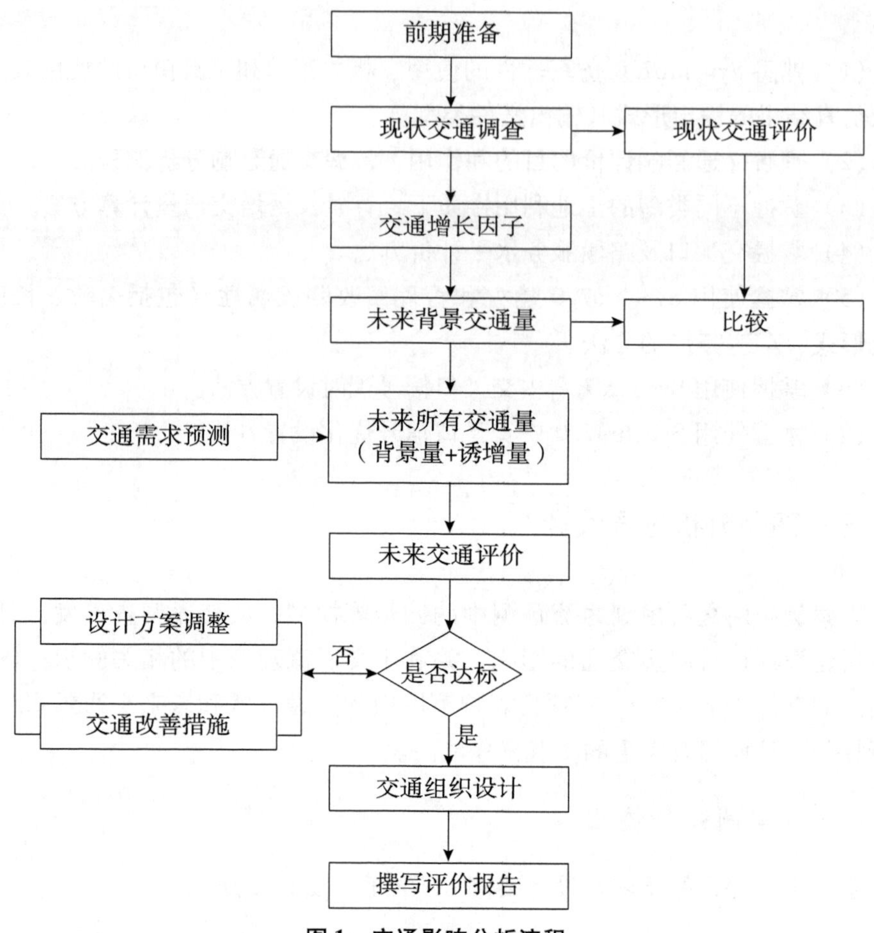


**图1　交通影响分析流程**

### 2. 影响范围及年限

建议使用道路边界法，具体方法如下。

根据地块周围道路功能确定影响范围内部的交通系统。

中心城地区：若基地周围为次干路或支路，以最近的主干路或次干路合围区域为影响范围；若基地周围为主干路，则以最近的次干路或交通功能较强的支路合围区为影响范围。

郊区：以基地附近最近的快速路作为研究范围的边界。

交通影响分析中交通量的预测年限，随拟开发项目的施工年限和完全投入使用的年限而定。小型项目在 1 ~ 2 年内建成，预测年限一般为 2 年左右；大型项目的施工年限可能达 10 年之久，其相应的预测年限则应为 10 年甚至更长。因为大型项目建成后，不一定能立即得到充分使用。只有在完全投入使用后，其吸引的交通量才能达到最大，此时对周边道路设施的影响也将达到最大。

### （三）土地利用分析、不同类型用地开发的出行吸引率

由于研究范围内各小区用地性质不同，出行规律也有所差异，导致早晚高峰发生、吸引人数比例不相同，因此需要分别对早晚高峰进行分析及预测。

由对现状路网主要区域用地性质调查和总体规划图可知目标年各小区土地利用性质。根据各小区的占地面积，通过“建筑面积 = 占地面积 × 容积率”计算得出各小区不同用地性质的建筑面积，各小区 2015 年和 2020 年百平方米面积出行率如表 1 所示。

**表 1　　小区 2 用地性质及出行量分析**

| 小区 2 | 占地面积（平方米） | 容积率 | 建筑面积（平方米） | 2015 年单位面积出行率 | 2020 年单位面积出行率 |
|---|---|---|---|---|---|
| 二类居住用地 | 802030 | 1.8 | 1443654 | 0.8 人次/百平方米 | 1.1 人次/百平方米 |
| 工业用地 | 1706191 | 1.2 | 2047429 | 0.6 人次/百平方米 | 0.9 人次/百平方米 |

### （四）交叉口及路段服务水平评价

通过分析周边关键交叉口的服务水平变化程度可以衡量项目建设对区域交通的影响情况。车辆平均延误是评价交叉口服务水平的最直接指标。延误具体计算方法如下：

绿信比 = 绿灯时长/周期时长

饱和度 = 流量/单车道饱和流量/车道数/绿信比

$y/s$ = 流量/单车道饱和流量/车道数

信号交叉口各车道平均延误：

信号交叉口总平均延误 =（各车道平均延误 × 各车道流量）/（各车道流量之和）

路段服务水平评价计算各进口道饱和度（$V/C$），具体计算方法如下：

饱和度＝高峰小时流量（$pcu/h$）/通行能力（$pcu/h$）

信号交叉口及无信号交叉口服务水平可以根据表2及表3确定。

**表2　　信号交叉口服务水平定义**

| 服务水平 | 交叉口饱和度 | 每车延误（秒） |
|---|---|---|
| A | ≤0.25 | ≤10 |
| B | 0.26～0.50 | 11～20 |
| C | 0.51～0.70 | 21～35 |
| D | 0.71～0.85 | 36～55 |
| E | 0.86～0.95 | 56～80 |
| F | >0.95 | >80 |

**表3　　无信号交叉口服务水平定义**

| 服务水平 | 每车延误（秒） |
|---|---|
| A | ≤10 |
| B | 11～15 |
| C | 16～25 |
| D | 26～35 |
| E | 36～50 |
| F | >50 |

### （五）仿真设计

利用TranCAD软件，以实际调查数据为基础建立实际路网、OD（起点到终点）矩阵以及出行费用矩阵，将数据输入软件中。根据路网的实际结构，调整软件中的参数，带入客流预测结果，进而得到交通分配数据。如图2所示。

此外，利用Synchro7.0仿真软件，教授学生管理修改路段属性（包括名称、长度、渠化形式、车速等）的方法，Synchro7.0基础设施数据的输入和

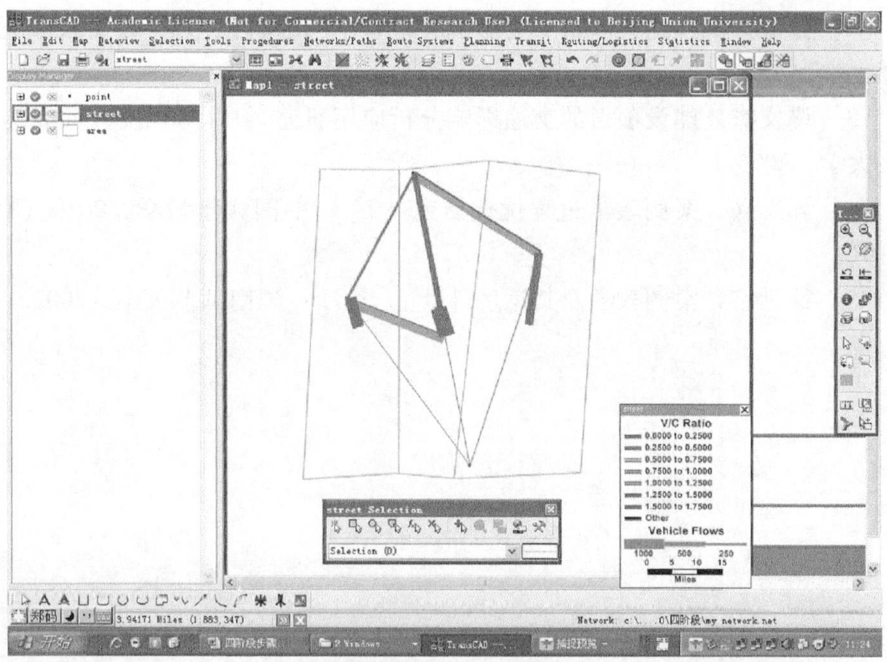


图 2　交通分配结果

保存方法，交叉口相位设置及信号配时设置等方法，Synchro7.0 中交叉口信号优化设置方法等，并对上述分配结果进行仿真验证，最终完成整个课程设计内容。

## 四、结论

本文设计了一种基于 TransCAD 软件的交通影响分析案例教学方法。对比传统教学方法，本方法引入了真实案例数据，并按照行业要求设计了一整套的案例分析流程。此外，案例设计过程充分考虑了对城市轨道交通规划与设计课程中重点知识的应用，设计的课程可以满足相关课程的建设需要。

## 参考文献

［1］盖春英．我国交通影响分析现状及发展建议［J］．公路交通科技，2009（8）：115－119，148.

［2］张毅．城市建设项目交通影响分析若干问题研究［D］．上海：上海交通大学，2008.

［3］谭文杰．建设项目的交通影响分析应用研究［D］．西安：西安建筑科技大学，2005.

［4］郭忠兴．案例教学过程优化研究［J］．中国大学教学，2010（1）：59－61.

［5］徐延宇．案例教学及其运用［D］．长沙：湖南师范大学，2002.

# 学生创新与实践

# Cov－AHP 在难民问题中的应用

曹碧莹* 罗 军 吕恒星

**摘　要：** 层次分析法（AHP）是对定性问题进行定量分析的一种简便、多准则的决策方法。它能够把复杂问题中的各种因素划分为相互联系的有序层次，并根据对一定客观现实的主观判断结构把专家意见和分析者的客观判断结果直接而有效地结合起来，通过所有层次之间的总排序计算所有元素的相对权重并进行排序。然而，“不同的人对各要素重要性的理解不同，其判断也会不一样，从而所计算出的结果和所做的排序也会不同”，我们以协方差矩阵为基础，变换和构造判断矩阵，从而得到唯一的计算结果和排序。本文将 Cov－AHP（基于协方差矩阵的层次分析法）应用于解决难民问题中。

**关键词：** Cov－AHP　协方差矩阵　判断矩阵　难民问题

## 一、引言

难民融入欧洲的政策和做法在许多国家和地区引发了相当多的关注，危机必须通过有效的政策来解决。中东地区的事件引发了大量中东的难民进入欧洲和亚洲国家，移民往往通过地中海进入土耳其、匈牙利、德国、法国和英国等国家。到 2015 年 10 月底，欧洲各国已经从难民中收到了超过 71.5 万份的庇护申请。其中，匈牙利荣登排行榜，相当于每 10 万移居难民中就有近 1450 名匈牙利人，但仅有少数人的申请被通过（2014 年为 32%），每天每 10 万移民的居民中就有 1000 人无家可归。欧洲已经建立了每个国家都同意采取的难民特定数量的制度，广大的难民被安置在法国和德国。

难民有多条可选路线，从中东到：①西地中海；②地中海中部；③东地中海；

---

［基金项目］美国数学建模竞赛二等奖作品。

［通讯作者］曹碧莹，北京联合大学物流工程专业 2013 级本科生。

④西巴尔干地区；⑤东部边界以及阿尔巴尼亚希腊。每个航线的安全性和便利性不同，其中，最多人选择的路线是东地中海，最危险的是环地中海。大多数国家担心自己的能力，如是否能够提供食物、水、住所和医疗保险等资源。除此之外，还需确定难民如何通过该区域迁移的诸多因素，如运输能用性，路线和目的地的基本需求的安全性等。

危机的动态分析。难民在不断变化的政治和文化背景之中寻求安全模式。安置和满足这种流动人口的容量是动态的，而难民最向往的目的地很快也会达到最大容量。如何确定随时间变化的环境因素，显示容量如何被并入模型以考虑这些动态元素？什么资源可以预先确定以及如何在动态过程中分配？哪些资源需要给予优先级，如何可行地在模型中并入这些资源？考虑政府和非政府机构两者的作用。如何将非政府组织纳入更改模型和战略？同时，考虑其他难民的目的地，如加拿大、中国和美国的包容性，并提出一系列保证最佳的迁移组模型。应当优先考虑难民和当地居民的健康和安全，牢记受影响国家的法律和文化的限制，考虑非政府组织的角色和其所采取的行动。

## 二、Cov－AHP 分析

基于 Cov－AHP 方法的线路评价，在一定程度上弥补了传统 AHP 方法定性程度过高的缺点，但也存在一定的局限性，其是在“评价对象”和“评价指标”的基础上进行的“二维”综合评价，是没有考虑时间因素的静态评价。难民迁移问题是一个多阶段的过程，因此需要大量考察评价对象在一段连续时间内的综合评价值，即关于时序立体数据表的综合评价。动态综合评价的基本特征是在指标集、评价对象的基础上增加了时间因素，是具有时间、指标、评价对象的三维综合评价问题。因此，动态综合评价比静态综合评价要复杂得多。

我们在 Cov－AHP 模型的准则子层下针对具有时间变化的元素引入时间序列，使其动态化。

### 1. 时间权向量的确定

时间权向量 $\boldsymbol{\lambda} = (\lambda_1, \lambda_2, \cdots, \lambda_q)^{\mathrm{T}}$，反映了不同时间样本点的相对重要程度，科学地确定时间权向量将是得到合理评价结果的关键。时间权向量的确定，既要考虑主观的因素，也要充分考虑专家的知识及经验，还要兼顾时间样本点本身所包含的客观信息。因此，我们采用一种主客观相结合的方法来确定时间权重。为了求出时间权向量，我们首先给出“时间度”：

$$Z = \sum_{t=1}^{q} \frac{(q-t)\lambda_t}{q-1} \tag{1}$$

定义 $Z$ 的类型：

“时间度”的大小体现了算子集结过程中对时间样本点的重视程度，$Z$ 的取值在 0 和 1 之间，由专家赋予。$Z$ 越接近 0，则表明评价者越重视近期的时间样本点，反之，$Z$ 越接近 1，则表明评价者越重视远期的时间样本点。

时间权通过以下公式得出：

$$\max\left(-\sum_{t=1}^{q} \lambda_t \ln\lambda_t\right) \tag{2}$$

$$\text{s. t.}\begin{cases} Z = \sum_{t=1}^{q} \dfrac{(q-t)\lambda_t}{q-1} \\ \sum_{t=1}^{q} \lambda_t = 1, \lambda_t \epsilon [0,1] \end{cases} \tag{3}$$

设评价时间样本点为 $T_t$ =（$t=1$，2，…，$q$），对应的时间权向量 $\boldsymbol{\lambda} = (\lambda_1, \lambda_2, \cdots, \lambda_q)^{\mathrm{T}}$，其中 $0 \leqslant \lambda_t \leqslant 1$，且设评价指标集为 $H = \{h_1, h_2, \cdots, h_n\}$，对应的指标权向量 $\boldsymbol{W}_t = (w_{t1}, w_{t2}, \cdots, w_{tm})^{\mathrm{T}}$（$t=1$，2，…，$q$），这里的指标权向量由前文的组合赋权法确定；设被评价对象集为 $S = \{S_1, S_2, \cdots, S_m\}$，被评价对象 $S_i$（$i=1$，2，…，$m$）对应于时段 $T_t$、评价指标 $h_j$ 的属性值为 $\boldsymbol{a}_{ij}^t$，对于时间样本点 $T_t$ 的评价系数矩阵记为 $\boldsymbol{A}_t$。

$$\boldsymbol{A}_t = \boldsymbol{S}^{\mathrm{T}} \begin{bmatrix} \boldsymbol{h}_1 & \boldsymbol{h}_2 & \cdots & \boldsymbol{h}_n \\ \boldsymbol{a}_{11}^t & \boldsymbol{a}_{12}^t & \cdots & \boldsymbol{a}_{1n}^t \\ \boldsymbol{a}_{21}^t & \boldsymbol{a}_{22}^t & \cdots & \boldsymbol{a}_{2n}^t \\ \vdots & \vdots & \vdots & \vdots \\ \boldsymbol{a}_{m1}^t & \boldsymbol{a}_{m2}^t & \cdots & \boldsymbol{a}_{mn}^t \end{bmatrix} = (\boldsymbol{a}_{ij}^t)_{m\times n}\ t=1, 2, \cdots, q \tag{4}$$

为了消除不同量纲及量纲单位的影响，我们对不同类型的指标全部进行规范化。针对不同的指标类型，我们采取的规范化方法也不尽相同。我们所选取指标类型均为“效益型”指标。

对于“效益型”指标，令：

$$\boldsymbol{b}_{ij}^t = \frac{\boldsymbol{a}_{ij}^t - \min_t \min_i \boldsymbol{a}_{ij}^t}{\max_t \max_i \boldsymbol{a}_{ij}^t - \min_t \min_i \boldsymbol{a}_{ij}^t} \tag{5}$$

根据式（5）及指标的最大值和最小值，得：

$$\boldsymbol{B}_t=\begin{bmatrix}\boldsymbol{b}_{11}^t & \boldsymbol{b}_{12}^t & \cdots & \boldsymbol{b}_{1n}^t\\ \boldsymbol{b}_{21}^t & \boldsymbol{b}_{22}^t & \cdots & \boldsymbol{b}_{2n}^t\\ \vdots & \vdots & \vdots & \vdots\\ \boldsymbol{b}_{m1}^t & \boldsymbol{b}_{m2}^t & \cdots & \boldsymbol{b}_{mn}^t\end{bmatrix}=(\boldsymbol{b}_{ij}^t)_{m\times n}\ t=1,2,\cdots,q \tag{6}$$

不仅要考虑索引本身的大小，还要考虑增长指数本身的动态综合评价，设定：

$$\boldsymbol{c}_{ij}^t=\boldsymbol{b}_{ij}^t-\boldsymbol{b}_{ij}^{t-1}\ t=2,3,\cdots,q \tag{7}$$

其中$\boldsymbol{c}_{ij}^t$为时间样本点从$T_{t-1}$到$T_t$时间段上指标的“增长”程度。通过以上公式，我们就可以求出对于时间样本点$T_t$的“增长”评价系数矩阵：

$$\boldsymbol{C}_t=\begin{bmatrix}\boldsymbol{c}_{11}^t & \boldsymbol{c}_{12}^t & \cdots & \boldsymbol{c}_{1n}^t\\ \boldsymbol{c}_{21}^t & \boldsymbol{c}_{22}^t & \cdots & \boldsymbol{c}_{2n}^t\\ \vdots & \vdots & \vdots & \vdots\\ \boldsymbol{c}_{m1}^t & \boldsymbol{c}_{m2}^t & \cdots & \boldsymbol{c}_{mn}^t\end{bmatrix}=(\boldsymbol{c}_{ij}^t)_{m\times n}\ t=1,2,\cdots,q \tag{8}$$

对指标本身的大小程度和“增长”程度进行集成，即将矩阵$\boldsymbol{B}_t$和矩阵$\boldsymbol{C}_t$进行集成。

**2. 综合评价的新系数矩阵**

$$\boldsymbol{E}_t=\boldsymbol{S}^{\mathrm{T}}\begin{bmatrix}\boldsymbol{h}_1 & \boldsymbol{h}_2 & \cdots & \boldsymbol{h}_n\\ \boldsymbol{e}_{11}^t & \boldsymbol{e}_{12}^t & \cdots & \boldsymbol{e}_{1n}^t\\ \boldsymbol{e}_{21}^t & \boldsymbol{e}_{22}^t & \cdots & \boldsymbol{e}_{2n}^t\\ \vdots & \vdots & \vdots & \vdots\\ \boldsymbol{e}_{m1}^t & \boldsymbol{e}_{m2}^t & \cdots & \boldsymbol{e}_{mn}^t\end{bmatrix}=(\boldsymbol{e}_{ij}^t)_{m\times n}\ t=1,2,\cdots,q \tag{9}$$

## 三、模型求解

我们需要对不同时间段难民迁移路线的状况分别进行分析。再将分析结果按时间权数进行加权综合，得出各评价对象的综合得分，并据此进行对比排序和分析。

我们选取社会安全、移民政策、可供难民使用的资源三个指标进行分析。结合中东的相关情况，取“时间度”$Z=0.4$比较合适，结合上式非线性规划模型求得时间权向量。

$$B_{2015}=\begin{bmatrix}0.006193 & 0.03197 & 0.03197\\ 0.166715 & 0.19561 & 0.16671\\ 0.62483 & 1 & 0.75124\\ 0.46759 & 0.23223 & 0.35096\\ 0 & 0.00016 & 0.00027\\ 0.00016 & 0.00100 & 0.00108\end{bmatrix} \tag{10}$$

$$B_{2014}=\begin{bmatrix}0.00385 & 0.0455 & 0.0455\\ 0.18512 & 0.22354 & 0.18690\\ 0.7738 & 1 & 0.8165\\ 0.6197 & 0.2576 & 0.4254\\ 0 & 0.00019 & 0.00063\\ 0.00022 & 0.00096 & 0.00103\end{bmatrix} \tag{11}$$

$$C_{2015}=\begin{bmatrix}0.00234 & -0.01353 & -0.01353\\ -0.0184 & -0.02793 & -0.02019\\ -0.15197 & 0 & -0.06526\\ -0.15158 & -0.02537 & -0.06526\\ 0 & -0.00003 & -0.00036\\ -0.0006 & 0.00004 & 0.00005\end{bmatrix} \tag{12}$$

$$E=\begin{bmatrix}0.00542 & 0.02287 & 0.02287\\ 0.12969 & 0.150902 & 0.128842\\ 0.46947 & 0.800000 & 0.26588\\ 0.343712 & 0.18071 & 0.26588\\ 0 & 0.00007 & 0.00014\\ 0.00012 & 0.00081 & 0.00100\end{bmatrix} \tag{13}$$

添加时间因素后，目标层的权重是：

$w'_A=0.020316$，$w'_B=0.087932$，$w'_C=0.465324$，$w'_D=0.403243$，$w'_E=0.010023$，$w'_F=0.013246$

权重变化如下表所示。

权重变化

| | 没有考虑时间因素 | 考虑到时间因素 |
|---|---|---|
| A | 0. 030616 | 0. 020316 |
| B | 0. 093936 | 0. 087932 |
| C | 0. 455342 | 0. 465324 |
| D | 0. 418048 | 0. 403243 |
| E | 0. 001028 | 0. 010023 |
| F | 0. 001028 | 0. 0132416 |

## 四、模型分析

本模型是建立在 Cov – AHP 分析模型基础之上，并加以拓展改进的。其实质就是考虑方案层对准则层各因素随时间变化程度的影响。本模型将时间概念引入，使其原有二维模型变化为具有时间、指标、评价对象的三维综合评价问题。

相较其他准则层因素，即社会安全、移民政策、可供难民使用的资源这三个指标随时间变化明显，其他因素受时间变化量可以忽略不计。计算得出考虑时间变化的 Cov – AHP 目标层权重与未考虑时间变化的 Cov – AHP 目标层权重相当，排序相同，均为地中海东线最高，巴尔干西线次之，地中海中线再次之。其三者比重约占总人数的 97% 以上，可见这三条路线并不是短时间内的热点路线，它有其更深层次的原因。准则层中社会安全原因、移民政策原因、可供难民使用资源原因占比重最大，需要优先考虑，在准则层中国家因素所占比重最大，所以政府在难民迁移线路中起决定作用。

非政府组织可以优化目的地国家的资源配比，而资源也是一项重要因素，所以在难民迁移路线的行动中，需要政府和非政府机构的共同努力。对于其他难民的目的地，如加拿大、中国和美国也可以考虑此模型，在考虑这些国家时，线路的地理条件是一个非常重要的元素。

## 五、基于 Cov – AHP 的建议

（1）从模型所得结果看有超过 97% 的人首先选择从土耳其进入希腊，从

希腊到匈牙利，从突尼斯和利比亚到意大利这三条热门线路，所以应该首先保证进入欧洲热门线路的资源供给，其中，匈牙利、希腊、意大利是重中之重，地方政府和国际组织应该尽可能地保证当地物资的充裕。

（2）欧洲总人口约7.23亿人，其中，穆斯林约有6000万人。基于穆斯林移民的不断增加和较高的出生率，穆斯林在欧洲人口中的比例处于快速增长的状态。进入2015年，由于叙利亚、伊拉克等地的战争，潜在数量达到500万人，成为第二次世界大战以来欧洲遇到的最大难民潮。难民不同于移民，依据国际法，难民受到特别的保护，且不能被遣返。而绝大多数难民是信仰伊斯兰教的穆斯林，宗教冲突已经成为影响社会安定的一项重要因素。欧洲主要信仰天主教和基督教，故有人忧虑欧洲从此将穆斯林化，若干年以后，欧洲的主流文化将由基督教让位于伊斯兰教，因此主张限制穆斯林的发展；也有人认为，穆斯林的宗教自由没有得到应有的保障，沙特阿拉伯就声称，要为德国修建200座清真寺。所以当地政府需要加强社会安保力量，保障穆斯林的基本权利。

（3）加强法律建设，保障难民的基本权利，提高群众的道德觉悟，增加当地居民的文化认同感。

（4）凸显出欧盟的重要作用，加强欧盟成员国间的交流合作，例如德国采取积极的移民政策，而土耳其等国由于其自身的因素限制难民入境，所以诸如欧盟等国际地区性组织需要在其中进行协调、再分配。

## 参考文献

谢忠秋．Cov－AHP：层次分析法的一种改进［J］．数量经济技术经济研究，2015（8）：137－148.

# 基于共同配送的优化节能配送系统

韩倩倩　曹丽婷*　周　菲　张迪修　江　深

**摘　要**：现代物流发展迅速，除了给人们的生活带来极大的便利之外，所带来的问题也不容小觑。例如，各快递公司在同一地区重复建设配送中心，造成资源浪费；众多无统一标准的快递车的运行不仅加重了城市交通拥挤现象，还污染了城市环境。为解决这类资源浪费和环境污染的问题，共同配送这一方案应运而生。共同配送旨在促使货物配送的集约化，实现运输工具和物流基础设施使用的共同化，减少城市内卡车交通量，减少能源消费，缓解交通阻塞，改善环境质量，降低物流成本，提高物流效率，取得经济效益和物流效益。这对实现节能减排有着重大的意义。本文将设计一套共同配送体系下的优化配送系统，重点研究两个问题：配送中心的选址规划以及车辆装载与问题调配方案设计。对于配送中心选址规划，我们以北京市海淀区学院路快递配送情况为例进行选址分析，采用最大覆盖模型法，并运用 Lingo（交互式的线性和通用优化求解器）软件计算求出最优配送中心地址。对于车辆装载调配，以最大限度地利用车辆空间为目标，设计车辆装载调配策略，利用采用背包问题的近似算法模型计算出如何用最少的车辆实现最大范围的配送问题。通过分析证明了设计的有效性，该模型通过合理的共同配送可以降低物流成本，减少资源浪费，节能减排，对环境保护起到很好的促进作用。

**关键词**：优化配送系统　共同配送　节能减排　配送中心选址　车辆装载调配

---

［基金项目］2017 年物流教改教研课题计划（课题编号：JZW2017121）。2015 年中国物流学会、中国物流与采购联合会课题计划（课题编号：2015CSLKT3－173）。

［第一作者］韩倩倩，北京联合大学物流工程专业 2014 级本科生。

［通讯作者］曹丽婷（1972 年生），女，博士，北京联合大学物流系讲师，研究方向：物流系统信息化与自动化。E－mail：caoliting0618@163.com

## 一、引言

现代物流发展迅速，除了给人们的生活带来极大的便利之外，所带来的问题也不容小觑。例如，各快递公司在同一地区重复建设配送中心，造成资源浪费；众多无统一标准的快递车的运行不仅加重了城市交通拥挤现象，还污染了城市环境。为解决这类资源浪费和环境污染的问题，共同配送这一方案应运而生。共同配送旨在促使货物配送的集约化，实现运输工具和物流基础设施使用的共同化，减少城市内卡车交通量，减少能源消费，缓解交通阻塞，改善环境质量，降低物流成本，提高物流效率，取得经济效益和物流效益。这对实现节能减排有着重大的意义。

## 二、共同配送

### （一）共同配送的定义

共同配送也称共享第三方物流服务，指多个客户联合起来共同由一个第三方物流服务公司来提供配送服务。它是在配送中心的统一计划、统一调度的基础上展开的。共同配送是由多个企业联合组织实施的配送活动。共同配送的本质是通过作业活动的规模化降低作业成本，提高物流资源的利用效率。

### （二）国内的共同配送发展现状

近年来，国内对于物流社会化、共同化的认可程度在逐渐增强，我国企业开展共同配送的比例正在上升，政府也在推动配送共同化进程中采取了不少措施。共同配送已经成为我国物流发展的必然趋势。在物流量大的地方建立分拨中转中心对城市和城际间的配送尤为重要。在城市需求密集的地方、城市交界处以及农村，建立能够及时响应的分拨中转中心。在这方面，菜鸟驿站、小麦公社以及鸟箱的出现和兴起开辟了先河，奠定了基础。

### （三）国外的共同配送发展现状

国外的共同配送发展起步较早，对经济效益与环境发展的思考比较全面。以布里斯托城市集运中心为例，该集运中心旨在服务拥挤的城市中心区域。

自运营以来，不仅为企业用户创造了价值，提高了配送效率，还降低了商店库存，为零售商提供了更多销售空间；集运中心还为城市社区创造价值，表现为减少了76%的零售商配送次数；节约了26.4万公里的运输里程；减少了30%的二氧化碳排放，改善了空气质量，同时降低了噪声污染；回收了2.64万千克的纸板和塑料包装材料；减少了城市区域的交通拥塞，降低了污染排放和交通事故风险。

## 三、配送中心选址问题研究

配送中心作为共同配送运作的基础设施，构成共同配送活动的神经枢纽，对实施共同配送发挥着重要的作用。它越来越多地执行指挥、调度等神经中枢的职能，对优化整个分销网络起着重要的作用。选址和库存、运输成本之间存在着密切的联系。所以，可通过合并来减少设施数量，提高资源利用率。

在共同配送下物流配送中心选择问题实质上就是特定条件下的配送中心选址问题，它指在一个具有若干需求点的经济区域内，选择一个或几个地址设置配送中心，从而使配送成本最优的规划过程。选址在整个物流系统中占有非常重要的地位，属于战略管理层的研究范围。

北京市海淀区是大学比较密集的地区，同时也是快递数量较多的地区，因此使用最大覆盖模型法求解共同配送中心候选地址。图1为备选区域划分。

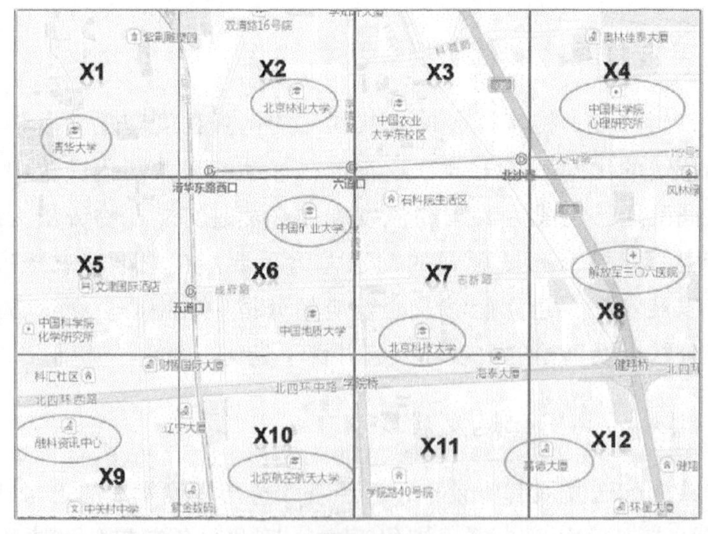


图1　备选区域划分

在快递配送中，要保证达到客户的需求和满意度，通常配送的时间不能超过0.3小时。因此，我们要知道各候选地址和各客户地点的时间距离，而在市内的主要运输工具是快递三轮车，它的车速为15千米/小时，在互联网上收集资料得到表1和表2。表1为各候选地址到客户间的空间距离；表2为各候选地址到客户间的时间。

**表1　　各候选地址到客户间的空间距离**

| 距离（千米） | 清华大学 | 北京林业大学 | 中国矿业大学 | 北京科技大学 | 中国科学院心理研究所 | 解放军三〇六医院 | 融科资讯中心 | 中国航空航天大学 | 高德大厦 |
|---|---|---|---|---|---|---|---|---|---|
| X1 | 1.9 | 4.7 | 4.6 | 6.1 | 6.5 | 6.6 | 4.2 | 5.4 | 6.9 |
| X2 | 2.0 | 2.0 | 1.9 | 3.9 | 3.5 | 3.5 | 3.9 | 3.6 | 4.7 |
| X3 | 3.9 | 3.0 | 2.4 | 4.2 | 2.3 | 3.2 | 6.2 | 4.1 | 4.3 |
| X4 | 5.1 | 4.2 | 3.5 | 4.0 | 1.6 | 2.5 | 8.1 | 5.2 | 4.6 |
| X5 | 0.826 | 3.4 | 3.3 | 5.5 | 5.2 | 5.3 | 3.4 | 4.1 | 5.6 |
| X6 | 2.1 | 2.9 | 2.2 | 2.8 | 4.1 | 3.3 | 3.5 | 2.2 | 3.6 |
| X7 | 3.1 | 3.0 | 2.3 | 2.2 | 3.5 | 2.7 | 4.9 | 2.4 | 3.0 |
| X8 | 4.0 | 3.9 | 3.2 | 1.8 | 2.5 | 1.6 | 5.4 | 3.2 | 2.0 |
| X9 | 2.2 | 5.4 | 4.7 | 4.6 | 6.6 | 5.8 | 0.661 | 3.3 | 4.8 |
| X10 | 2.7 | 4.2 | 3.5 | 3.4 | 5.4 | 4.6 | 4.1 | 0.789 | 3.3 |
| X11 | 4.1 | 4.0 | 3.3 | 1.8 | 4.4 | 3.0 | 4.0 | 1.8 | 0.764 |
| X12 | 5.8 | 5.7 | 5.0 | 2.2 | 4.3 | 2.8 | 5.8 | 3.6 | 1.2 |

注：X1：至善路与学堂路交叉口　　X2：林业大学北路与柏儒西街交叉口
X3：石板房南路与小月河西路交叉口　　X4：林萃路与科荟南路交叉口
X5：中关村东路与双清路交叉口　　X6：学院路街道15号
X7：志新西路与志新路交叉口　　X8：安翔北路与G6京藏高速交叉口
X9：中关村南三街与中关村南路交叉口　　X10：学院西路与学院南路交叉口
X11：花园北路与塔院东街交叉口　　X12：小关后街与小关街交叉口

表 2　　各候选地址到客户间的时间

| 时间（小时） | 清华大学 | 北京林业大学 | 中国矿业大学 | 北京科技大学 | 中国科学院心理研究所 | 解放军三〇六医院 | 融科资讯中心 | 中国航空航天大学 | 高德大厦 |
|---|---|---|---|---|---|---|---|---|---|
| X1 | 0. 127 | 0. 313 | 0. 307 | 0. 407 | 0. 433 | 0. 44 | 0. 28 | 0. 36 | 0. 46 |
| X2 | 0. 133 | 0. 133 | 0. 127 | 0. 127 | 0. 233 | 0. 233 | 0. 26 | 0. 24 | 0. 313 |
| X3 | 0. 26 | 0. 2 | 0. 16 | 0. 28 | 0. 153 | 0. 213 | 0. 413 | 0. 273 | 0. 287 |
| X4 | 0. 34 | 0. 28 | 0. 233 | 0. 267 | 0. 107 | 0. 167 | 0. 54 | 0. 347 | 0. 307 |
| X5 | 0. 055 | 0. 227 | 0. 22 | 0. 367 | 0. 347 | 0. 353 | 0. 015 | 0. 273 | 0. 373 |
| X6 | 0. 14 | 0. 193 | 0. 147 | 0. 187 | 0. 273 | 0. 22 | 0. 233 | 0. 147 | 0. 24 |
| X7 | 0. 207 | 0. 2 | 0. 153 | 0. 147 | 0. 233 | 0. 18 | 0. 327 | 0. 16 | 0. 2 |
| X8 | 0. 267 | 0. 26 | 0. 213 | 0. 12 | 0. 167 | 0. 106 | 0. 36 | 0. 213 | 0. 133 |
| X9 | 0. 147 | 0. 36 | 0. 313 | 0. 020 | 0. 44 | 0. 387 | 0. 044 | 0. 22 | 0. 32 |
| X10 | 0. 18 | 0. 28 | 0. 233 | 0. 227 | 0. 36 | 0. 307 | 0. 274 | 0. 053 | 0. 22 |
| X11 | 0. 273 | 0. 267 | 0. 22 | 0. 12 | 0. 293 | 0. 22 | 0. 267 | 0. 12 | 0. 051 |
| X12 | 0. 387 | 0. 38 | 0. 333 | 0. 147 | 0. 287 | 0. 187 | 0. 387 | 0. 24 | 0. 08 |

利用最大覆盖模型法进行求解，得到配送中心的候选地址。具体步骤如下。

第一步：找到所有能在 0. 3 小时内到达某客户所在地的所有候选地址的集合。

表 3　　货物能在 0. 3 小时被送达的配送中心候选地址集合

| 客户 | 候选地址 |
|---|---|
| 清华大学 | X1、X2、X3、X5、X6、X7、X8、X9、X10、X11 |
| 北京林业大学 | X2、X3、X4、X5、X6、X7、X8、X10、X11 |
| 中国矿业大学 | X2、X3、X4、X5、X6、X7、X8、X10、X11 |
| 北京科技大学 | X2、X3、X4、X6、X7、X8、X9、X10、X11、X12 |
| 中国科学院心理研究所 | X2、X3、X4、X6、X7、X8、X11、X12 |
| 解放军三〇六医院 | X2、X3、X4、X6、X7、X8、X11、X12 |

续 表

| 客户 | 候选地址 |
|---|---|
| 融科资讯中心 | X1、X2、X5、X6、X9、X10、X11 |
| 中国航空航天大学 | X2、X3、X5、X6、X7、X8、X9、X10、X11、X12 |
| 高德大厦 | X3、X6、X7、X8、X9、X10、X11、X12 |

第二步：如果在 $i$ 地建设物流配送中心，则令 $Xi=1$；如果不在 $i$ 地建设物流配送中心，则令 $Xi=0$，建立以下模型。

目标函数：

$$\min Z = X1 + X2 + X3 + X4 + X5 + X6 + X7 + X8 + X9 + X10 + X11 + X12$$

约束条件：

$$X1 + X2 + X3 + X5 + X6 + X7 + X8 + X9 + X10 + X11 \geqslant 1$$

$$X2 + X3 + X4 + X5 + X6 + X7 + X8 + X10 + X11 \geqslant 1$$

$$X2 + X3 + X4 + X5 + X6 + X7 + X8 + X10 + X11 \geqslant 1$$

$$X2 + X3 + X4 + X6 + X7 + X8 + X9 + X10 + X11 + X12 \geqslant 1$$

$$X2 + X3 + X4 + X6 + X7 + X8 + X11 + X12 \geqslant 1$$

$$X2 + X3 + X4 + X6 + X7 + X8 + X11 + X12 \geqslant 1$$

$$X1 + X2 + X5 + X6 + X9 + X10 + X11 \geqslant 1$$

$$X2 + X3 + X5 + X6 + X7 + X8 + X9 + X10 + X11 + X12 \geqslant 1$$

$$X3 + X6 + X7 + X8 + X9 + X10 + X11 + X12 \geqslant 1$$

使用 Lingo 软件求解，建立约束条件和目标函数，如图 2 所示。图 3 为运算结果，可以得到：X6 处所在区域为最佳共同配送中心的候选地址。

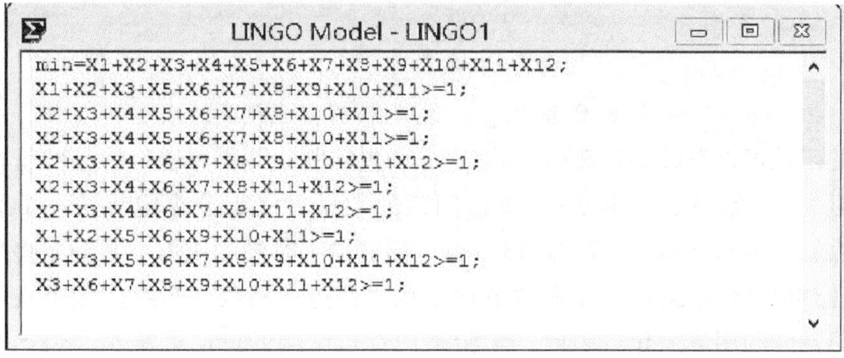


**图 2　求解最优候选地址问题的约束条件和目标函数**

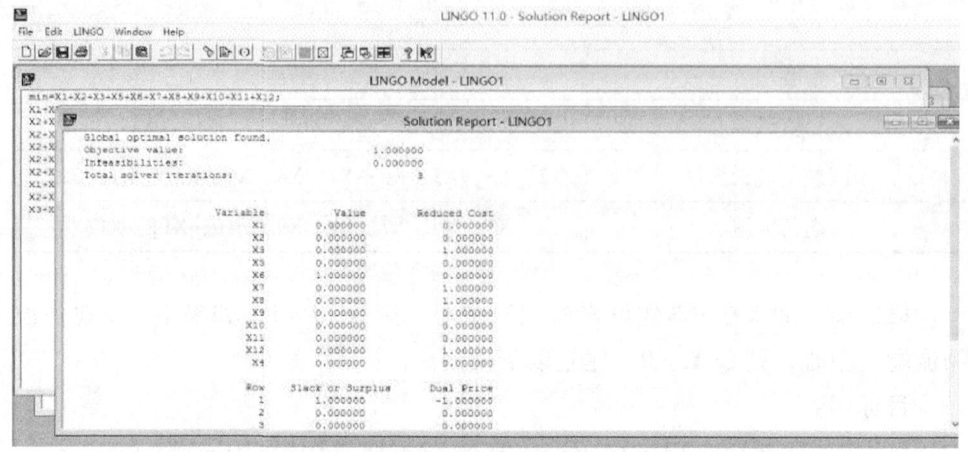


**图 3　最优候选地址问题的运算结果**

## 四、车辆装载策略研究

设 $L_i$（实际进行的配送业务量）拥有车辆总数 $N_i$，配送车辆车载容量为 $V$（$V \leqslant V_i^j$，即单个物品体积小于车载容量），每一周期 $L_i$ 根据实际配送需求，确定需要 $n_i$ 辆汽车完成配送，$D_i$ 是快递企业数量。假定任一车辆所有装载物品总质量不大于该车辆载重上限，即不出现车辆超载的情况，各个快递企业车辆配置充足，且配送车辆均属于同一类型、具有相同大小的车载容量，不考虑同一辆车回配送中心进行二次配送，故总有 $N_i \geqslant n_i$。本文认为配送货物在装载上车的过程中，以最大限度地利用车辆空间为目标，即满足：

$$\max z = \sum_{j=1}^{\overline{D_i}} v_i^j k_j$$

$$\text{s. t.} \quad \sum_{j=1}^{\overline{D_i}} v_i^j k_j \leqslant V$$

$$k_j = 0 \text{ 或 } 1, j \in N = \{1,2,\cdots,\overline{D_i}\}$$

此函数可以看成是特殊形式的 0—1 背包问题，即所有快件物品的价值均相等且为 1。常用的求解 0—1 背包问题的数学方法有分支定界法、贪婪法（王梦竹，2013；赵新超等，2013）等，然而迫于时效的压力，我国大多数快递企业难以精确根据每一车辆的最优装载方案进行装载，多数依赖个人经验使车辆空间利用最大化。因此，实验采用背包问题的近似算法作为快递企业智能体（agent）的车辆装载策略，其具体步骤如下。

第一步：记剩余待装载物品集合为 $\overline{v}$ ，令 $v_i^1 \geqslant v_i^2 \geqslant \cdots \geqslant v_i^n$ ，即将待装载物品按体积从大到小排列，并依次上车，记 $s = \min\left\{k \left| \sum_{j=1}^{k} v_i^j > V\right.\right\}$ ，$s$ 为关键项，表示第一个超过车辆装载容积的物品序号，令 $x = s+1$，剩余体积空间 $\overline{V} = V - \sum_{j=1}^{s-1} v_i^j$。该车辆的初始装载物品位置坐标集合为 $d_{n_j}$。

第二步：判断 $v_i^x$ 与 $\overline{V}$ 大小关系，若 $v_i^x < \overline{V}$，则 $d_{n_j} \cup \overline{V}$，$\overline{V} = \overline{V} - v_i^x$。

第三步：令 $x = x+1$，若 $x > n$，则转向第四步，若 $x \leqslant n$，则重复第二步。

第四步：若 $\overline{v} \neq \varnothing$，则 $n_i = n_i + 1$，返回第一步，若 $\overline{v} = \varnothing$，则结束计算。

在上述装载方法中，上一车辆完成装载后，剩下待配送的物品与下一车辆构成新的函数关系式，继续求解最优方案，直到所有物品都装载上车，到此得出该周期 $L_i$ 所需车辆数 $n_i$，每一车辆所需配送物品的位置坐标的集合为 $d_i^f = \{p_i^j\}$，$f = 1, 2, \cdots, n_i$。需注意的是，当按独立配送计算各企业成本时，则先划分区块，再对每一区块需配送的物品按上述方式装载上车，当按共同配送计算各企业成本时，则直接按上述方式将责任区域待配送的物品装载上车。

## 五、共同配送效益分析

实行共同配送会带来巨大的社会效益，例如可以减少快递车的数量，并统一规格，减少交叉运输现象，大大缓解城市交通压力。可以共享物流设施，减少人工成本，最大程度减少成本与资源的浪费，提高配送效率。

这里以海淀区学院路为例，进行实行共同配送前后的效益对比，如表4所示。

**表4　　海淀区学院路实行共同配送前后配送效益对比**

| 项目 | 分拣区面积（平方米） | 快递车辆（辆） | 末端配送车辆（辆） | 工作人员（人） | 成本（元） |
|---|---|---|---|---|---|
| 共同配送前 | 1480 | 173 | 160 | 242 | 1567412 |
| 共同配送后 | 1080 | 50 | 37 | 142 | 884343 |
| 减少量 | 400 | 123 | 123 | 100 | 683069 |
| 减少百分比 | 27% | 71% | 77% | 41% | 44% |

## 六、共同配送的应用前景

实施共同配送是将多家零散的货物整合成一整车统一进行配送，配送路线的优化、配送货物的集约化可以大大提高运输配送效率和车辆满载率，减少空驶率，使运输成本下降。共同配送促使货物配送的集约化，实现运输工具和物流基础设施使用的共同化，减少城市内卡车交通量，减少能源消费，缓解交通阻塞，改善环境质量，降低物流成本，提高物流效率，取得经济效益和物流效益。因此，开展共同配送，不仅可以对物流的功能、设施、设备、网络、信息等资源进行整合，优化物流资源的配置，还能改善交通状况、缓解环境污染、促进社会和谐发展。

从数据分析来看，经共同配送后，资源得到了极大的整合，快递车数量的减少缓解了交通拥堵并减少了尾气排放，具有巨大的、有效的实际应用价值。

物流快递是我国目前非常庞大的一个产业，物流企业众多，此作品具有非常广泛的应用前景和较高的应用价值。

## 参考文献

[1] 祝锡永，姚安琪. 共同配送下成本分摊影响因素的计算实验研究［J］. 浙江理工大学学报，2015，34（1）：1-11.

[2] 徐翔. 对标国外，探索国内共配发展之路［J］. 中国储运杂志，2016（10）：68.

[3] 周晓光. 电子商务与快递物流“最后一公里”及城市物流研究［EB/OL］. 北京联合大学物流工程专业特聘教授讲座，2016-11-08.

# 物流企业配送路径优化研究

吴连月　曹丽婷*　程肖冰　王雨情　鲁春雪　徐子晨　王少杰

**摘　要：** 以实际物流企业为背景，研究配送系统的配送路径优化解决方案、配送优化建模。结合天津物流企业自身的配送运作实际情况选择启发式算法中的里程节约法作为设计理论依据，以距离优先为原则，在实际数据采集、建立模型之后，在有限的可行解集合中找出最优解，也就是配送车辆运输时的最优行车路线。通过分析可以看出：该企业采用优化后的车辆配送系统，能够合理运用车辆、减少运输成本。以实际物流公司为背景，研究流通系统的配送路径优化解决方案。以距离优先为原则，通过启发式算法中的里程节约法寻找到车辆运输时的最优路线，合理运用车辆、减少油耗，为公司提出合理的车辆配送方案，从而缩小了运输路径，实现节能减排。通过将优化的车辆配置和货物配送路径优化方案应用到某物流公司，大幅提高配送的效率，节约了油耗和配送时间，提高了服务质量。

**关键词：** 配送路径优化　里程节约法　最优路线　物流企业　节能减排

## 一、引言

随着中国经济的发展，交通业快速发展起来，在给人们带来生活便利的同时，大量的机动车尾气排放导致大气污染严重。大气污染中机动车尾气污染已占70%。汽车排出的污染物主要有一氧化碳（CO）、碳氢化合物（HC）、氮氧化物（NO）等以及微粒污染物（或称颗粒污染物），这些在大城市的许多空气质量监测点已成为左右空气污染指数的首要污染物。如果说，20 世纪 90 年代

---

［基金项目］2017 年物流教改教研课题计划（课题编号：JZW2017121）。

［第一作者］吴连月，北京联合大学物流工程专业 2014 级本科生。

［通讯作者］曹丽婷（1972 年生），女，博士，北京联合大学物流系，讲师，研究方向：物流系统信息化与自动化。E－mail：caoliting0618@ 163. com

中大气污染是受到工业经济的影响，那么，进入21世纪，机动车尾气污染则成为了大气环境污染的罪魁祸首。城市人口相对密集，随着建筑物越来越高，道路日渐拥挤，机动车所排放的尾气密度提高，严重地威胁到环境卫生和人们的身体健康。中国有关部门已经具有针对性地采取措施降低机动车尾气排放，但是，由其而导致的大气污染依然不容乐观。物流业作为目前中国一个非常大的产业，其配送环节对环境造成的影响不容小觑。

目前，很多物流企业的配送路径不尽合理，造成物流成本的增加，交通资源、燃料能源的浪费以及尾气排放的增加，加重了环境污染。物流企业间的竞争越来越激烈，为了追求更大化的利润也为了让自已的企业更具有竞争力，许多企业都瞄准了配送这个核心环节，一个好的物流流通体系能为企业节约大量的人工成本和时间成本，使企业在激烈的市场竞争中立于不败之地。在运输配送上，还存在很多企业只认为这是简单的运输，两点式运输是配送司机普遍选择的运输方式，没有科学的路线规划方法，经常会发生迂回运输、对流运输等情况，根本不能实现整个运输网的整体优化。

本设计针对一家物流企业进行产品配送路径优化设计。对于这家企业的配送作业环节可以描述为从公司的配送中心用多辆汽车向多个客户进行送货，每个客户的具体位置固定，需求的货物量在一定条件内稳定，每辆配送车辆的载重量固定，要求合理安排汽车路线，使总体的运输距离最短。配送路径的优化在整个物流体系优化中是至关重要的环节，选择一条最合适的路线进行配送无疑是使用最少的资源达到最大的经济效益和最好的社会效益。

## 二、设计目标

设计优化配送路径时考虑实现以下目标。

（1）实现最高的企业效益：对于效益的考虑，通常以当前企业的利益为主，辅之企业长远利益。效益在企业日常管理活动中可以表现为利润。因此，计算过程中应以利润最大化为出发点。但由于效益不仅仅表现为利润，因此在模型处理中，很难建立相关函数关系，因此这一目标采用率不太高。

（2）实现最低的成本：成本的计算程序比较复杂，需要考虑的因素也很多。成本最低的目标模式本质上等同于效益最高的目标模式，因此在实际操作上比较可行。

（3）实现最短的路程。成本的计算与路程的长短有一定的相关性，当其他影响因素相关性比较微小时，目标设定为最短的路程有利于为计算减少很多不必要的麻烦，从而简化计算程序。但是，很多时候最短的路程并不等同于最低的成本，一味选择最短的路程作为最佳选择是不全面的。

（4）达到较高的准时性。以准时性作为考量标准需要协调客户的要求与客户需求的急缓之间的关系来确定配送的路线。以准时性作为目标很难兼顾成本，可能会导致成本过高，因此这一目标必须基于对成本的有效控制。

（5）最合理利用运力。在运力紧张时，运力与效益出现了一定的相关性。此时，有效节约运力，提高运力利用率，以此为目标来确定配送路线，有利于对高成本的规避。但在实际操作中，要具体问题具体分析，根据现状选择需要进行优化的目标。

## 三、系统设计

### （一）选择优化算法

配送路径优化的算法有很多，本设计采用“里程节约法”来进行配送路径优化。“里程节约法”是解决在配送车辆数目未知的情况下的最有名的启发式算法。这个算法的基本原理是三角形的任意两边之和大于第三边，如图 1 所示。

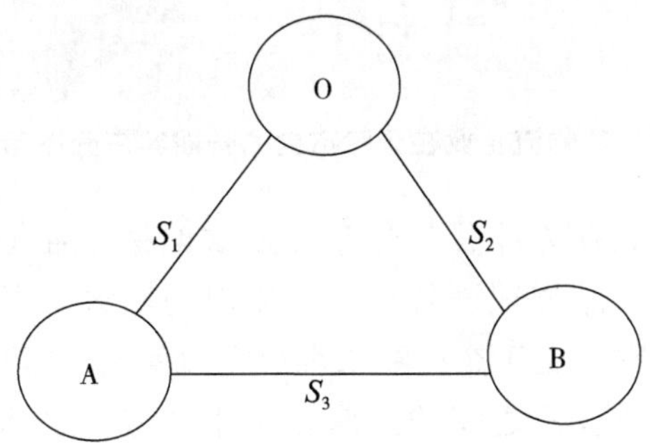


**图 1　里程节约法基本原理**

公司 O 分别向 A 和 B 两个独立的客户送货，O 向 A 往返送货路程加上 O 向 B 往返送货路程必然大于 O→A→B→O 的送货距离。若 O 点派出两辆汽车分别对 A、B 两个用户各自往返送货时，汽车行驶的总里程 $S$ 是：$S=2\ (S_1+S_2)$。

如果用一辆汽车向 A、B 两个用户顺时针送货，则汽车行驶总里程 $S$ 为：$S=S_1+S_2+S_3$，后一种配送方案比前一种方案节约里程：

$$\Delta S=2\ (S_1+S_2)\ -\ (S_1+S_2+S_3)\ =S_1+S_2-S_3$$

里程节约法可以提高配送效率，使车辆行驶路程最短、成本最低。

## （二）物流企业配送路径优化

针对该物流企业的实际配送问题，对其长期客户定时定量的配送进行合理优化。图 2 是这家物流企业在天津市内的长期客户分布示意。

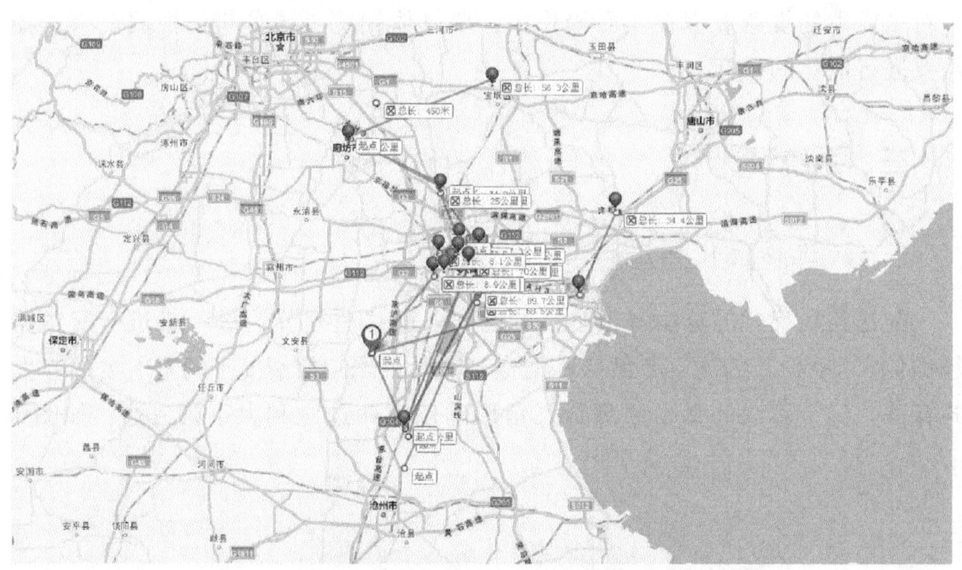


图 2　某物流企业在天津市内的长期客户分布示意

图 3 为某物流企业在天津客户分布的数学模型，且每个客户之间都不存在无法到达的问题。通过整理该公司近三年内的销售单可以了解到每个客户每周需求量的具体吨数。由于企业要求客户资料保密，客户名称由字母 A ~ M 代替。经过调研，每个客户之间的距离和企业与客户之间的距离均已计算完毕，详细情况见表 1 和表 2。目前某物流企业有载重量 4 吨厢式货车 5 辆（最大载货量 4 吨），2 吨厢式货车 2 辆。

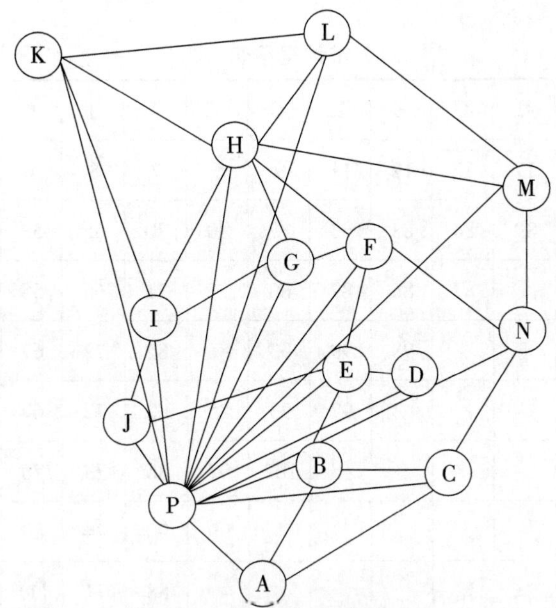


**图3　天津客户位置模拟**

表1　　　　　　　　　　　　　　里程表

| 需求量 | P | | | | | | | | | | | | | | |
|---|---|---|---|---|---|---|---|---|---|---|---|---|---|---|---|
| 0. 6 | 30 | A | | | | | | | | | | | | | |
| 1. 4 | 45 | 57 | B | | | | | | | | | | | | |
| 0. 5 | 47 | 60 | 3 | C | | | | | | | | | | | |
| 1. 8 | 50 | 68 | 11 | 10 | D | | | | | | | | | | |
| 0. 6 | 49 | 67 | 11 | 10 | 1 | E | | | | | | | | | |
| 1. 4 | 56 | 75 | 18 | 16 | 7 | 8 | F | | | | | | | | |
| 0. 6 | 53 | 74 | 21 | 20 | 10 | 9 | 7 | G | | | | | | | |
| 1. 4 | 66 | 91 | 41 | 40 | 30 | 30 | 25 | 20 | H | | | | | | |
| 2. 4 | 45 | 68 | 20 | 21 | 13 | 12 | 15 | 8 | 23 | I | | | | | |
| 1. 4 | 37 | 59 | 17 | 18 | 15 | 14 | 20 | 16 | 32 | 9 | J | | | | |
| 2. 6 | 82 | 111 | 74 | 74 | 65 | 64 | 62 | 55 | 37 | 53 | 59 | K | | | |
| 1. 4 | 110 | 138 | 80 | 77 | 68 | 69 | 61 | 60 | 45 | 66 | 75 | 56 | L | | |
| 1. 4 | 104 | 113 | 60 | 57 | 56 | 57 | 52 | 18 | 64 | 66 | 71 | 100 | 65 | M | |
| 1. 6 | 79 | 81 | 38 | 36 | 40 | 42 | 41 | 48 | 64 | 53 | 54 | 101 | 85 | 34 | N |

**表 2　　　　　　　　　　　　　　　节约里程表**

| | A | B | C | D | E | F | G | H | I | J | K | L | M | N |
|---|---|---|---|---|---|---|---|---|---|---|---|---|---|---|
| A | | 18 | 17 | 12 | 12 | 11 | 9 | 5 | 7 | 8 | 1 | 2 | 21 | 28 |
| B | | | 89 | 84 | 83 | 83 | 77 | 70 | 70 | 65 | 53 | 75 | 89 | 86 |
| C | | | | 87 | 86 | 87 | 80 | 73 | 71 | 66 | 55 | 80 | 94 | 90 |
| D | | | | | 98 | 99 | 93 | 86 | 82 | 72 | 67 | 92 | 98 | 89 |
| E | | | | | | 97 | 93 | 85 | 82 | 72 | 67 | 90 | 96 | 86 |
| F | | | | | | | 102 | 97 | 86 | 73 | 76 | 105 | 108 | 94 |
| G | | | | | | | | 99 | 90 | 74 | 80 | 103 | 139 | 84 |
| H | | | | | | | | | 88 | 71 | 111 | 131 | 106 | 81 |
| I | | | | | | | | | | 73 | 74 | 89 | 83 | 71 |
| J | | | | | | | | | | | 60 | 72 | 70 | 62 |
| K | | | | | | | | | | | | 136 | 86 | 60 |
| L | | | | | | | | | | | | | 149 | 104 |
| M | | | | | | | | | | | | | | 149 |

## 四、优化效果分析

优化前：共 14 条线路，如表 1 所示，由公司 P 往返向每个客户配送配件。分别如图 4 至图 8 所示。

总行驶距离：（30 + 45 + 47 + 50 + 49 + 56 + 53 + 66 + 45 + 37 + 82 + 110 + 104 + 79）× 2 = 1706 千米。

优化后：根据里程节约程度，由大到小排列，如表 3 所示，连接 MN，由于连接 MN 后再连接 L 点，则会使车辆超载，所以不能在送货路线上增加 L 点，取次之连接 G 点形成 P→N→M→G，图 4 线路行驶距离和该线路的最大载重量分别为：79 + 34 + 18 + 53 = 184 千米，3.6 吨。

**表 3　　节约点连线表**

| 连接线 | 节约里程 | 连接线 | 节约里程 | 连接线 | 节约里程 | 连接线 | 节约里程 |
|---|---|---|---|---|---|---|---|
| MN | 149 | DL | 92 | EB | 83 | BI | 70 |
| LM | 149 | IG | 90 | ID | 82 | DK | 67 |
| MG | 139 | LE | 90 | IE | 82 | EK | 67 |
| KL | 136 | NC | 90 | HN | 81 | CJ | 66 |
| HL | 131 | BC | 89 | GK | 80 | BJ | 65 |
| HK | 111 | ND | 89 | CG | 80 | NJ | 62 |
| FM | 108 | LI | 89 | CL | 80 | JK | 60 |
| HM | 106 | BM | 89 | BG | 77 | NK | 60 |
| FL | 105 | HI | 88 | KF | 76 | CK | 55 |
| LN | 104 | CD | 87 | BL | 75 | BK | 53 |
| LG | 103 | CF | 87 | GJ | 74 | AN | 28 |
| FG | 102 | CE | 86 | IK | 74 | AM | 21 |
| FD | 99 | HD | 86 | CH | 73 | AB | 18 |
| HJ | 99 | IF | 86 | FJ | 73 | AC | 17 |
| ED | 98 | KM | 86 | DJ | 72 | AD | 12 |
| FE | 97 | EN | 86 | EJ | 72 | AE | 12 |
| FH | 97 | BN | 86 | LJ | 72 | AF | 11 |
| EM | 96 | EH | 85 | CI | 72 | AG | 9 |
| CM | 94 | GN | 84 | HJ | 71 | AJ | 8 |
| FN | 94 | BD | 84 | IN | 71 | AI | 7 |
| GE | 93 | IM | 83 | JM | 70 | AH | 5 |
| GD | 93 | FB | 83 | BH | 70 | AL | 2 |
| | | | | | | AK | 1 |

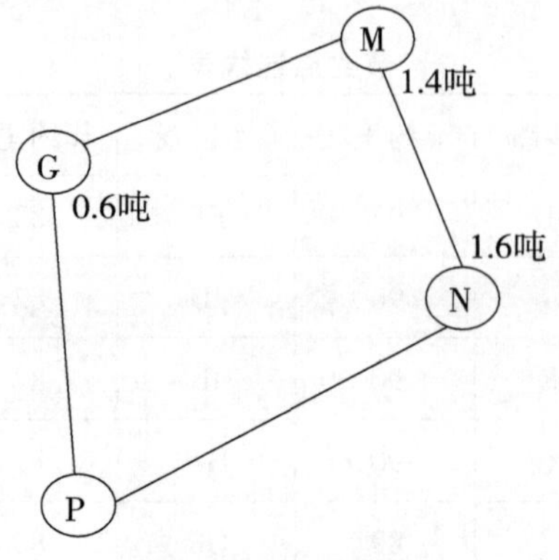


图 4　PNMG 线路

图 5 线路行驶距离为 49 + 1 + 7 + 25 + 66 = 148 千米；最大载重量为 4 吨。

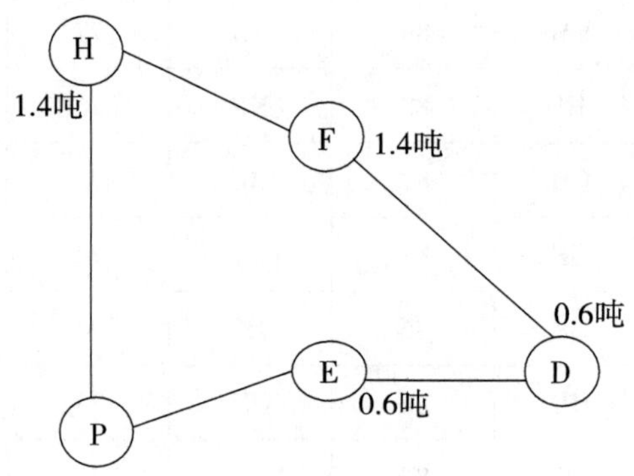


图 5　PEDFH 线路

图 6 线路行驶距离为 110 + 56 + 82 = 248 千米；最大载重量为 4 吨。

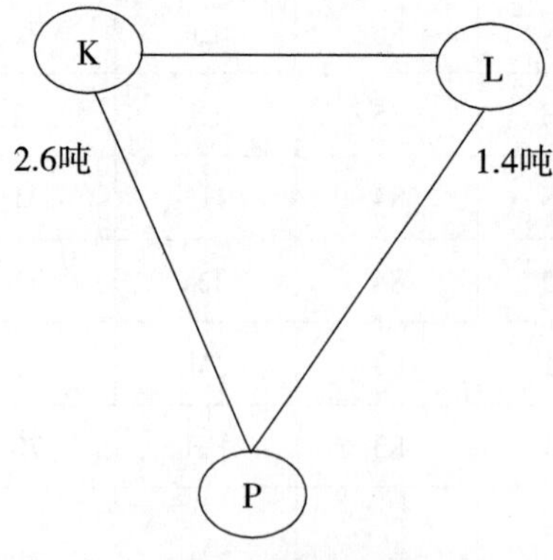


图 6　PLK 线路

图7线路行驶距离为 30 + 57 + 3 + 18 + 37 = 145 千米；最大载重量为 3.9 吨。

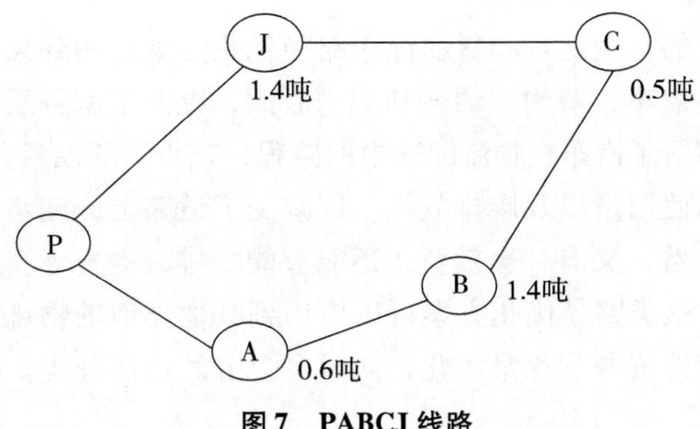


**图7　PABCJ 线路**

图8线路行驶距离为 45 + 45 = 90 千米；最大载重量为 2.4 吨。

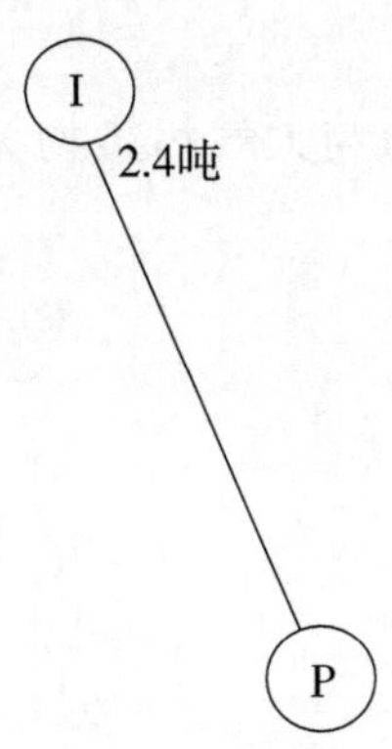


**图8　PI 线路**

优化后总行驶距离为 184 + 148 + 248 + 145 + 90 = 815 千米。需用5辆4吨厢式货车即可完成配送任务。

与优化前相比总行驶里程数减少了 1706 − 815 = 891 千米。

## 五、创新点及推广应用价值分析

### 1. 研究成果的创新点

以实际物流公司为背景，研究流通系统的配送路径优化解决方案。以距离优先为原则，通过启发式算法中的里程节约法寻找到车辆运输时的最优路线，合理运用车辆、减少油耗。为公司提出合理的车辆配送方案，从而缩小了运输路径，实现节能减排。

**2. 应用价值**

通过将优化的车辆配置和货物配送路径优化方案应用到某物流公司，大幅提高了配送的效率，节约了油耗和配送时间，提高了服务质量。同时通过路径优化大大缩短了汽车在物流配送中的路程，减少了耗油量，节约了资源。不仅减少了燃油使用量以及碳排放量，还减少了道路上的拥堵，对物流企业来讲既有经济收益，又有社会效益，还能节能减排，提升环境质量。中国的物流企业众多，这类路径优化方案可以应用到其他类似的物流公司，从而实现节能减排，使得资源利用最大化，同时也会节约经济开支，科学合理地降低能耗。

## 参考文献

张悦．有关机动车尾气排放与大气污染物关系的科技实践研究［J］．天津科技，2014（5）：107－108.

# 基于二维码的仓储管理系统设计

赵　赫　刘景云*　程肖冰

**摘　要：** 在现代物流行业快速发展的时代，人们对物流行业各个环节的要求越来越高，特别是对仓储行业更是提出了较高的要求。为实现新型企业仓储的高自动化、高集成化要求，提高企业生产效率，减少仓储成本，必须进行仓储行业新型信息管理系统的设计。本文针对现代仓储行业商品信息管理系统，对仓储行业现有问题进行有效分析，并综合应用 QR（Quick Response，快速反应）二维码，将更多的商品信息融入所设计的新型条码之中，同时应用 SQL Server 软件进行数据管理，最后实现针对仓储管理信息系统的综合设计。

**关键词：** 仓储　QR 二维码　管理信息系统

## 一、引言

自进入 21 世纪以来，物流行业在科学技术的推动下，发展得越来越迅速，物流环节中最原始的环节得到了人们的高度重视，仓储管理作为降低物流成本、提高服务质量的“第三利润源泉”的环境已经形成。在商品流通的同时，对仓储管理的层次水平也提出了更高、更快的要求。

仓储是每一个物流系统都不可缺少的组成部分，是供应链得以完好运作的重要一环，是生产者与客户之间联系的重要纽带，也是产品制造生产过程的重要环节。根据调研分析，传统的仓储管理采用人工管理的方式，

---

［基金项目］北京联合大学 2017 年度校级教育教学研究与改革项目（项目编号：JJ2017Q015）；2017 年北京联合大学校派国外访问学者项目。

［第一作者］赵赫，北京联合大学物流工程专业 2014 级本科生。

［通讯作者］刘景云（1983 年生），女，博士，北京联合大学物流系讲师，研究方向：物流系统信息化与自动化。E－mail：ljy@ buu. edu. cn

这种方式工作效率低，商品保管技术落后。本文旨在设计一套具有一定信息化水平的仓储管理信息系统，全面提高仓储管理效率，减少人工操作，提高仓库操作准确度，实现仓储管理自动化，减少企业仓储方面的压力和成本损失。

本文主要运用高密度、高纠错能力条码，即二维条码作为商品信息储存媒介，利用 SQL Server 数据库进行商品信息管理，通过 QT Creator 开发软件设计能够满足用户需求的操作界面。

## 二、QR 二维码仓储管理信息系统总体设计

### 1. 系统总体框架设计

基于 QR 二维码仓储管理信息系统主要有两部分：QR 二维码数据信息采集，计算机货品操作。系统总体架构如图 1 所示。

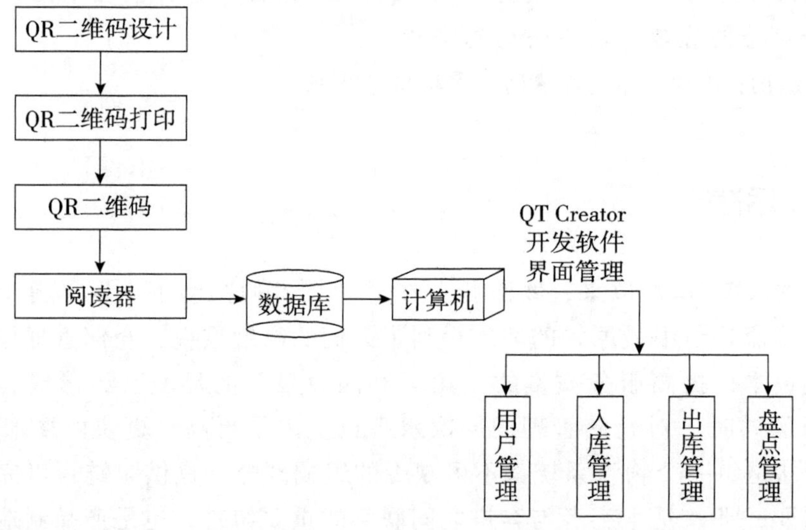


**图 1　系统总体架构**

### 2. 仓储信息编码设计

对产品实行编码制，不但能够降低人工出错率，丰富产品信息量，也更大空间地提升了仓储管理的管理质量。本管理信息系统采用 QR 二维码制，所含信息包括商品名称、数量、生产日期、产地、价格、质量。

### 3. 系统流程分析

基于 QR 二维码数据采集设计仓储管理流程。以入库为例，系统管理流程如图 2 所示。该系统不但减少了误差，还大大丰富了所能获取到的货品信息量，能够在以后的管理中良好地掌握货物质量、来源等。入库操作开始后，利用扫描器对货品二维条码进行扫描，对获取的数据信息进行审核，审核通过后即可入库，同时在数据库中存入货品相关信息；若审核未通过，则入库操作结束。

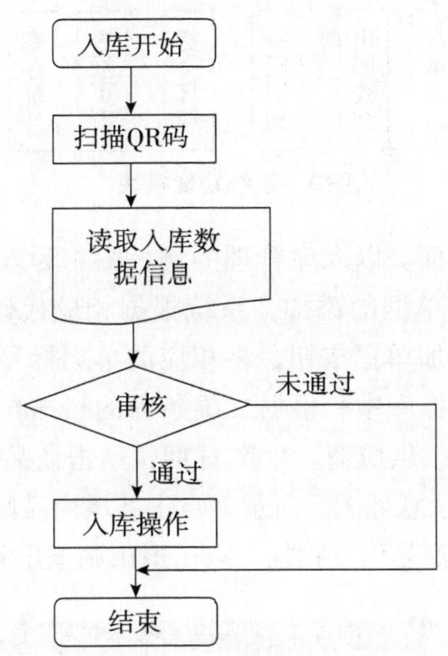


**图 2　基于 QR 二维码的仓储入库流程**

## 三、系统功能实现

本系统采用 QT Creator 开发软件来设计系统框架，用 Honeywell 1900 条码扫描枪进行二维条码扫描，采用 Visual C + + 为开发语言，SQL Server 为后台数据库，对系统进行开发。

### 1. 系统功能模块

系统功能模块如图 3 所示。

### 2. 系统实现

进入系统主界面，系统拥有五个功能选项，根据用户需求，点击对应按

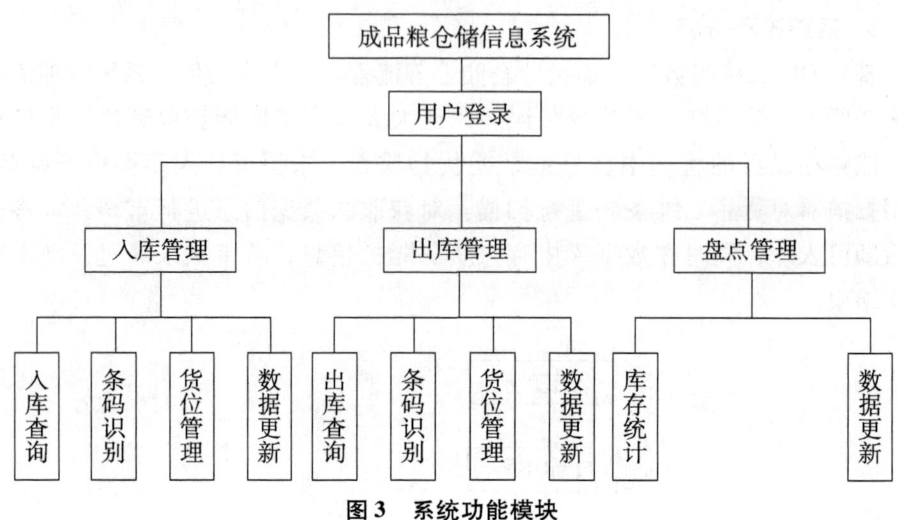


**图 3　系统功能模块**

钮进入相关业务操作界面。以入库管理为例，图 4 为入库管理界面，在入库操作页面可以进行入库单据的添加，系统根据相应代码自动获取即时时间，生成入库单号，点击添加单据按钮，将相应的单据标号、单据时间、单据所在库位添加到相应的数据库中。根据二维条码的扫描自动获取商品名称、编号、价格、数量、质量、供应商、生产日期，点击商品入库对商品进行入库操作。商品 QR 二维码示意如图 5 所示。点击新增商品则清空上次入库商品的信息，以便于进行下次商品信息扫描。点击退出则退出入库操作。

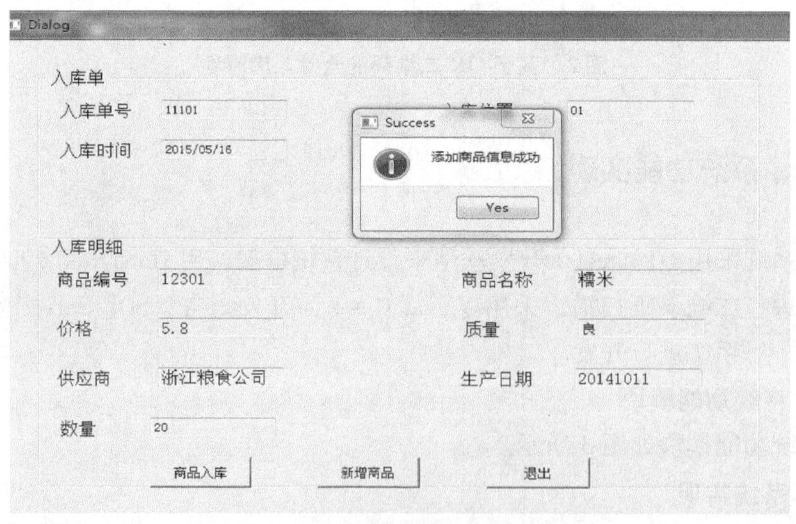


**图 4　商品入库管理界面**

图 5　商品 QR 二维条码示意

系统盘点过程中库存查询功能实现界面如图 6 所示。根据系统功能要求分别设计完成其他界面，在此不再赘述。

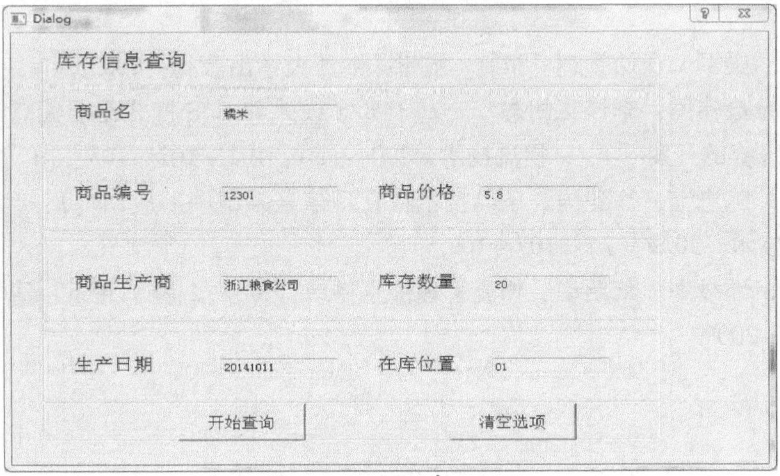

Dialog

库存信息查询

商品名　糯米

商品编号　12301　商品价格　5.8

商品生产商　浙江粮食公司　库存数量　20

生产日期　20141011　在库位置　01

开始查询　清空选项

图 6　库存信息查询界面

## 四、结论

本文仓储信息系统设计采用 QR 二维条码，使得系统在实际生活中的适用范围扩大。对比传统采用一维条码进行仓储管理的案例，发现 QR 二维条码具有编码密度高，纠错能力强的特点，能够存储大量商品信息，更加便于仓储管理。因此将两者进行糅合，并在后台运用 SQL Server 进行数据管理，大大增强了仓储管理信息系统的稳定性与整个系统的完整性。设计与实验当中采用了 QT Creator 开发软件进行用户界面设计，用 SQL Server 进行数据信息管理设计，并完成了预期所需实现的功能。通过仓储管理信息系统设计，得出以下结论。

（1）仓储管理信息系统采用 QR 二维条码技术，运用条码枪进行扫描读取数据信息，自动将数据信息存入数据库。不仅提高了数据获取的时效性、准确性，而且还提高了管理运行效率，降低了成本和损失，进而将企业管理水平上升到一个新高度。

（2）将仓储中的各个功能融于一个计算机管理软件当中，提高了管理集成化水平，也优化了仓储管理流程，程序的设计也使得功能更加人性化，便于操作。

## 参考文献

［1］梁军．仓储管理［M］．杭州：浙江大学出版社，2009.

［2］徐伟民，李锋，胡志华．基于 B/S 模式和 C/S 模式结合策略仓储管理信息系统的开发［J］．物流技术，2004（5）：101－102，105.

［3］陈忠宝，徐建国．条码技术在管理信息系统中的应用［J］．计算机与信息技术，2009（7）：107－109.

［4］邵举平，董绍华．物流管理信息系统［M］．2 版．北京：清华大学出版社，2009.

# 基于京津冀一体化的铁路托盘共用系统分析与设计

赵　赫　王士荣　金思成　耿　钰*

**摘　要：**铁路建立托盘共用系统，可以大大提高装载和物流效率，减少货损，降低物流成本。本文首先对托盘共用系统作了简单的介绍，针对京津冀铁路网络的实际运营状况，分析了铁路托盘共用系统下的经济效益，提出了建立第三方物流租赁公司的铁路托盘租赁运营模式，并对节点的选址做了分析。

**关键词：**铁路托盘共用　节点选址

## 一、引言

托盘是物流行业中最基本的集装单元和搬运工具，现已广泛应用于生产、运输、仓储和流通等领域，被认为是20世纪物流产业中两大关键性创新之一。随着我国物流行业的持续发展，托盘使用数量越来越多、使用范围越来越广。为了提高托盘利用率、装载率以及物流效率，降低产品从生产商到最终用户过程中的反复换装的时间以及企业的物流成本，托盘循环共用成为趋势之一。

托盘共用系统是一种有效的物流成本控制方法。本文主要依托目前京津冀一体化的背景，以铁路货物运输为背景，对京津冀地区的铁路托盘共用系

---

［基金项目］北京联合大学第二届“百丽杯”物流设计大赛二等奖作品；2015年北京联合大学校教改课题“模块化教学模式下的产学研合作长效性机制研究与实践——以物流工程专业为例”（项目编号：JJ2015Y043）。

［第一作者］赵赫，北京联合大学物流工程专业2014级本科生。

［通讯作者］耿钰（1972年生），女，硕士，北京联合大学物流系讲师，研究方向：物流系统信息化与自动化。E－mail：mimosagy@163.com

统进行分析研究。笔者调研了目前国内外托盘共用系统的形式及发展现状，调研了铁路托盘的使用情况，并以京津冀地区为例，分析了铁路使用托盘共用模式进行运输的效益，给出了京津冀地区铁路托盘共用模式的三级网络架构模式，并应用重心法，通过 MATLAB（矩阵实验室）软件求出了一级网点的选址。

## 二、托盘共用系统介绍

### （一）托盘共用与托盘分用

托盘共用系统是指负责托盘租赁、回收、维护与更新的社会服务系统。在国内各主要港口、码头、机场、公路铁路货运站、大中型的批发零售中心和主要交通要道口，建立负责托盘租赁、回收、维护和更新的服务站点，加速托盘在生产企业、物流企业和销售企业之间的循环，促进托盘联运和机械化作业，提高物流效率，缩短供应时间，大大降低物流成本的社会服务网络。托盘共用之所以能节约大量经济成本主要在于整个运输环节不换托盘，从而大大提高装卸运输效率。以铁路运输为例，托盘分用与托盘共用装卸流程分析如图 1 所示。

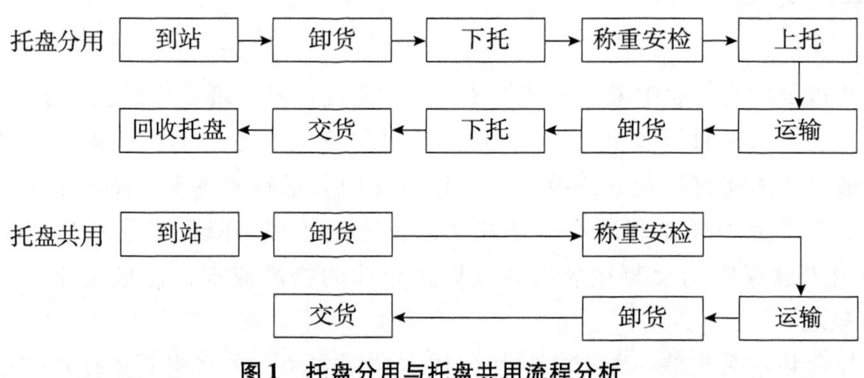


**图 1　托盘分用与托盘共用流程分析**

### （二）常用托盘共用方式

目前，国内外常用的托盘共用方式有三种。

**1. 及时交换制**

及时交换制的实施方法是：在发货时，货物单元带托盘发出。提货方必须以与货物单元数量相同的空托盘作为交换，中间不经过换托盘，仅仅需要在运输交接环节交接同等数量的空托盘即可，从而提高运输效率。空托盘在物流系统中逆向运行。每个相关企业在开始时都要购入相应数量的托盘以备交换之用，发出托盘货物单元时可以收回同等数量的空托盘，不必再另行组织托盘回收工作，也解决了托盘的一次性使用问题，从而节约了资金。该模式示意如图 2 所示。

**图 2　及时交换制模式示意**

**2. 租赁制**

租赁制的特点：托盘租赁公司把托盘租给发货主，到达目的地卸下货物后把托盘还送给当地的租赁公司营业所，而不必向发货地返送。该营业所把这些空托盘租给附近的其他货主，使托盘得到再利用，解决了空托盘的返送问题。该模式示意如图 3 所示。

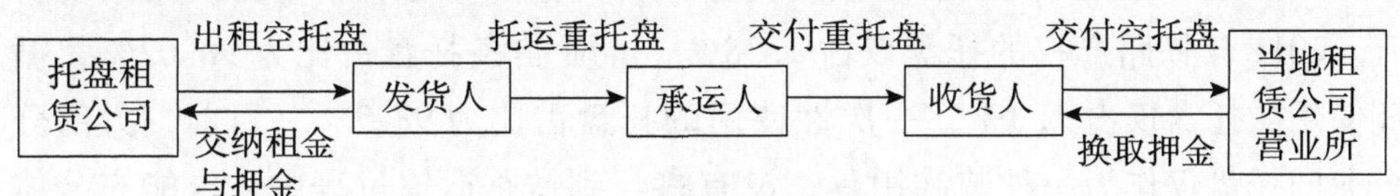


**图 3　租赁制模式示意**

**3. 租赁与及时交换并用模式**

及时交换模式中的运输企业必须经常保有大量的托盘，这对运输企业是不利的。因此，为了减少成本，采用及时交换模式的各运输单位可以在此基础上结合租赁经营模式。租赁与及时交换并用模式示意如图 4 所示。

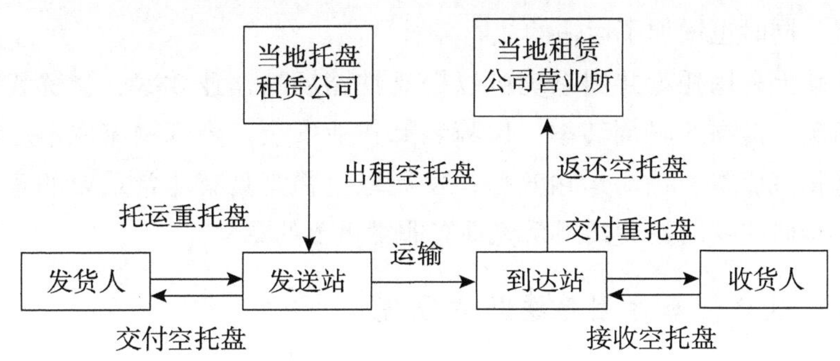


**图 4　租赁与及时交换并用模式示意**

## 三、铁路托盘共用现状与模式分析研究

### （一）铁路托盘共用现状分析

根据2013年中国物流与采购联合会托盘专业委员会调查数据显示，我国现有各类托盘总数约为9亿片左右（一次性非正规生产托盘不计在内），铁路运输中托盘运输占9%。2011年，在铁路完成的集装化运量中，托盘占4.87%。2013年，在铁路完成的集装化运量中，托盘占11%，托盘运输呈上升趋势。

从铁路运输用的托盘看，采用的托盘规格参差不齐，主要规格有1200毫米×1000毫米、1100毫米×1100毫米、1200毫米×800毫米、1140毫米×1140毫米、1219毫米×1016毫米、1067毫米×1067毫米等。

从托盘所有权的归属看，铁路托盘大都为企业自备，少量为铁路系统所有。2011年铁路产权的托盘仅占1.38%，企业自备托盘占比为98.62%，循环使用的托盘仅占1.3%，一次性使用的托盘占比为98.7%。目前，大部分企业的托盘仅作为一种装卸用具，没有参与到铁路运输过程中，未能充分体现托盘运输的优越性。

以京津冀地区的铁路货运为例，目前京津冀地区货运站点较多，共84个，分布广泛。我们选取货运量居前的16个货运站，包括北京、天津、石家庄、廊坊、保定、唐山、沧州等进行调查研究，发现从托盘的使用方式上来看，目前基本都没有采用托盘共用模式。每次换托盘都将极大地浪费人力、物力、时间等，同时也会增加货物的破损率，降低运输效率。托盘运输流量流向分散，一次性使用的托盘比例较大，造成了严重的浪费，不利于绿色物流的发展，同时也增加了运输的成本。

在铁路上采用托盘共用系统可以提高铁路场站作业效率、缓解装卸劳力短缺的情况，提高车辆周转率，保障装卸作业安全，降低物流成本。该系统对于降低物流成本，提高运输效率，发展绿色物流具有非常重要的意义。因此，进一步研究铁路托盘共用系统具有非常重要的意义。

### （二）铁路托盘共用系统模式研究

根据资料调研和实际情况分析，本文建议铁路托盘共用系统采用租赁模

式。首先开展局部相关企业的托盘共用系统模式，建立第三方托盘租赁公司。第三方托盘租赁公司业务流程如图 5 所示。

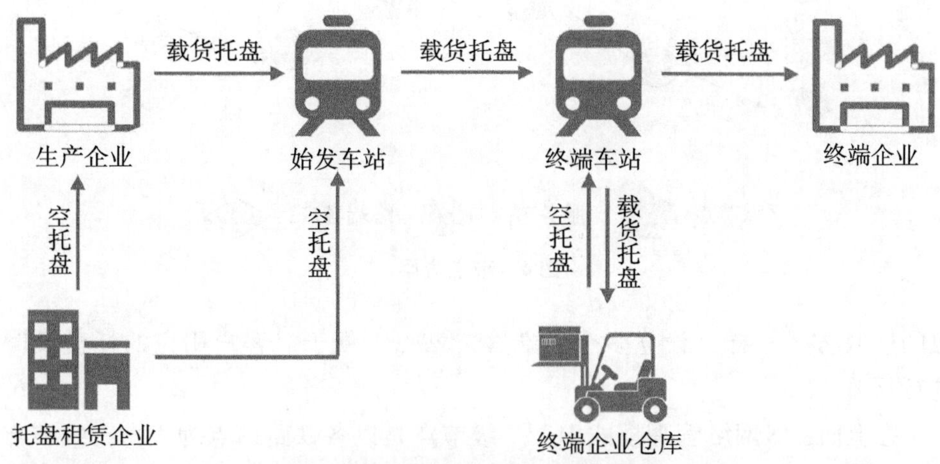


**图 5　第三方托盘租赁公司业务流程**

通过计算分析，在托盘共用系统中，京津冀共 84 个货运站点，通过铁路运营每年可节约 1942. 92 万元，托盘租赁企业将托盘外租可获得利润 9712. 08 万元，设备管理节约费用为 646. 8 万元。既提高了托盘利用率，也使得托盘共用模式下各参与方共同受益。

## 四、托盘共用的运营模式与一级节点的选址

### （一）托盘共用的运营模式

根据京津冀地区铁路货运站点较多，分布广泛的特点，我们建议托盘共用系统采用租赁的运营模式，并建立第三方托盘租赁运营公司，托盘由第三方公司提供。经过本文的调研与实际情况分析，关于第三方托盘租赁公司的运营模式，建议采用三级网络管理模式，如图 6 所示。

图 6 中区域节点为一级节点，该节点属于大的托盘管理节点，托盘的出租与回收都在该节点，要求能方便地联系车站用户和托盘企业；二级节点为服务节点：服务节点直接面向客户，具备收发托盘、存储托盘的功能，且同样可以检查、维修托盘，本文的二级节点主要是铁路站点。三级节点（终端客户）：作用为托盘的直接回收节点，托盘的回收可以像啤酒

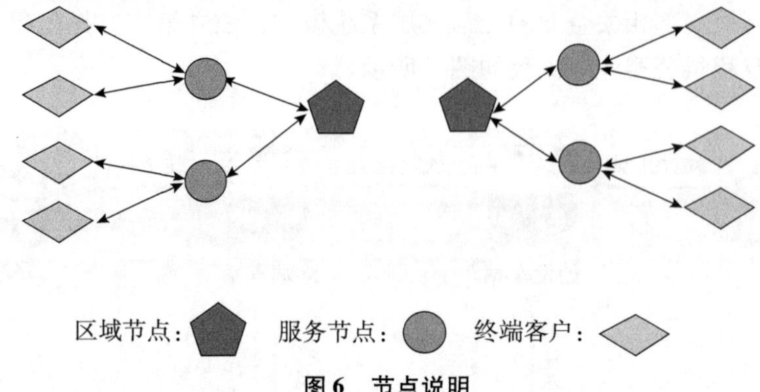


**图6　节点说明**

瓶的回收方式一样，设立多个终端客户站点，便于对客户用完的托盘及时进行回收。

在上面三级网络管理模式中，二级节点是以各铁路站点为主，三级节点则分布在众多用户中。一级节点应该设在什么位置呢？本文对此进行了相关的选址分析。

### （二）选址原则

**1. 选址基本原则**

（1）一级节点应以接近目标客户群和核心客户群为佳。

（2）必须具有延展性，当公司业务量扩大时，一级节点可在原址不动的情况下进行面积扩增。

（3）必须与办公场地分离，具有独立运作性。

**2. 交通情况**

（1）中转节点应尽可能靠近交通枢纽、交通干道。

（2）中转节点周边道路通畅，方便机动车辆进入。

（3）中转节点所在地点有固定的停车场所，方便机动车辆停靠。

**3. 周边环境**

（1）要求应尽可能选择中转节点承租的物业，或工业区、物流园配有24小时保安值班。

（2）中转节点所在地要求应尽可能选择周边环境比较单纯，避开外来人口杂居的生活区。

（3）详细掌握当地交通管制情况是否对中转节点车辆进出产生影响。

（4）详细了解和掌握中转节点所属物业的电力供应情况。

（5）中转节点地势必须高于周边地势，且有良好的排水性，以防灾害性气候造成积水、滑坡或泥石流等不可抗风险。

## （三）选址模型假设

结合托盘共用系统特性，在建立托盘中转中心模型时，做以下假设。

（1）仅考虑托盘运营商回收托盘的行为，而同时向使用者发送托盘的情况不考虑在内。

（2）托盘共用系统中流通的托盘为相同材质、相同规格、可回收再利用的托盘。本文以规格为 1200 毫米 ×1000 毫米的塑料托盘为例。

（3）仅考虑某一周期内最优托盘回收方案。

（4）在这一托盘中转期间内，托盘营运公司对各点的托盘回收量是确定的、已知的，且相互独立。

（5）某一区域内只有两个托盘运营公司对该区域内多个托盘使用企业回收其不需要的托盘。

（6）托盘运营公司负责三个托盘使用站的全部托盘。

（7）托盘中转中心有足够容量容纳该区域内所有回收的托盘。

（8）托盘使用企业的托盘由托盘运营公司一次性全部回收。

（9）托盘运营企业回收托盘使用的车辆型号相同，最大装载能力和最大行驶距离也相同。

## （四）节点选取

### 1. 重心法求中转站坐标

利用费用最小的思想，通过极值求解，解出中转站坐标的表达式：

$$x_d = \frac{\sum_{j=0}^{n} \partial_j \omega_j x_j / d_j}{\sum_{j=0}^{n} \partial_j \omega_j / d_j}$$

$$y_d = \frac{\sum_{j=0}^{n} \partial_j \omega_j y_j / d_j}{\sum_{j=0}^{n} \partial_j \omega_j / d_j}$$

运输费率如下表所示。

运输费率

| 节点 | 坐标 | 运输总量（件） | 运输费率（元/件/千米） |
|---|---|---|---|
| P1（沧州） | （698，848） | 599280 | 0.06 |
| P2（邯郸） | （287，1225） | 399520 | 0.04 |
| M1（天津） | （470，395） | 569800 | 0.11 |
| M2（唐山） | （927，555） | 225000 | 0.08 |
| M3（石家庄） | （289，910） | 204000 | 0.09 |
| M4（北京） | （622，488） | 421200 | 0.12 |
| M5（廊坊） | （670，579） | 148800 | 0.09 |
| M6（保定） | （460，724） | 121500 | 0.08 |
| M7（邢台） | （294，1127） | 60000 | 0.08 |
| M8（新机场） | （628，595） | 15000 | 0.11 |
| M9（衡水） | （490，976） | 60000 | 0.07 |
| M10（张家口） | （354，282） | 40000 | 0.08 |
| M11（秦皇岛） | （1175，482） | 40000 | 0.08 |
| M12（怀柔） | （469，395） | 8450 | 0.08 |
| M13（密云） | （709，388） | 7350 | 0.08 |
| M14（顺义） | （660，450） | 7650 | 0.10 |

利用 MATLAB 软件编程求解。

结果为：$x=647$，$y=692$。该坐标点在天津站附近。

**2. 利用聚类分析求坐标**

聚类是将数据分类到不同的类或者簇的一个过程，所以同一个簇中的对象有很大的相似性，而不同簇间的对象有很大的相异性。（如图7、图8 所示）

所以，第二坐标点位于（288，701）处；位于保定车站的西侧。

### （五）选址建议

根据分析：一级节点：区域节点选择在保定站西侧（288，701）处和天津西侧（647，692）处；二级节点：服务节点设置在各个货运站点；三级节

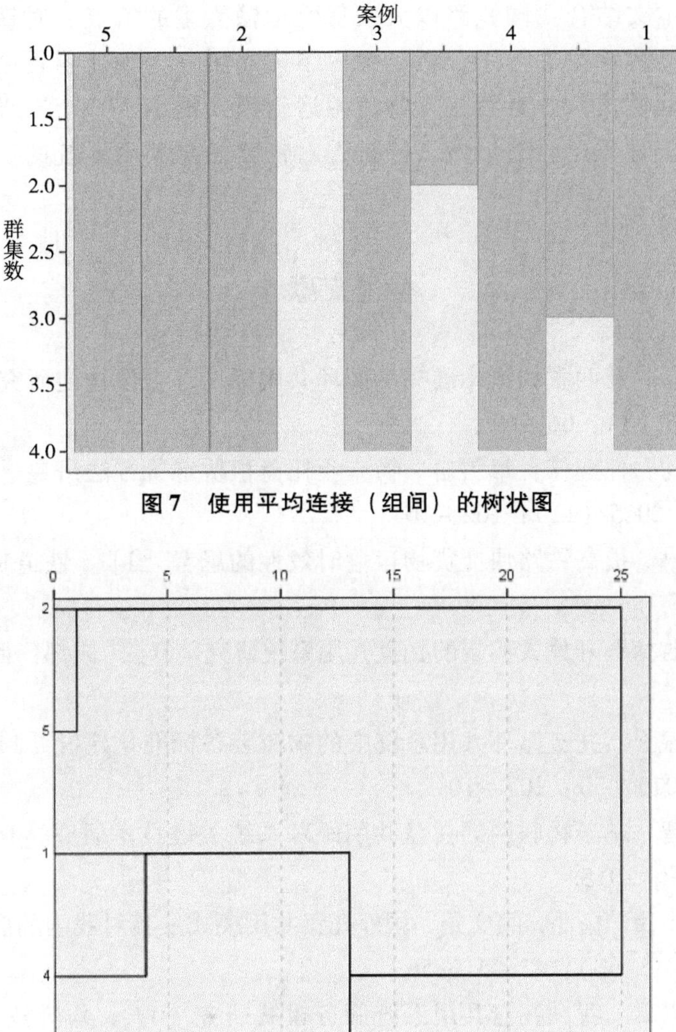


**图 7　使用平均连接（组间）的树状图**

**图 8　重新调整距离聚类合并**

点：终端客户分布在货运站点附近的厂商较多的地理位置。这种系统的铁路节点布局，能够更科学有效地发挥托盘节点的作用。

## 五、建议与总结

在铁路货物运输中开展托盘共用系统的集装化运输是我国货物运输发

展的趋势。本文结合我国铁路以大宗货物运输为主的特点，对铁路托盘共用系统下的经济效益进行了分析。提出了建立第三方物流租赁公司的铁路托盘租赁运营模式，并对第三方物流的运营模式提出了一个三级网络管理模式的设想，对节点的选址做了分析，对铁路托盘共用系统的研究进行了有益的探索。

## 参考文献

［1］杨新．江西省物流标准托盘循环共用标准综合体构建研究［J］．质量探索，2016（8）：66－69.

［2］武钧，任建伟，章雪岩．物流业托盘租赁定价方法研究［J］．价格理论与实践，2015（11）：162－164.

［3］徐琳．提高铁路快捷货物运输时效性的思考［J］．铁道货运，2015（7）：33－37，5.

［4］高君梅．开放式租赁的托盘共用系统研究［D］．成都：西南交通大学，2015.

［5］林振强．托盘循环共用系统中的物流装备标准化建设［J］．物流技术与应用，2015（5）：107－109.

［6］董智．基于物联网的托盘共用跟踪系统关键技术研究［D］．成都：西南交通大学，2015.

［7］刘小伟，杨磊，吴文娟．国外托盘共用模式及其对我国的启示［J］．铁道货运，2015（3）：47－51，56.

［8］陈兴禹．我国托盘共用系统服务模式研究［J］．物流技术与应用，2015（3）：104－107.

［9］周康，何世伟，宋瑞，等．我国铁路托盘共用系统及其效益分析［J］．山东科学，2014（5）：67－72.

［10］周康，何世伟，宋瑞，等．共用模式下的铁路空托盘调运优化模型［J］．北京交通大学学报，2014（3）：22－26.

［11］杨磊．铁路托盘运输的现状及发展对策［J］．物流技术与应用，2014（6）：121－124.

［12］任建伟，章雪岩，张锦，等．托盘共用系统调度多情景规划模型［J］．系统工程理论与实践，2014（7）：1788－1798.

[13] 游玲君. 基于铁路托盘共用系统的托盘调运优化研究 [D]. 北京: 北京交通大学, 2013.

[14] 张慧. 基于托盘共用系统的托盘回收路径问题研究 [D]. 成都: 西南交通大学, 2013.

[15] 李艳. 托盘共用系统调度模型和算法研究 [D]. 成都: 西南财经大学, 2013.

[16] 任建伟. 托盘共用系统调度优化研究 [D]. 成都: 西南交通大学, 2012.

[17] 徐琪. 物流托盘共用供应链系统协调优化定价策略 [J]. 中国流通经济, 2011 (7): 54-59.

[18] 杨广太. 中外物流托盘共用系统运作模式的比较研究 [D]. 南京: 南京农业大学, 2011.

[19] 张燕, 宋欣. 铁路建立托盘共用系统的探讨 [J]. 物流技术, 2011 (1): 136-137, 154.

# 供应商选择方法研究

李浩茹　程肖冰*

**摘　要**：现代物流越来越强调供应链这一理念，供应商作为整条供应链的源头有着关键的作用，本文将在对供应商的选择方法上进行研究。供应商选择方法可以大致分为定性分析和定量分析两类。本文针对每种方法做了说明，尤其对ABC成本法和层次分析法（AHP）做了较为详细的解释。供应商选择方法也在实际中有不同的应用和组合方式，企业可以根据本文了解每种方法的优缺点，选择适合企业发展的供应商选择方法。

**关键词**：供应商选择方法　定性分析法　定量分析法

## 一、定性分析法

### （一）直观判断法

直观判断法是经过资料的查询，结合分析人的经验来直接对供应商做出判断并加以选择的一种评价方法。这种方法虽然简单易行，但是缺乏科学性，主观性太强，不适合企业选择长期的战略伙伴，常用于数量需求较少的非主要原材料的供应商的选择方法。

### （二）招标法

当原材料需求较大、供应商竞争激烈时，可以采用招标法。首先由企业

［基金项目］中国物流学会、中国物流与采购联合会研究课题计划“生鲜食品冷链物流配送路径的动态优化研究”（课题编号：2016CSLKT3－173）。

［第一作者］李浩茹，北京联合大学物流工程专业2013级本科生。

［通讯作者］程肖冰（1971年生），女，博士，北京联合大学物流系讲师，研究方向：物流需求和预测分析。E－mail：xiaobingcheng@ sina. com

发出招标条件，供应商根据条件来进行投标，最后，在与企业进行谈判后签订合作协议合同书。招标法程序复杂烦琐，耗时较长，不适用于紧急物资的采购，而且不利于供应商实现双方的“共赢”，人为因素较大，不符合采购的规范标准。

### （三）协商法

企业在有限的几个供应商之间进行选择时，可以采用协商法。采用这种方法在售后服务与质量方面较为有保障，但是在有限的供应商之间，不一定能找到价格最优、供应合理的供应商。当采购时间紧迫、投标单位少、竞争程度小，采购的零部件规格和技术条件复杂时，协商选择方法比招标法更为合适。

## 二、定量分析法

### （一）采购成本比较法

对于可以满足原材料质量、交货期的供应商，可以考虑采用采购成本比较法。从采购的费用、零售价、运输费用甚至是保管费用方面来考虑采购的成本。一般情况下，采购的成本越低越好，但是仅从采购成本的角度来考虑会比较片面，有很大的局限性，往往与企业的战略目标相违背。

### （二）ABC 成本法

ABC 成本法不同于传统的成本核算方式，ABC 成本法能够提升企业的成本管理水平和绩效评估。但是 ABC 成本法所具备的条件要求比较苛刻。ABC 成本法的适用条件：①产品品种较多，并非单一产品；②产品成本中，间接费用占成本比例较大。

传统的成本计算方法主要是将原材料、人工费用、制造费用等费用进行简单直接相加。但是这种方法比较笼统，不能反映出生产与消耗的直接关系。并且现代科技日新月异，人工费用所占的比重越来越小，这种计算成本的方法就不太合理，因此需要改进成本的计算方法。成本法的计算主要有以下步骤：按作业归集成本，建立成本库，通过成本库分析，明确对产品增值起作用的成本库，确定成本动因，分配成本。

使用 ABC 成本法的优点。

（1）可以精确地计算成本，便于企业的决策。由于人工费用和间接费用所占的比例不同，采用 ABC 成本分析法可以更精确地计算成本。ABC 成本法比传统的成本法更加适合现代的价格战争。

（2）提升企业竞争力。精确的成本计算可以帮助企业尽可能减少成本，增加收益，规避风险，提升企业竞争力。

### （三）层析分析法

AHP 是层次分析法的简称，是美国匹兹堡大学教授在 20 世纪 70 年代提出的对定性问题定量分析的简便算法。其特点是可以把要解决的复杂问题按照因素划分为具有层次结构的多个层次，专家可以根据意见进行重要性的判断，最后利用数学方法对每一因素进行权重的计算，这就使得定性的影响因素可以量化地表示为每个因素重要性的权重。这种方法层次清晰明了，结构简单，可以处理各种决策因素的特点，可以在各个领域内广泛应用。

AHP 的主要原理是将目标划分为目标层、准则层、子准则层、方案层、子方案层等，从而构成层次结构分析模型。专家可以将每层中的因素两两进行比较，从而构造判断矩阵，利用判断矩阵可以计算出每层的因素相对于上一层元素的权重值，最后可以根据数学的方法，计算出每个方案相对于总目标的权重值，从而进行比较，来确定方案的优劣好坏。供应商评价指标体系的建立原则如下。

#### 1. 系统优化原则

评价指标体系需要用若干个指标对评价对象进行衡量，这些指标不仅相互联系，且相互制约，应尽量优化并统筹各指标的关系，以尽量优化整个评价体系。

#### 2. 科学性原则

指标体系的建立必须要体现出科学性原则，要遵循严谨和科学的理论构建农产品供应商评价模型体系。

#### 3. 目标导向性

建立 AHP 评价体系的目的并不是纯粹按照指标打出的分数来判断优劣程度，更重要的是引导和鼓励供应商所供应的产品的质量向较好的方向和目标发展。

**4. 实用性**

要考虑到各个指标简单明了，指标数据真实可靠。专家打分明确，易于采集，尽量做到规范化、标准化和准确化，以对产品做出客观的评价。

使用层次分析法优点如下。

（1）建立所有要素的层级，清楚呈现各层、各准则与各要素的关系。层次分析法的树状结构模型，可以将影响目标的各指标因素及其之间的相对权重关系清晰明了地展现出来，从而解决较为复杂的多层结构问题。

（2）简化评估程序，计算过程简单易懂。仅通过简单的加权和递归的数学方法便可以计算出每一个方案层对于目标的权重值，树状结构使得计算更加清晰。

（3）如果研究资料存在遗漏或有误的部分时，仍能求得各要素的重要性。当模型构造者没有将因素或方案考虑全面时，模型构造者可灵活地添加遗漏的部分，无须重新再做，从而节省时间。

供应商选择使用层析分析法，除了构造好供应商评价体系之外，还需要对每个因素的权重进行计算，层次分析法步骤如下。

第一步：构造判断矩阵。

根据产品供应商评价体系模型构造判断矩阵，判断矩阵的两两比较的方法，是针对上一层目标，对本层因素的重要性进行比较，根据重要性可以得出本层每种因素的相对权重。为了使重要性的比较量化，一般采用九分判断标度尺，如下表所示。

**九分判断标度尺**

| 标度尺 | 含义 |
|---|---|
| 1 | 两两要素相比，具有同等重要性 |
| 3 | 两两要素相比，前者比后者稍微重要 |
| 5 | 两两要素相比，前者比后者明显重要 |
| 7 | 两两要素相比，前者比后者强烈重要 |
| 9 | 两两要素相比，前者比后者极端重要 |
| 2、4、6、8 | 上述判断的中间值 |
| 倒数关系 | 若要素 $i$ 与要素 $j$ 的重要性之比为 $C_{ij}$，那么存在 $C_{ij} = 1/C_{ji}$ |

第二步：层次单排序的权重计算。

层次单排序权重计算就是指同一层的多个因素针对同一个目标计算出不同的相对权重，实际上就是计算判断矩阵的最大特征根和特征向量。常用的方法有特征向量法、求和法、求根法，本文使用求和法，计算步骤如下。

（1）将判断矩阵按列归一化，$\boldsymbol{b}_{ij} = \boldsymbol{a}_{ij} \Big/ \sum_{i=1}^{n} \boldsymbol{a}_{ij}$。

（2）把归一化后的矩阵按行求和，$\omega_i = \sum_{j=1}^{n} \boldsymbol{b}_{ij}$。

（3）向量 $\omega_i$ 按列归一化，$\omega_t = \omega_i \Big/ \sum_{i=1}^{n} \omega_i$。

（4）计算特征向量所对应的最大特征值，$\lambda_{\max} = \frac{1}{n} \sum_{i=1}^{n} \frac{(A\omega)_i}{\omega_i}$。

第三步：一致性检验，计算一致性指标。

### （四）线性权重法

线性权重法用于解决多目标的问题，给定每个目标的相对权重，把多目标问题转换为单目标问题，在求得每个单目标问题的最优解后，按照比重乘积便可得到多目标问题的解，但并不一定是多目标问题的最优解。由于每个目标之间有相对的约束关系，并且人为判断因素过大，一般不会在实际中使用该种方法。

### （五）模糊评价法

模糊综合评价就是把单因素的信息最大限度地合成起来，以得到一个信息依据充分的总判断。根据被评对象各方面的状况的评判值，对被评对象在整体上根据优劣做出排序，这就要求合成算子能最大限度地利用单因素评判值，使合成结果区分被评对象的能力较强。

常见的模糊算子的类型如下。

（1）取大取小算子（∧，∨）。

主要因素决定型：先取小再取大。

（2）乘与取大算子（·，∨）。

主要因素突出型：先乘积再取大。

（3）取小与乘算子（∧，·）。

主要因素突出型：先取小再乘积。

（4）乘与有界算子（·，⊕）。

加权平均型。

模糊评价法的基本步骤如下。

第一步：建立评价系统的评价因素集。

第二步：建立评语集。

第三步：建立权重集。

## 三、结论

此外，如数据包络分析（DEA）、人工神经网络算法等其他算法，本文不再做详细的说明。本文对于 ABC 成本法和 AHP 做了较为详细的论述，也是实际中现代企业在选择供应商时使用次数较多的方法，但是供应商的选择是否合适，关系到企业的效益。因此，企业在选择供应商时要考虑企业自身的具体状况，每种方法也都有其自身的优缺点，不同的方法和使用的难易程度及成本是不一样的。根据企业自身的条件，可结合一种或者几种供应商的选择方法进行选择，以促进企业更好地发展。

## 参考文献

［1］陆锦洪，陈畴镛．基于 AHP 的供应链合作伙伴选择［J］．杭州电子工业学院学报，2001（3）．

［2］贺红燕，朱军勇，许丽红，等．供应商选择方法综述［J］．河北工业科技，2005，22（5）：308－311.

［3］王皓．供应商选择方法综述［J］．物流科技，2013（11）：87－89.

# 基于SLP的工厂生产车间布局优化

张真真　孙　雪*

**摘　要**：伴随经济快速发展，企业的生产模式从大批量少品种逐步转向多品种小批量或大规模定制生产模式，生产制造过程也随着生产模式的变化而更加自动化、灵活，物流落后与生产规模不断扩大的矛盾越发突出，低效率的物流系统不足以匹配生产制造系统的高效率。本文主要讨论了利用系统布局规划法对工厂生产车间进行布局优化的具体方法，为生产车间布局优化提供了良好的思路。

**关键词**：系统布置设计　SLP　生产车间

车间布局设计是指确定各生产作业单位（包括各个生产工序、原料区、辅助部门、储存设施等）及通道、管线等相互之间的相互位置。同时，也要确定物料搬运的方式及流程、车间内各生产作业单位的位置和面积形状，以确保生产阶段各个生产作业单位之间能紧密衔接，从而最大限度地减少物料搬运的成本。

本文运用理查德缪瑟的方法（系统布局规划，简称SLP）进行分析。首先，收集车间的基本要素，划分车间的作业单位。其次，对车间的各个作业单位采用定性与定量相结合的方法对相关物流和非物流关系进行分析，从而得到车间作业单位的物流与非物流的内在相互关系，并经过研究得到整个车间的综合相互关系，再绘制包括车间基本要素、作业单位等在内的车间位置相关图。最后，结合车间的实际情况，考虑车间设备的占地面积、工艺要求等因素确

---

［基金项目］2017年中国物流学会、中国物流与采购联合会研究课题计划“制造企业生产物流系统分析与优化研究”（课题编号：2017CSLKT3－163）；北京联合大学2016年校级教育科学研究课题“应用型大学工科第二课堂教学方法研究”（课题编号：Sk110201611）。

［第一作者］张真真，北京联合大学物流工程专业2013级本科生。

［通讯作者］孙雪，北京联合大学物流系教师。

定几套备选方案。本文为工厂生产车间布局优化提供了良好的思路。

## 一、SLP 方法的基本要素

在系统化设施布置规划方法中，缪瑟将工厂布置问题的依据和切入点归纳为产品（P，Product）；产量（Q，Quantity）；工艺过程（R，Route）；辅助部门（S，Service）；时间安排（T，Time）5 个基本要素，简称 P、Q、R、S、T 五大要素。产品（P）和产量（Q）这两个因素是其他所有特征或条件的基础。

P——产品、原材料（Product）。产品和原材料是设施布置设计得以进行的基础，直接影响各作业环节的相互关系、生产系统的构成、物料移动的形式和设备的类型等。

Q——生产产品的数量（Quantity）。量纲不唯一，主要包括：重量、件数或体积，它是影响设备数量和生产系统的运输量以及生产规模等方面的主要因素。

R——生产路线（Route）。即产品的加工工艺过程。它是影响物料的搬运路线、各作业单位之间联系以及堆放位置等方面的主要因素。

S——辅助服务部门（Service）。即除生产以外的作业单位，包括办公室、工具、维修等。生产系统的生产支持部分是由这些作业单位构成的。

T——生产时间安排（Time）。即在什么时间、使用多长时间生产出所需产品。根据时间因素，确定生产所需各类设备的数量、操作人员的数量和生产所需空间的大小，进而平衡各工序所需的加工时间等。

## 二、SLP 设计步骤

### 1. 准备原始资料

在布置设计时，首先必须明确给出基本要素——产品（P）、产量（Q）、工艺流程（R）、辅助部门（S）及时间安排（T）等这些原始资料，同时也需要对作业单位的划分进行分析，通过分解与合并，得到最佳的作业单位划分状况。所有这些均作为系统布置设计的原始材料。

### 2. 物流分析

物流分析包括确定物流在生产过程中每个必要的工序间移动的最有效顺序，以及这些移动的强度与数值。一个有效的物流流程应该没有过多的迂回与倒流。物流流程应该根据 P－Q 分析法对不同的生产方式画出“工艺过程图”“多产品工艺过程图”或者“从至表”。

### 3. 作业单位相互关系（非物流关系）分析

对于一个工厂总平面布置来说，作业单位可以是一个厂房、一个车间、一个仓库等。对于一个生产车间来说，作业单位可以是一台机床、一个装配台、一个检查设施等。在对工厂进行设施布置时，除了要考虑各个作业单位之间的物流相互关系，同时也要考虑各不同作业单位之间的非物流相互关系。因为有些作业单位间的关系虽然没有物料流动，但是它们之间的非物流关系比较密切，仅仅用物流分析无法确定它们之间关系的密切程度。作业单位相互关系的分析是对各个单位或作业活动之间关系的密切程度进行评价。将 P、Q、S 结合起来研究辅助部门或作业单位的相互关系并考虑非物流影响因素。将作业单位间不同关系按照 A、E、I、O、U、X 划分为不同的重要等级。影响作业单位之间非物流关系的典型因素如下。

（1）物流。

（2）工艺流程。

（3）作业性质相似。

（4）使用相同的设备。

（5）使用同一场所。

（6）使用相同的文件档案。

（7）使用相同的公共设施。

（8）使用同一组人员。

（9）工作联系频繁程度。

（10）监督和管理方便。

（11）噪声、振动、烟尘、危险品的影响。

（12）服务频繁和紧急程度。

系统布置设计程序，如图 1 所示。

### 4. 作业单位综合相互关系分析

对于布置设计中物流和非物流关系权重的确定，要根据实际工厂物流搬运量而定，当实际工艺过程中物料搬运移动中的物流量较大时，物流分析是布置设计的主要方面；当实际情况中物流量较小时，非物流关系的分析是设计的主要方面；当实际情况中物流与非物流关系无明显差距时，物流与非物流关系要综合考虑。可采用简单加权的方法将物流相互关系和非物流相互关

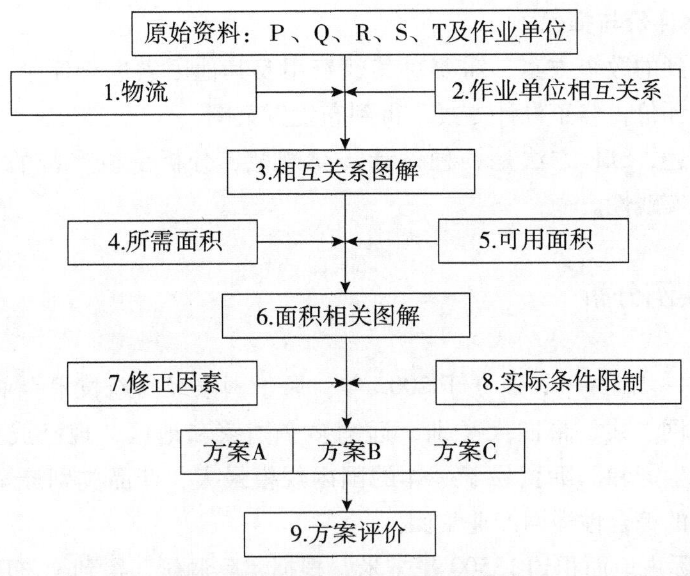


图1 系统布置设计（SLP）程序

系综合成综合相关表。

**5. 绘制作业单位综合相关图**

绘制综合相关图时，各单元实际的形状和面积不被考虑在内，综合相互关系等级只决定各单元在实际布局图中的相对位置，根据作业单位间综合相关表可直接得出相对位置关系图。避免设计者先入为主，过早受到其他因素的干扰。

**6. 绘制作业单位面积相关图**

（1）作业单位面积的确定。根据实际所需面积在相关图中进行位置安排。实际上，在确定了生产作业单位和辅助作业单位后，就可以进行面积计算了。但是通常作业单位所需面积往往受到诸多因素的限制，因此必须对作业单位与辅助区域面积做出适当调整与修正，使其与实际可用空间相匹配。

（2）作业单位面积相关图的绘制。结合所需面积与实际限制因素综合考虑，在综合相关图上，按照一定的比例和适当的形状在图上进行配置。

**7. 调整与修改**

作业单位面积相关图只是一个原始布置图，还需要根据其他因素进行调整与修正。此时需要考虑的修正因素包括物料搬运方式、操作方式、储存周期等。同时，还需要考虑实际的限制条件，如成本、安全和职工倾向等方面是否允许等因素。

### 8. 方案评价与择优

针对得到的数个方案，需要对其就费用及其他因素进行评价。通过对各方案的比较评价，修正设计方案，得到布置方案图。

综上所述，SLP 方法是一种设计步骤规范、分析手段严密的布置方法，具有很强的实践性。

## 三、实例分析

L 厂是一家制绳厂，成立于 2002 年，属于国家级高新技术企业，它的产品涵盖绳、网、线、带四大类别，远销多个国家和地区，现已成为集研发、技术服务、生产和国际贸易于一体的国内规模最大、产品类别最全、技术研发实力较强的综合性绳网产业集团。

L 厂实际占地面积约 13500 平方米，根据实际调研，得到了该厂的生产车间布局。经了解，L 厂车间的布局几乎全是凭经验进行布置的，并没有经过系统地分析，所以在实际应用中存在诸多不合理之处，致使物流效率低且空间利用率不高。

根据收集到的资料，L 厂的主要原材料有 9 种，根据生产工艺流程可以分为两大类：需要拉丝和不需要拉丝。根据产品的月生产量和废品率，可计算出原材料每天的需求量。实际调研 L 厂制绳的生产工艺流程，绘制 L 厂的工艺流程图，分析 L 厂各作业单位的面积划分情况和用途。物流分析和非物流分析主要从以下几个方面分析。

### 1. 从至表

分析产品工艺流程图，并结合每种原材料每天的消耗量和每步工艺的损耗率，可得出原材料在每个作业单位的流动重量和作业单位间物料的流动重量，以此物料在作业单位间每天流动的重量作为作业单位间的物流量（对于作业单位间有双向流动的单位对，以正向和反向的物流量之和作为该单位对的物流量），绘出作业单位物流量从至表。

### 2. 物流强度分析

物流强度分析的主要依据是物流量的大小，根据物流量承担的比例将物流强度等级分为 A、E、I、O、U 五个等级。五个等级分别表示超高物流强度、特高物流强度、较大物流强度、一般物流强度、可忽略搬运物流强度，分别承担的物流量比例大约为 40%、30%、20%、10%、0%。对 L 制绳厂生产车间作业单位对进行物流强度排序并进行等级划分，形成物流强度汇总表。

### 3. 非物流分析

非物流分析是根据影响车间布局的非物流因素对各作业单位对进行等级划分。针对 L 制绳厂，选取 5 个影响作业单位之间非物流关系的典型因素：工艺流程的连续性，物料搬运，联系频繁程度，是否使用同一组工作人员以及噪声、烟尘等的影响。根据这 5 个影响因素，对作业单位进行分析，绘成作业单位间非物流相互关系表。

### 4. 作业单位间相互关系分析

作业单位间的综合相互关系是物流分析与非物流分析的综合，可将物流分析与非物流分析的等级量化，然后通过简单加权的方式获得综合分值，由此可得到作业单位综合相互关系表。

### 5. 绘制位置相关图

在进行车间设施布置前，需要确定作业单位的位置，根据作业单位间综合相互关系表，列出作业单位的两两关系强度。将每列的综合强度等级的量化值相加，就可得到作业单位的综合接近程度，并根据综合接近程度对作业单位的布置顺序进行排序，综合接近程度高的作业单位优先进行排列。作业单位的位置布置顺序确定后，并不能确定作业单位唯一的车间位置。根据 L 制绳厂的作业单位布置顺序，画出 A、B、C 三个位置相关图。以位置相关图 C 为例，如图 2 所示。

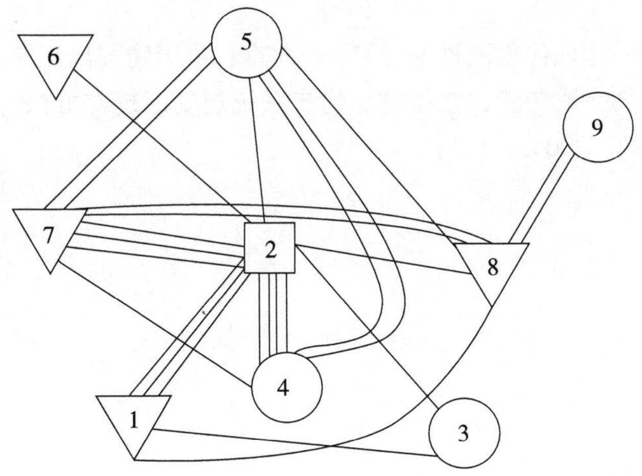


**图 2　作业单位位置相关图 C**

### 6. 绘制 L 厂平面布置图

在绘制作业单位面积相关图时，首先要进行作业单位的面积计算，计算时要考虑到通道面积和作业单位间的间距以及机械设备之间的距离，因为办公区的位置固定，作业单位又均为矩形，所以，在根据位置相关图绘制布局方案时，可以有些许的调整。总平面布局的方案 A、方案 B、方案 C 分别对应位置相关图的 A、B、C。总平面布局方案 C 如图 3 所示。

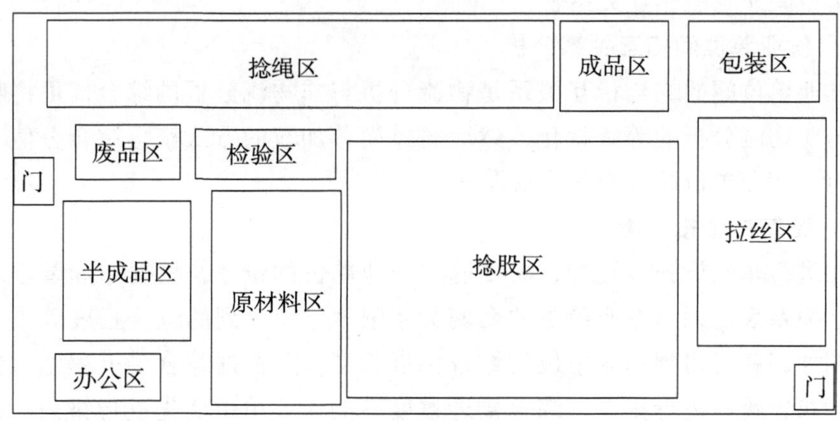


**图 3　总平面布局方案 C**

## 参考文献

[1] 吴清一. 现代物流概论［M］. 北京：中国物资出版社，2003.

[2] 谢如鹤，罗荣武，张得志. 物流系统规划原理与方法［M］. 北京：中国物资出版社，2004.

# 高等数学学习方法与学习体会

曲 雯*

**摘 要：** 毋庸置疑，高等数学是大学里非常重要的一门基础课，是物流工程专业的基础课程，也是培养工程研究创新和逻辑思维能力的基础。掌握正确的学习方法、提高学习效率、总结学习内容、完善自我评价机制是学好这门课的关键。下面就本人的一些学习心得，来与大家分享。

**关键词：** 学习方法 学习目标 理论体系 学习规律

## 一、树立正确的学习目标，提高学习动力，提高学习效率

因为高等数学这门课内容多，但是讲课的时间有限，这就导致每节课会有大量的知识点。然而，对于刚上大一的同学来说，考取大学是我们多年来奋斗的目标，当进入大学后这一目标实现了，所以，大一新生基本上处于如释重负的状态，想象着大学生活的美好，对学习也就不屑一顾。同时，进入大学，对大学学习的适应能力不强，缺少了像中学时期教师和家长每天的督促，也就缺乏了主动进取的精神。进入大学后，如何了解行业发展，快速定位今后的职业发展目标和学习方向，是大学一年级学生要解决的重要课题。

心理学的理论表明，影响学生学习的因素有两个，一个是智力因素（注意力、观察力、记忆力、想象力、思维力）；另一个是非智力因素（动机、兴趣、情感、意志、品格）。只有这两种因素协调发展，才会取得好的学习效果。教育学的理论表明，在教学过程中，学生是主体，教师处于主导地位，教师只有遵循认识规律，顺应学生的实际情况，引导学生开展积极的思维活动，才能取得好的教学效果。而要做到这一点，首先要形成师生心理相容的局面。

“工欲善其事，必先利其器”。要想有好的学习效果，必须先掌握良好的学

［通讯作者］曲雯，北京联合大学物流工程专业 2016 级本科生。

习方法，这样才不会做无用功。我们要端正学习态度，树立信心，这是必要的前提。就像马尔顿说的："坚决的信心，能使平凡的人们做出惊人的事业。"

总的来说，树立正确的学习目标，提高学习动力，是为了提高学习效率。提高学习效率的方法总体来说包括以下三个方面。

（1）课前预习：要了解任课老师即将讲授什么内容。在预习中，对不懂或有疑问的地方标上记号，以便上课时更加认真听讲。因为对知识进行提前预习，在课堂上能更容易接受老师讲授的内容。

（2）认真听课：紧紧抓住课堂45分钟，注意老师讲解的方法和思路及其分析问题、解决问题的过程。特别是渗透在典型例题中的数学思想及方法。除此之外，还要记好课堂笔记。听课是一个全身心投入的过程，是听、记、思相结合的过程。但是，要做到听讲不走神，对大多数同学来说都是困难的。所以，这时就需要我们对知识有较为深刻的理解，在老师讲解自己十分熟悉的知识点时，就可以适当地思考些更深入的问题或做一些拓展性思考，以便能在接下来讲到自己不会的知识点时，更好地理解该知识点。学习不应过于死板教条，而是要学会适当的变通，这一切是提高学习效率的前提。

（3）课后复习：当天必须回顾一下老师讲授的内容，以检验自己对知识的掌握程度。然后打开笔记、阅读相关参考教材，完善笔记，与老师和同学沟通联系，开展讨论。最后完成作业。

## 二、注重基础，关注课堂，勤于思考，善于总结

### 1. 重视基础知识，扎实基础，多做题巩固

一门课程的知识结构在某种意义上来说，是一个客观事物。而认知结构则是学生本人在学习数学时在自己的头脑中形成的认知模式，它是主观的。良好认知结构应该最大限度地贴近知识结构。要做到这一点，首先要注重基础知识的学习。相信在学习生涯中，老师们不止一次地说过基础知识的重要性。就像盖楼房一样，地基没有打好，如何盖起高楼大厦？尤其是高等数学这门学科，知识点贯穿始终，一个知识点的遗漏就可能导致"满盘皆输"。所以说，这就需要通过一定的练习来提升能力。高等数学这门学科不做题肯定是不行的。只有做题了，才能知道公式如何使用。"实践是检验真理的唯一标准"。举个例子，大学生现在普遍存在的问题——计算。如今许多大学生计算能力还赶不上小学生。

**2. 抓紧上课时间，提高学习效率**

在关于高等数学学习状况的调查分析中，在对其中的“你在高数课堂上是如何学习的？听课的效果如何？”这两个问题进行统计后，结果显示，在被调查的学生中有约60%是边听老师讲解边记笔记，自我评价是上课比较认真，能理解大部分讲课内容；有约20%的学生以听老师讲为主，也记笔记，但不全，自我评价中上课比较认真和上课偶尔分散注意力的各一半，大部分讲课内容能听懂；有约20%的学生上课不作任何记录，上课有时听老师讲，有时想或做其他无关事情，知道讲课内容的大标题，但不清楚具体的讲课内容。从调查结果看，我认为记笔记不是教师讲一句学生就记一句，这样将会导致课没听好，笔记也没记全的后果。记笔记主要记纲要、重点或者自己感到疑惑的地方，教师讲解的精彩之处也可以记下来。课后对课堂笔记要进行整理，使之系统、严谨。就拿我自己来说，如果一直记老师PPT上的知识点，会导致无法听到老师口头上说的知识点，结果顾此失彼。

**3. 勤于思考，动脑分析，形成自己的理论体系**

“学而不思则罔，思而不学则殆”。任何事情都不是一遍就可以成功的。更何况高等数学这门学科内容多，需要个人去体会的东西也多，只有去思考了，你才会深刻地理解其中的奥秘，从而得到提高。“好学深思，心知其意。”

**4. 善于总结，寻找规律**

毛主席曾说过“我是靠总结经验吃饭的”。高等数学的学习也不例外。在学习之余，要经常地复习总结。一方面，有助于提高自己对知识点的认识与了解；另一方面，也能够及时地复习和巩固所学知识。心理学研究表明：遗忘规律是“先快后慢、先多后少”。识记之后，遗忘很快就开始，一开始遗忘的较多，过一段时间之后，遗忘就得越来越慢，越来越少了。因此，我们要经常地回顾，并从中找出自己掌握得不太好的知识点，在以后的学习中，有针对性地去学习。

总之，学好高等数学并不是一件难事，只要你付出必要的努力。数学不只有枯燥乏味的符号，只要你真正投入进去就会感到趣味盎然。数学不是一堆烦琐无用的公式，掌握了它的真谛，就会给你增添知识和力量。

## 参考文献

陶玉娟．浅谈高等数学的学习方法［J］．呼兰师专学报，2001，17(1)：108－109.